Les six clés de
la confiance
en soi

D0885487

NATHANIEL BRANDEN

Les six clés de la confiance en soi

Traduit de l'américain
par Jacqueline Susini

Bienêtre

Titre original :
THE SIX PILLARS OF SELF-ESTEEM

© Nathaniel Branden, 1994
Published by Bantam Books,
a division of Bantam Doubleday Dell Publishing Group, Inc.,
New York

Pour la traduction française :
© Éditions J'ai lu, 1995

Introduction

Je me propose avec ce livre d'approfondir les facteurs dont dépend la confiance en soi.

Les turbulences de notre époque exigent des individus forts, sûrs de leur identité, de leur compétence et de leur valeur. La rupture du consensus social, l'absence de modèles valables, le changement perpétuel auquel nous sommes confrontés représentent autant de dangers pour qui se connaît mal et manque de confiance en soi. La stabilité que le monde nous refuse, nous devons la trouver en nous. Faire face à la vie sans avoir confiance en soi est un handicap. Ce sont ces considérations qui m'ont en partie poussé à écrire ce livre.

Un livre qui consiste essentiellement à répondre aux questions suivantes : Qu'est-ce que la confiance en soi ? Comment pouvons-nous renforcer cette confiance ? Quelle est l'influence des autres ?

La confiance en soi dépend de facteurs à la fois intérieurs et extérieurs. Les premiers sont en nous. Les seconds dépendent de l'environnement. Ce sont les messages qui nous sont transmis, verbalement ou non, les expériences que nous poussent à faire les parents, les enseignants, tous ceux qui représentent « l'exemple à suivre ». Autant que je le sache, une étude aussi fouillée n'avait encore jamais été réalisée.

Lorsque, en 1969, j'ai publié *The Psychology of*

Self-Esteem (La Psychologie de la confiance en soi), j'ignorais qu'un an plus tard «quelques questions supplémentaires» me conduiraient à rédiger *Breaking Free* (Se libérer). En 1972, afin de combler encore «quelques lacunes», j'ai écrit *The Disowned Self* (Le Soi perdu). J'ai pensé alors que j'avais épuisé le sujet. Environ dix ans plus tard, j'ai entrepris «l'ultime ouvrage» qui devait transcrire mes dernières découvertes en la matière et qui fut publié en 1986, *Ayez confiance en vous* (*Honoring the Self*). Mais, trois ans plus tard, une nouvelle parution, *How to Raise Your Self-Esteem*, offrait ce qui me paraissait utile, à savoir, un guide pratique pour ceux qui désiraient renforcer l'estime d'eux-mêmes. Avec ce dernier ouvrage, il me sembla avoir fait le tour de la question. Mais la confiance en soi est devenue à la mode. Livres et conférences se multipliaient. Toutefois, ce que l'on présentait au public me paraissait de médiocre qualité. Je réalisais en même temps qu'il y avait encore une foule de questions auxquelles je n'avais pas répondu. En revanche, j'avais en tête un tas d'arguments dont il me restait à débattre et qui me permettraient d'énumérer les facteurs qui peuvent créer et renforcer une opinion de soi positive. Une fois encore, je devais approfondir le problème psychologique le plus fondamental qui soit.

Ce qui avait été un centre d'intérêt parmi d'autres puis une étude passionnante était devenu une vraie mission.

En recherchant les racines de cette fascination, je suis remonté aux années de mon adolescence, quand un besoin d'autonomie naissant se heurtait à la pression du conformisme. Adolescent, j'ai toujours été persuadé — même sans être capable d'en parler — que j'avais une mission à remplir. J'étais profondément convaincu que je devais avant tout me référer à ma propre vision du monde. Je pensais aussi qu'il devait en être de même pour tout un chacun. J'éprouvais la sensation que l'on voulait m'interdire un jugement personnel. J'avais la conviction que la vie que je souhaitais avait sa propre valeur. J'ai vu mes contemporains se soumettre et perdre la flamme qui les animait. J'en ai parfois été atterré et j'ai cherché à comprendre pourquoi grandir signifiait renoncer à ses convictions. Mais ce besoin impérieux de comprendre qui ne m'a pas quitté depuis l'adolescence s'est accompagné d'un autre désir, longtemps inconscient mais tout aussi puissant : le désir de communiquer ma pensée au plus grand nombre. Bien des années se sont écoulées avant que tout cela s'éclaire. Mais je sais aujourd'hui que je me suis toujours préparé à enseigner. Non les langues ou les mathématiques mais les valeurs fondamentales de la vie. Mes principes sont : accordez à votre vie l'importance qu'elle mérite ; respectez-la ; battez-vous pour donner le meilleur de vous-même.

Je me suis toujours efforcé de ne pas me mésestimer et je donne des exemples de cette lutte dans ce livre. Ce sont mes propres erreurs qui m'ont appris certaines choses fondamentales en ce qui concerne la confiance en soi. J'ai souvent été mon propre professeur. Toutefois, les personnes dont j'ai été le psychothérapeute m'ont également beaucoup apporté.

Ma première conférence sur la confiance en soi et ses répercussions sur l'amour, le travail et la capacité à être heureux date de la fin des années 50. J'ai publié mes premiers articles sur le sujet dans les années 60. A l'époque, «la confiance en soi» était une expression peu usitée. Aujourd'hui, le sujet est tellement à la mode qu'on peut y voir un danger. Tout le monde en parle mais cela ne signifie pas pour autant que l'on comprenne ce dont on parle. C'est pourquoi j'ai consacré la première partie du présent livre à une définition de la confiance en soi et de ses origines.

C'est en 1954 que j'ai commencé à me pencher sur la question. J'avais à l'époque vingt-quatre ans, j'étudiais la psychologie à l'université de New York et je n'étais qu'un psychothérapeute débutant. Mais, en réfléchissant à ce que me racontaient mes patients, j'ai cherché un dénominateur commun, et j'ai été frappé par le fait que tous éprouvaient un sentiment d'inadaptation, parlaient de culpabilité, de honte, de sentiment d'infériorité. A l'évidence, ils avaient du mal à s'accepter, à s'aimer, à avoir confiance en eux-mêmes. En d'autres termes, ils n'éprouvaient à leur propre égard qu'une confiance limitée, quand elle n'était pas inexistante.

Dans ses premiers écrits, Sigmund Freud liait les symptômes névrotiques à l'anxiété. Aujourd'hui, je commence à me demander si ces symptômes ne seraient pas ou le reflet d'une confiance en soi défaillante ou un système d'autodéfense (comme, par exemple, le bluff, la fanfaronnade, l'hyperactivité sexuelle ou une conformité extrême aux règles sociales). L'hypothèse me paraît solide. Il suffit de remplacer «les mécanismes de défense de l'ego» par «les mécanismes de défense de la confiance en soi». L'ego protège son équilibre contre les méfaits de l'anxiété. La confiance en soi cherche à éviter toute forme de menace, interne ou externe. Autrement dit, toutes les «défenses» répertoriées par Freud peuvent être attribuées à la protection de l'estime personnelle.

Mes premières recherches bibliographiques concernant l'estime de soi se révélèrent infructueuses, le sujet étant absent de la section psychologie. Je finis par le trouver mentionné brièvement dans William James et quelques autres textes. Selon Freud, un manque de «considération de soi-même» résulte de la découverte par l'enfant d'une interdiction: celle de l'inceste. Je ne peux avoir de rapports sexuels ni avec mon père ni avec ma mère, donc «je ne peux rien faire». Cette explication ne m'a jamais paru convaincante. Pour Alfred Adler, nous commençons tous notre vie avec un sentiment d'infériorité dû, d'abord, à un handicap physique ou «infériorité organique», et, ensuite, au fait que tous les autres, autour de nous (adultes ou autres frères et sœurs), sont plus grands et plus forts. Nous avons la malchance initiale de ne pas venir au monde avec la forme achevée d'un adulte. Je ne fus pas plus convaincu par Adler que par Freud, et si quelques autres psychanalystes ont écrit sur le sujet, ils l'ont fait d'une façon qui m'a laissé l'impression que nous ne parlions pas de la même chose. Finalement, j'ai beaucoup appris grâce à mes patients.

J'ai eu la certitude que la confiance en soi constituait un besoin humain profond et puissant, essentiel à une adaptation saine, c'est-à-dire à une réalisation personnelle satisfaisante.

A l'exception des troubles d'origine biologique, il n'existe aucun problème psychologique — que ce soient l'anxiété, la dépression, l'échec scolaire ou professionnel, la peur de l'intimité, du bonheur, du succès, l'alcoolisme, la drogue, la violence, les mauvais traitements infligés aux enfants, la passivité chronique, le suicide ou le crime — qui ne soit, au moins en partie, lié à un manque de confiance en soi. Il n'y a pas de jugement plus important que celui que l'on porte sur soi-même.

Je me souviens d'une discussion entre collègues dans les années 60, personne ne songeait à nier l'importance du problème, mais personne n'avait trouvé de méthode permettant à un adulte d'avoir confiance en lui.

Pionnière dans le domaine de la thérapie familiale, Virginia Satir n'a pas omis de parler de la confiance en soi. Mais, n'étant pas une spécialiste du sujet, elle s'est limitée à analyser la confiance en soi dans le contexte familial. Autre psychothérapeute en avance sur son temps, Carl Rogers n'a cependant centré ses études que sur un seul aspect de la confiance en soi, l'acceptation de soi, dont le sens, comme nous le verrons, n'est pas identique.

Dans les années 80, se produisit finalement une sorte de déclic, et on comprit enfin l'importance de la confiance en soi pour le bien-être des individus. Les éducateurs commencèrent à établir une corrélation entre la confiance en soi et l'échec scolaire.

L'intérêt que soulève enfin le sujet ne se limite pas aux Etats-Unis. Il devient planétaire. Pendant l'été 1990, j'ai eu le privilège, près d'Oslo, de présenter la première conférence internationale sur la confiance en soi. Educateurs, psychologues, psychothérapeutes originaires des Etats-Unis, de Grande-Bretagne, de divers pays européens, y compris l'ex-URSS, ont afflué en Norvège pour assister à des conférences, participer à des séminaires et à des ateliers consacrés aux incidences de la confiance en soi sur le développement personnel, la scolarité, les problèmes sociaux, le monde des affaires. En dépit de leurs différences, tous les participants partageaient avec enthousiasme la conviction que la confiance en soi entrait dans l'histoire de la psychologie humaine. La conférence d'Oslo a permis la création d'un Conseil international de la confiance en soi auquel participent de plus en plus de pays.

On prend conscience, à travers le monde, que la non-réalisation des potentiels individuels — en raison d'un manque de confiance en soi — entraîne inévitablement la stagnation des sociétés. Le potentiel social ne peut se développer si une société est composée de membres qui ignorent le respect d'eux-mêmes, se dévalorisent et ne se font pas confiance.

Au cours d'une conférence, en affirmant que la pleine conscience de nos actes dépendait d'une confiance en soi saine et efficace, je me suis attiré une réaction de colère. Une femme m'a demandé : «Mais pourquoi voudriez-vous imposer vos critères de Blanc, appartenant à la classe moyenne, au reste du monde?» (J'ai pensé ensuite que j'aurais pu lui demander si le fait de développer sa conscience ne présentait vraiment pour elle aucune valeur universelle.) Quand j'ai insisté sur l'importance vitale de l'intégrité personnelle pour avoir une vision positive de soi-même, personne ne m'a suivi. On a préféré se centrer sur le danger que représentent les autres, la façon dont ils peuvent nous déprécier. C'est l'attitude typique de ceux qui pensent que la confiance en soi dépend essentiellement de l'avis des autres. Je dois avouer que ce genre de réaction m'a beaucoup incité à écrire ce livre.

Lorsque l'on travaille sur la confiance en soi, deux dangers sont à éviter. En premier lieu, celui de se livrer à une simplification excessive des conditions requises pour l'élaboration d'une confiance en soi solide et fonctionnelle. En second lieu, celui de tomber dans une sorte de fatalisme ou de détermination qui supposerait que nous n'avons pas le choix. Ou nos cinq premières années nous permettent d'avoir une image positive de nous-mêmes ou elles nous l'interdisent à jamais. Ces deux points de vue encouragent la passivité de la même manière, en ce sens qu'ils nous masquent nos possibilités réelles.

Mon expérience me permet d'affirmer que d'une façon générale on sous-estime le pouvoir que nous avons de changer et d'évoluer. Implicitement, nous pensons que le modèle d'hier sera celui de demain. Rarement l'on sait mesurer ce dont on est capable dès lors que l'on n'a pas confiance en soi.

Ce livre est en fait un appel, une incitation à l'action. Je m'adresse ici à tous les hommes et à toutes les femmes qui désirent participer activement au processus de leur évolution autant qu'aux psychologues, aux parents, aux enseignants et aux responsables d'organisations de toutes sortes. Ce livre est celui du possible et non de l'impuissance.

PREMIÈRE PARTIE

La confiance en soi : principes de base

1

La confiance en soi : système immunitaire de la conscience

L'importance de la confiance en soi est une réalité incontournable. Nous ne pouvons être indifférents à ce que nous pensons de nous-mêmes. La confiance en soi est une nécessité. Son impact ne dépend ni de notre compréhension ni de notre assentiment. Libres de chercher à comprendre sa dynamique ou de l'ignorer, nous resterons cependant, dans le second cas, un mystère pour nous-mêmes et subirons les conséquences de cette situation.

Définition préliminaire

La confiance en soi ne se limite pas à la conscience d'une valeur humaine que chaque individu se doit de développer et d'exprimer, ce que thérapeutes et enseignants tiennent à nous répéter. Cette conscience d'une humanité partagée n'est que l'antichambre de la confiance en soi.

Nous ne pouvons nous sentir aptes à réussir

notre vie sans nous porter une réelle estime. Je dirai, plus précisément, que l'estime de soi est synonyme de :

1. confiance en notre aptitude à penser et à surmonter les difficultés de la vie ;
2. confiance en notre droit au succès et au bonheur en nous disant que nous méritons que nos besoins et nos désirs soient satisfaits.

Je reviendrai plus loin sur cette définition.

Je me refuse à considérer que la confiance en soi puisse être un don inné. Je crois au contraire qu'elle s'acquiert peu à peu. Ce livre a pour but de vous aider à avoir confiance en vous.

Schéma de base

L'essence de la confiance en soi réside dans la confiance en ses possibilités et dans la certitude de mériter le bonheur.

Plus qu'un jugement ou un sentiment, cette conviction a la force d'une motivation et pousse à l'action.

Elle est, en retour, affectée par la façon dont nous agissons. Il y a donc une interaction permanente entre le monde et l'estime que nous nous portons.

Si je crois en mes capacités et en mon jugement, l'être pensant que je suis exercera plus librement son habileté à penser et agira de façon plus appropriée. Ce qui renforcera ma confiance en moi. Si je ne me fais pas confiance, je risque de tomber dans la passivité, de prêter une attention insuffisante à mes actes et de baisser les bras devant les difficultés. Et quand mes actions conduisent à la déception ou à la souffrance, l'absence de confiance en moi se justifie aussitôt.

Si je me tiens en haute estime, je vaincrai les difficultés. Dans le cas contraire, je ne risque pas de donner le meilleur de moi-même. Des études ont prouvé que l'estime de soi et la persévérance étaient liées. Persévérer revient à se dire qu'on a des chances de réussir[1]. Si j'opte pour l'attitude contraire, c'est en pensant que je risque plus facilement d'échouer que de réussir. Dans les deux cas, je renforce ma perception de moi-même.

Lorsque je me respecte et demande aux autres de me respecter, j'induis une réaction appropriée. Face à cette réaction, je sens se confirmer ma croyance initiale. Si je suis le premier à me manquer de respect, il y aura toujours quelqu'un pour me prouver que j'ai raison. Discourtoisie, insultes ou exploitation accentueront un peu plus l'irrespect que je me manifeste.

La confiance en soi permet non seulement de se sentir mieux mais également de vivre mieux, de relever les défis de la vie et de profiter de ce qui nous est offert.

Impact de la confiance en soi : observations générales

Notre degré d'estime personnelle a de profondes conséquences sur tous les aspects de notre existence. Il influe sur notre façon de travailler, nos possibilités d'évolution, de réalisation concrète dans le domaine de la vie privée, il influence nos amours, notre relation à notre conjoint, à nos enfants, à nos amis et détermine notre potentiel de bonheur.

Il existe des corrélations positives entre une saine estime de soi et divers traits psychologiques dont dépend notre aptitude à la réussite et au bonheur. Je veux parler de rationalité, réalisme, intuition, créativité, flexibilité, capacité de gérer les changements, volonté d'admettre (et de corriger) les erreurs, bienveillance, esprit de coopération. Au contraire, une estime de soi négative entraîne irrationalité, irréalisme, rigidité, peur du changement et de l'inconnu, conformisme ou rébellion, attitude défensive, complaisance ou hypercontrôle de soi, peur des autres ou hostilité à leur égard. Nous verrons que ces corrélations sont parfaitement logiques. Survie, adaptabilité, épanouissement personnel sont directement concernés. La confiance en soi représente le fondement d'une vie bien comprise.

Une haute estime de soi permet en effet de répondre aux défis de la vie et nous donne envie de poursuivre des buts intéressants. Les atteindre nourrit l'estime de soi. Si l'on se tient en piètre estime, on se contentera de rechercher la sécurité, la routine. S'en tenir au moindre effort affaiblit encore l'estime de soi.

Plus l'estime que nous nous portons est solide, mieux nous sommes équipés pour gérer les difficultés dans notre vie privée et professionnelle. Plus vite nous réglons un problème ou nous surmontons un échec, plus nous nous sentons sûrs de nous. (Un nombre impressionnant de chefs d'entreprise ont connu dans leur vie plusieurs faillites sans que ces échecs les aient arrêtés.)

L'ambition va de pair avec l'estime de soi. Il ne s'agit pas uniquement de l'ambition professionnelle mais aussi de celle qui nous pousse à un accomplissement émotionnel, intellectuel, créatif, spirituel. Moins nous avons confiance en nous, moins nous sommes exigeants avec nous-mêmes.

Plus nous avons confiance en nous, plus nous sommes incités à exprimer ce que nous portons en nous. Plus nous nous mésestimons, plus il sera urgent de «faire nos preuves».

Plus l'estime que nous nous portons est solide, plus nous sommes ouverts, honnêtes et communiquons de façon appropriée. Moins nous nous estimons et plus nous nous embourbons dans des relations imprécises, évasives, dues à un manque de confiance dans nos propres pensées et/ou à l'anxiété que l'on éprouve en attendant la réaction de notre interlocuteur.

Plus haute est l'estime de soi, plus nous sommes portés à nouer des relations fructueuses. Tant il est vrai que s'assemblent ceux qui se ressemblent.

Nous n'avons que trop tendance à nous sentir plus à l'aise avec des personnes dont le niveau de l'estime personnelle ressemble au nôtre. Ce n'est pas sur ce plan que les contraires peuvent s'attirer! Nous voyons difficilement, par exemple, une passion s'installer entre deux êtres dont les niveaux d'estime de soi sont diamétralement opposés. Cette démarche, inconsciente, nous fait aboutir à la conclusion que nous avons trouvé notre «âme sœur». Les relations les plus désastreuses sont l'apanage des personnes qui ont d'elles-mêmes l'estime la plus médiocre qui soit.

Plus notre estime de nous-mêmes est saine, plus nous traiterons les autres avec respect, bienveillance, bonne volonté et franchise puisque nous n'avons pas tendance à les percevoir comme une menace et que le respect de soi engendre le respect des autres. Une saine estime de soi empêche d'interpréter trop rapidement nos relations en termes de malveillance et de rapports de force. Nous ne sommes pas perpétuellement sur la défensive en pensant que nous sommes constamment exposés à l'humiliation, au rejet, au mensonge ou à la trahison. Il est faux de croire que l'individualisme porte à un comportement antisocial. Des études ont permis de constater que la conscience de sa valeur personnelle et une réelle autonomie vont le plus souvent de pair avec la gentillesse, la générosité, la coopération sociale et un esprit d'entraide.

Finalement, toutes les études entreprises révèlent qu'une haute estime de soi est le plus sûr facteur de bonheur personnel. Ce qui permet de déduire en toute logique qu'une médiocre estime de soi dispose au malheur.

L'amour

L'importance de la confiance en soi pour la réussite de sa vie privée est aisée à comprendre. Le bonheur affectif n'a pas de plus sûr ennemi que la crainte d'être indigne de l'amour des autres. Une telle crainte ne manquera pas d'engendrer la souffrance et donc de nous donner raison.

Si, au contraire, je me sens digne d'inspirer de l'amour, alors je suis en mesure d'apprécier et d'aimer les autres. L'amour, la bienveillance, l'attention, l'affection me semblent naturels si j'ai quelque chose à donner. Je ne suis pas affligé d'un sentiment de carence personnelle. Je suis nanti d'une réserve émotionnelle que je peux investir dans l'amour. Le bonheur ne m'angoisse pas. Je crois à ma compétence, à ma valeur, et ne doute pas qu'elles seront reconnues et appréciées. Et, là aussi, je fais en sorte de me donner raison.

Si je ne me respecte ni ne m'aime, qu'ai-je à donner sinon des frustrations ? Ma pauvreté émotionnelle transforme les autres en sources d'approbation ou de désapprobation. Je ne peux pas les voir tels qu'ils sont. Ils ont ou non le pouvoir de faire quelque chose pour moi : je ne les vois que sous cet angle. Je ne cherche pas des gens que je puisse admirer et avec qui je pourrais partager le meilleur de la vie. Je ne supporte que les personnes dont je ne redoute pas un jugement négatif. Ma faculté d'aimer ne se développe pas. C'est l'une des raisons qui expliquent l'échec fréquent de nos relations qui n'est pas dû à l'irrationalité d'une vision romantique de l'amour mais à l'absence d'estime personnelle.

Nous avons tous entendu dire : « Commence par t'aimer toi-même si tu veux que les autres t'aiment. » C'est une vérité incomplète. Si je ne parviens pas à m'aimer, il m'est difficile de penser que quelqu'un d'autre en sera capable. Si je ne m'accepte pas, comment pourrais-je accepter l'amour d'une autre personne ? Chaleur et dévotion me perturbent puisque «je sais» que je ne suis pas digne d'amour. Je crois alors à un mensonge ou à quelque chose qui ne saurait durer. L'amour que l'on me manifeste m'apparaît comme suspect.

Même si je m'applique à étouffer mon manque d'amour pour moi-même et proclame que je suis «formidable», l'image médiocre de moi-même que je continue à entretenir au fond de moi mine mes relations. Sans le vouloir, je sabote systématiquement l'amour.

Me croyant destiné à souffrir, je vais vers la personne qui inévitablement me rejettera ou m'abandonnera. Si je rencontre quelqu'un qui pourrait me rendre heureux, je fais en sorte de tout gâcher. J'exige d'être sans cesse rassuré, je deviens d'une

21

possessivité maladive, je transforme des petits riens en catastrophes, je joue de la soumission ou de la domination pour prendre le contrôle de la situation, je cherche désespérément l'occasion de rejeter mon partenaire avant qu'il ne me rejette.

Quelques exemples vont permettre de comprendre à quel point une piètre estime de soi marque les rapports dans le domaine affectif:

«Pourquoi faut-il que je tombe toujours sur un homme qui n'est pas pour moi?» m'a demandé un jour l'une de mes patientes. Elle avait sept ans lorsque son père est parti, et souvent sa mère lui criait: «Si tu avais été moins pénible, ton père serait encore là!» Devenue adulte, elle se dit que son destin est d'être abandonnée. Elle «sait» qu'elle n'est pas digne d'être aimée. Néanmoins, elle ne se résout pas à rester seule. Elle dépasse alors son conflit en choisissant des hommes — souvent mariés — qui ne sont pas suffisamment amoureux d'elle pour que leur relation puisse durer. Que fait-elle sinon se prouver qu'elle n'est pas digne d'être aimée?

Quand nous nous «savons» condamnés à l'échec, nous agissons de manière à échouer. A la moindre dissonance entre ce que nous «savons» et les faits, nous devenons anxieux. Et puisqu'on revient difficilement sur une «certitude», ce sont les faits que l'on altère.

Un homme s'éprend d'une femme, la femme éprouve des sentiments identiques et ils se marient. Mais quoi qu'elle fasse, il doute constamment de son amour. Elle doit le rassurer à longueur de journée. Toutefois, très éprise, elle ne se décourage pas. Mais quand, finalement, elle parvient à le convaincre qu'elle l'aime réellement, il se met à se demander si elle est vraiment digne de lui. Il finit par la quitter, rencontre une autre femme, et l'histoire se répète.

Tout le monde connaît la célèbre plaisanterie de Groucho Marx prétendant qu'il ne lui viendrait pas à l'esprit de faire partie d'un club qui voudrait bien de lui. C'est précisément le genre d'idée qui gouverne la vie sentimentale d'une personne qui se tient en piètre estime. Si vous êtes capable de m'aimer, c'est que vous ne valez rien. Seule la personne qui rejette peut inspirer du respect.

Une femme éprouve le besoin d'expliquer à son mari — qui l'adore — ce qui lui manque par rapport aux autres femmes qu'elle connaît. Elle se moque de lui parce qu'il ne l'approuve pas. Plus il lui manifeste son adoration, plus elle le méprise. Découragé, il finit par la quitter. Décontenancée, blessée, elle se demande comment elle a pu se méprendre sur son compte à ce point. Puis elle se dit qu'elle sait depuis toujours que personne ne peut l'aimer profondément. Elle tient la preuve qu'elle est bien indigne d'être aimée.

Plutôt que de tenter d'être heureux, les gens préfèrent souvent avoir «raison». Piètre satisfaction!

Un homme «sait» qu'il n'est pas fait pour le bonheur. Il sent qu'il ne le mérite pas. (D'autant que s'il était heureux, il pourrait blesser ses parents qui, eux, ne l'ont jamais été.) Mais il rencontre une femme qu'il désire, admire, et qui répond à ses sentiments. Pendant un certain temps, il parvient à oublier que cet amour partagé ne peut s'inscrire dans l'histoire de sa vie. Mais, s'abandonnant à la joie, il se cache temporairement qu'il bouscule son image, qu'il se fait violence en quelque sorte. Toutefois, la joie finit par engendrer de l'anxiété. Il se sent en décalage par rapport à la «réalité». Afin de réduire son anxiété, il modère sa joie. Ainsi, soumis inconsciemment à sa propre logique, il entreprend de détruire sa relation.

Une fois de plus nous retrouvons le schéma de base de l'autodestruction. Si je « sais » que je suis condamné au malheur, je ne dois pas goûter au bonheur qui ne peut être qu'un leurre. Ce n'est pas moi qui dois m'adapter à la réalité. C'est la réalité qui doit s'adapter à moi, à ce que je « sais ».

Notons qu'il n'est pas toujours nécessaire de détruire totalement la relation, comme dans les exemples précédents. Je peux accepter qu'elle continue, à condition que je cesse d'être heureux. Je peux faire des efforts : entreprendre, par exemple, une psychothérapie qui devrait me permettre dans l'avenir de connaître le bonheur. Mais seulement dans l'avenir. Le bonheur dans l'immédiat, il n'en est pas question. Ce serait trop angoissant.

Le « bonheur anxieux » est très répandu. En effet, si nous sommes heureux, une voix intérieure nous dit que l'on ne mérite pas ce bonheur ou qu'il ne va pas durer, que la chute sera dure, que nous tuons nos parents qui, eux, n'ont jamais nagé dans le bonheur, que l'on va susciter l'envie, voire la haine, que l'on se fait des illusions ou encore qu'on ne peut être heureux quand personne ne l'est.

Pour beaucoup d'entre nous, il est nécessaire — bien que ce soit apparemment paradoxal — d'acquérir le courage de tolérer le bonheur. J'attends toujours le moment de pouvoir dire à mes patients : « Efforcez-vous de passer une journée en essayant d'être bien, sans contrarier des sentiments agréables. Si vous estimez que ce n'est pas une réussite, ne vous découragez pas et recommencez. C'est avec ce genre de persévérance que se construit l'estime de soi. »

Mais, avant tout, nous devons combattre ces voix intérieures négatives au lieu de les nier.

Le travail

Voyons maintenant ce qui se passe sur le lieu de travail quand on a de soi une estime médiocre.

Un homme à qui l'on attribue une promotion panique à l'idée qu'il risque de ne pas être à la hauteur. « Je suis un imposteur ! Je n'ai rien à faire ici ! » se dit-il. Persuadé d'aller vers un échec, il ne parvient évidemment pas à donner le meilleur de lui-même. Inconsciemment, il s'engage dans un processus d'autodestruction, arrive aux réunions sans préparation, oscille entre l'autoritarisme et la sollicitude à l'égard de ses collègues, plaisante au mauvais moment, ignore les signes de mécontentement de son patron. Ce qui doit arriver arrive : il est remercié. « Je savais que c'était trop beau pour être vrai », conclut-il intérieurement.

Si je me donne moi-même l'estocade, je peux au moins me dire que je contrôle la situation. Perdre le contrôle de la situation est une chose insupportable. Je dois l'éviter à tout prix.

Un chef de service découvre dans un rapport l'excellente idée de l'un de ses subordonnés. Il aurait préféré que cette idée vienne de lui, se sent humilié, s'imagine remis en question et entreprend de faire disparaître le rapport.

Cette attitude révèle un manque de confiance en soi. L'acceptation généreuse de la réussite des autres est la marque d'une véritable estime de soi.

Un homme rencontre son nouveau patron qui est en fait une femme. Il se sent aussitôt atteint dans sa virilité. Déconcerté, blessé, ulcéré, il a envie d'abuser de cette femme afin de « la remettre à sa place ». Le fait de se sentir menacé provoque chez lui une attitude de non-coopération camouflée, à défaut de pouvoir violer cette femme.

Rien ne révèle plus sûrement une piètre estime de soi que le besoin d'inférioriser les autres. Un homme dont la notion de pouvoir se confond avec celle de domination sexuelle est un homme qui a peur des femmes, peur de s'affirmer, peur de la vie.

Le directeur d'un laboratoire de recherche apprend que son entreprise a embauché l'un des brillants éléments d'un laboratoire concurrent. Ce recrutement est, pour lui, la preuve que son travail ne satisfait pas ses supérieurs alors que tout prouve le contraire. Son autorité et son statut lui semblent menacés. Il imagine que ce nouveau collaborateur va prendre sa place. S'insurgeant, il néglige son travail, et quand on lui fait remarquer ses négligences, il claque la porte.

Lorsqu'une illusoire estime de soi repose sur un besoin de suprématie absolue, lorsque, sans raison apparente, on se sent rejeté, l'équilibre intérieur est menacé. Ce comportement autodestructeur n'est pas lié au degré d'intelligence de la personne. Tous les jours, des gens brillants se nuisent à eux-mêmes parce qu'ils n'ont pas confiance en eux.

Un audit, attaché à une firme indépendante, rencontre le responsable financier d'une entreprise auquel il doit annoncer de mauvaises nouvelles. Inconsciemment, il retrouve la présence intimidante de son père, se met à bégayer et ne parvient pas à exprimer le tiers de ce qu'il doit dire. Son jugement professionnel est occulté par son besoin de s'assurer l'approbation de cet homme ou, du moins, de ne pas le contrarier. Plus tard, après avoir écrit dans son rapport tout ce qu'il aurait dû annoncer à son client de vive voix, il panique en anticipant la réaction de cet homme.

Quand nous agissons sous l'influence de la peur, tôt ou tard, nous provoquons ce que précisément nous redoutons : désapprobation, colère...

Une femme, qui vient d'entrer dans un service de marketing, croit tenir une idée particulièrement intéressante. Elle s'apprête à la développer, à l'argumenter et à la soutenir auprès de la personne qui peut lui permettre de la concrétiser. Mais au moment de rédiger son exposé, elle entend une petite voix intérieure lui murmurer : « Qui crois-tu être ? D'où te vient cette assurance ? Tu voudrais te faire valoir, mais tu vas être la risée de tout le service. » Elle imagine l'air furieux de sa mère et l'air désolé de son père. En quelques jours elle oublie tout de sa fabuleuse trouvaille.

Quand nous doutons de nous-mêmes, nous avons tendance à nous mésestimer. Si nous avons peur d'affirmer nos idées, peut-être parce que nous craignons de déplaire, nous modifions notre comportement. Nous redoutons d'être vus, donc nous nous rendons invisibles, puis nous souffrons de passer inaperçus.

Voici le cas d'un patron qui veut toujours avoir raison. Il se plaît à mettre l'accent sur sa supériorité. Dans les réunions, il ne peut s'empêcher de reprendre à son compte les suggestions qu'il trouve intéressantes, mais, bien entendu, en les améliorant. « Pourquoi n'ai-je pas un personnel plus créatif ? » se plaint-il. Mais il aime également dire : « Dans la jungle, il n'y a qu'un roi. » Ou, dans un élan de modestie : « Il faut bien que quelqu'un décide dans une entreprise. » Parfois, il feint des regrets : « C'est plus fort que moi. J'ai un ego énorme!» En vérité, c'est le contraire, mais il s'ingénie à ne pas le comprendre...

Une fois de plus, nous remarquons que, si on manque de confiance en soi, on manque de générosité, on ne sait pas reconnaître la valeur des autres ou l'on a tendance à se sentir menacé par leurs capacités. Ce qui, dans le cas d'un chef d'entreprise, d'un cadre, se traduit par une incapacité à tirer le meilleur de ceux qui les entourent.

Ces exemples n'ont pas pour but de condamner ou de ridiculiser ceux qui souffrent d'un manque de confiance en eux mais de mettre en évidence l'influence d'une mauvaise image de soi sur nos réactions.

Les prophéties

L'estime de soi crée un ensemble d'attentes implicites en ce qui concerne nos possibilités. Ces attentes génèrent les actions qui doivent les concrétiser. Et les actes confirment et renforcent ce que nous avions prévu. La confiance en soi génère la prophétie de nos accomplissements.

De telles attentes sont des visions du futur semi-conscientes ou appartenant au subconscient. E. Paul Torrance, dans ses travaux de psychopédagogie, parle de la façon dont nos attentes implicites influent sur notre motivation en ces termes: «L'idée que l'on se fait de son avenir permet de mieux présager de ses futurs accomplissements que tout ce que l'on a derrière soi[2].» Ce que l'on s'applique à apprendre et ce que l'on réussira dépendent, au moins en partie, de ce que l'on estime possible et approprié à nos désirs.

Si l'estime de soi est trop faible, elle limite les aspirations d'un individu, mais ce lien de cause à effet n'est pas toujours évident. Pendant des années on se laisse emporter par la passion du succès, et on atteint à la réussite. Puis, sans raison apparente, on change de comportement. On commence à faire des entorses à la moralité et à la légalité. Avide de démontrer son habileté, on va plus loin encore. Les fautes deviennent plus graves mais l'on se croit «au-delà du bien et du mal», comme si l'on lançait un défi au destin. Il faut en arriver à la disgrâce et à la ruine pour que le scénario d'un échec annoncé soit révélé clairement. Que de personnages fort connus ont un parcours qui correspond à cette description! C'est l'image que nous avons de nous-mêmes qui fait notre destin. Elle concerne la personne que nous pensons être, consciemment ou dans notre subconscient, et qui est faite de caractéristiques physiques et psychologiques, de capacités, de dons, de possibilités, de limites, de forces et de faiblesses. L'image que nous avons de nous inclut notre niveau d'estime personnelle mais est en fait un concept plus global. Nous ne pouvons comprendre le comportement d'une personne sans comprendre l'image qu'elle a d'elle-même.

Parvenus au sommet du succès, les gens s'effondrent très fréquemment. La rupture intervient quand le succès se heurte à ce que, implicitement, l'on croit bon pour soi. L'image que l'on a de soi a des limites que l'on ne peut pas dépasser sans être effrayé. Si cette image n'englobe pas le niveau de succès atteint, et si elle perdure, la personne trouvera vite un moyen de se détruire.

Les exemples suivants sont empruntés à ma pratique de psychothérapeute.

«J'allais obtenir le plus gros contrat de ma carrière, m'a expliqué un architecte, quand j'ai craqué, terrifié par la notoriété qu'il allait m'apporter. Comme je n'avais pas bu un seul verre depuis trois ans, je me suis dit que je pouvais en prendre un sans risque pour fêter mon succès. Je me suis retrouvé complètement ivre, insultant les gens qui devaient me faire signer le contrat. Ils m'ont viré et mon associé m'a laissé tomber. J'étais malade mais j'avais retrouvé mes repères habituels, ce qui me sécurise.»

Une femme qui possède une petite chaîne de magasins m'a expliqué : «Je ne voulais surtout pas que mon mari ou qui que ce soit me freine dans ma carrière. Mon mari, je ne lui reproche pas de gagner moins d'argent que moi, et je ne veux pas qu'il me reproche ma réussite. Mais j'entendais en moi une voix qui me disait que ma réussite était trop éclatante. Je ne la méritais pas. Parce que j'étais une femme. J'ai commencé à négliger de répondre à des appels importants. Je suis devenue irritable avec le personnel et... les clients. J'étais de plus en plus furieuse contre mon mari sans lui donner d'explication. Nous avons eu un jour une dispute, puis j'ai retrouvé l'une de mes acheteuses au restaurant et là, parce qu'elle me disait je ne sais plus quoi, j'ai fait un scandale. Les erreurs impardonnables se sont accumulées... Aujourd'hui, c'est-à-dire trois ans plus tard, j'essaie d'oublier ce cauchemar et de me lancer à nouveau dans les affaires.»

«J'allais décrocher la promotion dont je rêvais depuis longtemps, m'a dit un cadre, et tout était parfait dans ma vie. J'étais heureux en ménage, les enfants se portaient à merveille et réussissaient à l'école. Il y avait des années que je n'avais pas trompé ma femme. Je souhaitais simplement un peu plus d'argent et le problème allait se résoudre. Mais il a fallu que l'angoisse m'envahisse. Parfois je me dis que le bonheur parfait, ce n'est pas pour moi. Je crois d'ailleurs que je l'ai toujours pensé. Enfin, quelle qu'en fût la raison, l'angoisse me réveillait la nuit. J'ai consulté un médecin en croyant que j'avais un problème cardiaque. Et puis, un jour, à un cocktail, j'ai fait des avances à la femme d'un de mes patrons. C'était maladroit, stupide. Quand elle l'a dit à son mari, j'ai cru que j'allais être viré. Par miracle, je ne l'ai pas été. J'ai tout de même dû renoncer à ma promotion. Et, à ce moment-là, j'ai constaté que je cessais d'être anxieux. »

Dans ces exemples, quels sont les dénominateurs communs ? Le bonheur et le succès qui génèrent l'anxiété. La peur, la déstabilisation qu'une estime de soi médiocre engendre quand il y a conflit entre l'image de soi et la réalité.

Indépendamment du contexte dans lequel apparaît une conduite d'autodestruction, et quelle que soit sa forme, le moteur de ce genre de conduite est toujours le même : une mauvaise estime de soi. C'est elle qui nous met en conflit avec notre bien-être.

La confiance en soi : un besoin vital

La confiance en soi correspond à un besoin profond. Mais qu'est-ce qu'un besoin ?

Le besoin est ce qui nous gouverne. Les aliments, l'eau, nous ne les voulons pas, nous en avons besoin. Sans eux, nous mourons. Toutefois, il existe d'autres besoins nutritionnels, comme celui du calcium, dont la carence a un impact moins direct, moins spectaculaire. Dans certaines régions du Mexique, le sol ne contient pas de calcium. Leurs habitants ne tombent pas comme des mouches, mais leur croissance est freinée, ils sont affaiblis et sujets à toutes les maladies qu'entraîne un manque de calcium. De même, une forte carence en confiance n'entraîne pas nécessairement la mort mais gêne notre fonctionnement.

Affirmer que la confiance en soi est un besoin, c'est dire :

— qu'elle est vitale.
— qu'elle est indispensable à un développement normal.
— qu'elle est un élément de survie.

Une mauvaise image de soi peut entraîner toute une série d'échecs : partenaire inapproprié, mariage raté, carrière qui ne mène nulle part, projets mort-nés, mystérieuse incapacité à jouir de ses succès, boulimie destructrice, rêves jamais réalisés, anxiété ou dépression chronique, santé fragile, besoin frénétique d'amour et d'approbation, enfants qui n'apprennent pas à se respecter et à aimer la vie. En bref, nous pouvons être confrontés à tous les malheurs du monde en ne sachant que répéter : « Mais qui est heureux ? »

Nous avons besoin de nous estimer si nous voulons affronter l'adversité sans être battus d'avance. Nous cherchons plus volontiers à éviter la souffrance qu'à connaître la joie. L'attrait du négatif est plus puissant que celui des choses positives. Si nous ne croyons pas en nous-mêmes, à nos possibilités et à notre valeur, l'univers ne peut que paraître effrayant.

C'est pour cette raison que je considère l'estime de soi comme le système immunitaire de la conscience. Elle nous donne résistance, force et capacité de régénération. Nous n'échappons pas pour autant à l'anxiété, à la dépression, aux difficultés de la vie, mais nous sommes mieux équipés pour y faire face. Une haute estime de soi n'est pas une armure contre une avalanche de malheurs. Mais elle permet de les surmonter plus facilement.

Cette résistance à la souffrance doit être soulignée. Je me souviens de l'expérience que fut la rédaction de *Ayez confiance en vous*. Pour certaines raisons, que je n'exposerai pas ici, j'ai eu beaucoup de mal à écrire ce livre. Je trouvais mon travail très mauvais. Un après-midi, mon éditeur est passé me voir. Fatigué, déprimé, irritable, je lui ai déclaré : « Il y a des jours où je me demande comment j'ose croire que je sais écrire un bouquin. Et qu'est-ce qui me permet de penser que j'ai quelque chose à dire sur l'estime de soi ? Pourquoi je m'occupe de psychologie, d'ailleurs ? » Le genre de propos qu'un éditeur adore entendre ! Il m'a regardé avec d'autant plus d'effarement que j'avais déjà écrit six livres sur le sujet. Il s'est exclamé : « Comment Nathaniel Brendan peut-il avoir de telles pensées ? » Son expression m'a fait hurler de rire. Je lui ai répondu : « La seule chose que je puisse revendiquer, c'est l'humour avec lequel je me dis que cet état d'esprit finit toujours par passer. Et puis, quoi que je pense, dise ou ressente en ce moment, je sais que le livre sera bon. »

Peut-il y avoir une estime de soi excessive ?

On me pose parfois cette question : « Une estime de soi excessive est-elle à craindre ? » Non. Ça n'existe pas plus qu'un excès de santé phy-

33

sique ou un système immunitaire trop puissant. Il arrive que l'on confonde estime de soi et fanfaronnade ou arrogance. Mais ces attitudes sont typiques de ceux qui n'ont pas confiance en eux. Les personnes qui se tiennent en haute estime sont satisfaites d'être ce qu'elles sont et ne cherchent pas des critères de comparaison. Je me souviens d'avoir réfléchi à cette question alors que je regardais ma chienne jouer dans notre jardin. Courant à droite, à gauche, elle reniflait le parfum d'une fleur, se lançait à la poursuite d'un écureuil, bondissait. Elle respirait la joie de vivre. Je suis certain qu'elle ne pensait pas être plus heureuse que le chien du voisin. Simplement, elle jouissait de ses sensations. Elle vivait. Je crois que c'est une image métaphorique qui traduit bien ma conception d'une saine estime de soi.

Ceux qui ne s'estiment pas sont souvent mal à l'aise en présence de personnes qui ont une nette estime d'elles-mêmes, et en conçoivent du ressentiment.

« Ce sont des gens qui se surestiment », disent-ils. En fait, ils font le constat de leur carence.

Un homme qui manque d'assurance se sent souvent menacé par une femme qui a confiance en elle-même. S'il est marié et que sa femme manifeste une estime personnelle grandissante alors que la sienne se détériore, il exprimera son anxiété en tentant de la rabaisser.

Hélas, le succès attire la convoitise et le ressentiment ! Il en va de même pour le bonheur. Et ceux qui n'ont qu'une médiocre estime d'eux-mêmes en arrivent à parler du danger d'avoir « une trop haute estime de soi ».

Quand rien n'est «assez»

Comme je l'ai déjà observé, une piètre estime de soi ne signifie nullement que nous soyons dépourvus d'une réelle valeur. On peut avoir le talent, l'énergie et la volonté qui permettent de réaliser un tas de choses tout en s'estimant médiocrement. C'est le cas du bourreau de travail qui cherche à prouver à son père qu'il n'est pas condamné à l'échec. Mais il n'en reste pas moins que l'on n'a pas toute l'efficacité et la créativité que l'on pourrait posséder. En même temps, ce que l'on réalise ne nous apporte jamais une satisfaction profonde. Rien de ce que l'on peut faire n'est jamais «assez».

A l'évidence, une piètre estime de soi empêche de se réaliser pleinement. Un jour, un brillant homme d'affaires m'a demandé : «Pourquoi est-ce que j'oublie mes succès et non mes échecs ? Pourquoi le bonheur est-il tellement plus éphémère que la mortification ?» Quelques minutes plus tard, il ajoutait : «Je crois toujours voir le regard ironique de mon père.» Il commençait en fait à comprendre qu'il s'était donné inconsciemment pour mission non de se satisfaire mais de démontrer à son père (mort depuis une dizaine d'années) qu'il avait quelque chose dans le ventre.

Une estime de soi non conflictuelle fait de la joie et non de la peur le moteur de nos actes. Nous recherchons alors le bonheur au lieu de passer notre temps à éviter la souffrance. Notre but est de nous exprimer, non de nous dissimuler ce que nous sommes ou de nous justifier en permanence. Notre mobile n'est pas de «prouver» notre valeur, mais de concrétiser nos possibilités.

Si j'ai pour but de me prouver que je suis «assez ceci ou assez cela», c'est une histoire sans fin. On peut additionner les promotions, les conquêtes, les biens matériels sans pour autant combler le vide intérieur.

Dans notre culture, certaines personnes déclarent, après avoir fait l'expérience de cette impasse, qu'elles ont décidé d'emprunter un chemin spirituel et de renoncer à leur ego. Rien n'est plus fallacieux. En fait, elles n'ont jamais eu l'ego mature et sain qui leur aurait évité l'impasse. Elles rêvent de se défaire de ce qu'elles ne possèdent pas.

Mise en garde

Nier l'importance de la confiance en soi est une erreur, mais trop en attendre en est une autre. Certains écrivent dans un élan d'enthousiasme qu'une saine appréciation de notre valeur suffit à nous assurer le bonheur et le succès. Ce n'est pas aussi simple. La confiance en soi n'est pas la panacée. A côté des circonstances extérieures, des opportunités qui nous sont offertes, il existe un certain nombre de facteurs internes qui ont un impact évident, comme le dynamisme, l'intelligence, le désir de réussir. (Contrairement à ce que l'on entend parfois dire, le désir de réussir n'est pas forcément l'expression directe de la confiance en soi, car il peut être généré par une motivation négative.) Une conscience de soi bien développée n'est pas l'unique condition de notre bien-être. Elle ne garantit pas l'accomplissement de notre être. Néanmoins, lorsqu'elle fait défaut, c'est la porte ouverte à l'anxiété, à la frustration, au désespoir*.

* Comme je l'ai signalé dans l'introduction, il n'y a pas une mais plusieurs conceptions de la confiance en soi.

L'estime de soi ne remplacera ni la nourriture qu'il faut absorber ni le toit dont on a besoin au-dessus de notre tête, mais grâce à elle il est vrai-semblable que nous aurons cette nourriture et ce toit nécessaires. Si elle ne se substitue pas plus au savoir et aux talents qui nous permettent de trouver notre place dans le monde, elle accroît cependant la possibilité de les acquérir.

L'estime de soi est un besoin essentiel, je tiens à le répéter. La preuve en est que son absence entrave notre fonctionnement.

Les défis du monde moderne

Nous sommes entrés dans une ère où la confiance en soi est devenue un besoin économique autant qu'un besoin psychologique, pour s'adapter à un monde de plus en plus complexe, compétitif, qui se présente comme un défi permanent.

Au cours des dernières décennies, la transfor-mation de l'économie a été spectaculaire. Le sec-teur tertiaire s'est considérablement développé. Aujourd'hui, d'une manière générale, les muta-tions s'accélèrent et nous avons atteint un seuil de compétitivité sans précédent qui exige des diplômes et des formations professionnelles dont les générations antérieures n'ont pas eu à se sou-cier. Mais ces développements nous demandent des ressources psychologiques nouvelles. Il nous faut une plus grande capacité d'innovation, d'or-ganisation, d'autonomie et un sens plus aigu de la responsabilité. Ce ne sont pas des qualités réservées à la direction des entreprises. Elles doi-vent exister à tous les niveaux, à tous les postes.

Aujourd'hui, tous ceux qui participent à l'acti-vité d'une entreprise ont besoin de savoir prendre des initiatives, d'assumer une certaine indépendance, donc de se porter une estime qui leur permet d'avoir confiance en eux. C'est, d'un point de vue historique, un phénomène nouveau.

Ces nouvelles exigences débordent le monde des affaires. Aucune autre génération n'a été plus libre que la nôtre de choisir sa religion, sa philosophie, son code moral, son style de vie, ses critères de réussite. Nous en avons fini avec le respect aveugle des «traditions». Nous ne pensons plus que le gouvernement nous apportera le salut. L'Eglise, les grandes organisations, les syndicats ne sont pas plus crédibles. Il n'y a plus de sauveur à attendre. Nous devons compter sur nos propres ressources.

Dans tous les domaines, les choix sont plus nombreux que jamais. Mais, dans un tel environnement, comment pourrions-nous nous adapter sans une autonomie personnelle renforcée qui supplée à la disparition des règles et des rites communément acceptés? Nous avons besoin de savoir qui nous sommes et de nous centrer sur ce qui nous importe réellement. Autrement, nous pouvons nous laisser attirer par des valeurs qui ne sont pas les nôtres et poursuivre des buts qui ne pourront nous satisfaire. Il nous faut apprendre à penser par nous-mêmes, à cultiver nos propres ressources et à prendre la responsabilité des choix, des valeurs, des actes qui modèlent notre vie. Nous avons absolument besoin de croire et d'avoir confiance en nous-mêmes.

Plus nous avons de décisions à prendre et de choix à faire sur un plan conscient, plus nous avons besoin de nous porter une solide estime.

Si une estime de soi appropriée nous fait défaut, nous risquons d'être effrayés par la multiplicité des choix qui nous est offerte aujourd'hui. Certains recherchent, pour éviter la panique, la «sécurité» d'une dictature, d'une religion, d'un parti politique. D'autres encore ont recours à des drogues. Généralement, ni la famille ni l'école ne nous préparent à un monde fourmillant d'options et de défis divers. C'est la raison pour laquelle il est urgent de soulever la question de la confiance en soi.

2

La signification de la confiance en soi

La confiance en soi a deux composantes inséparables : l'efficacité et le respect de soi. La première résulte de l'estime que l'on a de soi face aux défis de la vie. La seconde traduit la capacité d'être heureux.

Cela ne signifie pas que l'on pense en ces termes, mais plutôt que si l'on analyse les effets de la confiance en soi, on constate qu'ils découlent forcément de ces deux composantes.

On ne peut être efficace — ou compétent — sans avoir confiance dans sa capacité d'apprendre, de choisir, de prendre des décisions, de comprendre ce dont on a besoin. On croit en soi. On se fait confiance.

Le respect de soi implique la conscience de sa valeur personnelle, de son droit au bonheur, de sa volonté d'affirmer ses pensées, ses besoins, ses désirs, parce qu'on est certain d'être sur terre pour concrétiser ses possibilités et vivre dans la joie.

Nous y reviendrons plus en détail, mais pour l'instant insistons sur les manifestations d'une mauvaise estime de soi.

Si une personne ne se sent pas à la hauteur devant les défis qu'elle rencontre dans la vie, si elle ne se fait pas confiance, vous pouvez diagnostiquer un manque d'estime de soi, quels que soient les atouts qu'elle puisse posséder. Le diagnostic est le même dans le cas d'une personne qui manque de respect de soi, se juge indigne du respect des autres ou de leur amour, ne croit pas au bonheur et n'ose pas affirmer ses pensées, ses besoins, ses désirs. Encore une fois : peu importent ses atouts réels. Efficacité et respect de soi sont les deux piliers d'une saine estime de soi. Il suffit que l'un des deux manque pour qu'apparaisse une déficience de l'estime de soi. Ces deux composantes sont absolument fondamentales.

L'expérience de son efficacité personnelle permet de sentir que l'on a sa vie en main, qu'on la contrôle, qu'on y occupe une position centrale, au lieu d'en être le simple spectateur.

L'expérience du respect de soi développe le sens de la convivialité, la bienveillance, l'indépendance dans la coopération. Nous sommes alors loin d'un isolement névrotique comme d'une immersion instinctive dans la tribu et ses rites ancestraux.

Etant donné que le niveau de l'estime de soi subit des fluctuations comme tout autre état psychologique, nous devons penser en termes de niveau moyen de l'estime de soi. Et si nous prenons parfois l'estime de soi pour une conviction personnelle, il est plus juste de parler d'une disposition à agir d'une certaine façon. Mais de quelle façon ?

Disons que l'estime de soi est la disposition à agir en se jugeant compétent face aux défis de l'existence et digne de connaître le bonheur.

Cette définition, notons-le, ne se réfère pas aux

influences subies pendant l'enfance et favorables au développement de l'estime de soi (sécurité physique, attention des parents...), ni aux facteurs internes qui agissent plus tard (conscience développée de ses actes, sens des responsabilités, acceptation de soi...), ni aux conséquences de nos émotions et de nos comportements (compassion, volonté de tenir sa parole, ouverture d'esprit...). Nous n'avons défini que ce qui compose et concerne le jugement que nous portons sur nous-mêmes.

Dans la troisième partie, au chapitre 17, nous analyserons l'estime de soi dans le contexte culturel. Pour le moment, laissez-moi souligner un point particulier. Le concept d'efficacité, de « compétence », tel que je l'utilise dans ma définition, est un concept métaphysique et non « occidental ». Je veux dire qu'il relève de la vraie nature des choses, de notre relation fondamentale à la réalité. Il n'est pas le produit d'une culture particulière. On ne peut concevoir une société dont les membres ne chercheraient pas à satisfaire leurs besoins, à s'adapter à l'environnement naturel et humain. Ce point s'éclaircira encore lorsque nous explorerons en profondeur ce que l'efficacité personnelle et le respect de soi signifient et impliquent.

Il serait imprudent de ravaler les définitions au rang de « simples manifestations de la sémantique » et de considérer un souci d'exactitude comme une pédanterie. Pour développer l'estime de soi, nous avons besoin d'une définition précise. Comment pourrions-nous atteindre un but que nous ne saurions fixer ? Si notre idée de l'estime de soi reste vague, nous n'aurons, pour la développer, qu'une démarche floue. L'enthousiasme ne suffit pas.

Par conséquent, je répète qu'une haute estime

de soi permet de croire à l'opportunité de nos actes. Le contraire implique un sentiment d'inadéquation à la vie, inadéquation générale qui ne concerne pas tel ou tel problème mais notre personne elle-même.

Les racines de la confiance en soi

Nous avons vu dans le chapitre précédent que l'estime de soi est un besoin vital. Mais pour quelle raison ? Nous ne pouvons le comprendre qu'en découvrant ce qui, dans l'espèce humaine, engendre un tel besoin. (Il me semble que cette question a été particulièrement négligée.) Il s'agit donc d'éclairer au maximum le sens ultime de la confiance en soi.

Il n'y a que les êtres humains pour se demander : Puis-je faire confiance à mon esprit ? Suis-je capable d'une pensée correcte ? Suis-je compétent ? Suis-je assez ceci ou cela ? Suis-je quelqu'un de bien ? Ai-je suffisamment d'intégrité morale pour faire concorder mes pensées et mes actes ? Suis-je digne de respect, d'amour, digne de réussir et de connaître le bonheur ?

Notre besoin d'estime personnelle résulte de deux faits inhérents à notre espèce. D'une part, notre survie et notre maîtrise de l'environnement dépendent d'une utilisation judicieuse de notre conscience. Notre vie et notre bien-être reposent sur notre capacité à penser, à formuler des jugements. D'autre part, l'usage approprié de notre conscience n'est pas automatique, « programmé » par la nature. Il demande l'intervention de la responsabilité personnelle qui s'exprime dans nos choix.

A l'instar de toute autre espèce consciente,

nous n'assurons notre survie et notre bien-être qu'en utilisant notre conscience, ou plus exactement sa spécificité. Autrement dit, notre faculté d'abstraction, de généralisation et d'intégration. Une aptitude à la conceptualisation qui n'appartient qu'à l'esprit humain.

Le propre de l'homme est la raison, c'est-à-dire la capacité à établir des rapports entre des éléments différents. De cette aptitude dépend — en fin de compte — notre vie.

L'esprit est beaucoup plus que la conscience explicite et immédiate. C'est un ensemble de structures et de processus très complexe qui est bien loin de s'arrêter aux processus verbaux, linéaires et analytiques que l'on considère habituellement — et souvent à tort — comme l'activité du «cerveau gauche». L'esprit dont je parle représente la totalité de l'activité mentale, et donc inclut le subconscient, l'intuition, le symbolisme, tout ce qui est parfois associé au «cerveau droit». Il est l'ensemble des moyens qui nous permettent nos relations à l'environnement.

Faire pousser des légumes, construire un pont, canaliser l'énergie hydraulique, découvrir un nouveau médicament, augmenter la productivité d'une usine, conduire une expérience scientifique, créer : tout relève de la pensée. Il en va de même quand il s'agit de régler un conflit avec un enfant ou un conjoint, de reconnaître une disparité entre nos pensées et nos actes, d'apaiser la colère qui risque de nous ronger, de nous en remettre momentanément à nos sentiments, à notre intuition, à notre subconscient au lieu de nous acharner à régler un problème en «toute lucidité»...

La difficulté vient du fait que nous ne sommes pas programmés pour penser automatiquement. Nous avons le choix.

L'esprit ne pompe pas le savoir comme le cœur pompe le sang. Il ne nous incite pas automatiquement à agir pour notre plus grand bénéfice. Nous ne nous mettons pas à penser «instinctivement» simplement parce que, étant donné une certaine situation, il serait dangereux de ne pas penser. La nature nous a dotés d'une extraordinaire responsabilité en nous permettant de graduer l'intensité de la conscience.

Nous sommes capables de voir ce que serait l'action rationnelle, morale et sage, et de mettre notre conscience entre parenthèses, le temps de faire tout autre chose.

Nous manifestons notre libre arbitre en choisissant soit d'aiguiser notre conscience, soit de l'étouffer. Ce choix a évidemment des conséquences considérables sur notre vie en général et sur l'estime que l'on se porte en particulier.

Considérons les choix suivants:

Conscience ou inconscience.
Clarté ou flou, voire obscurité.
Respect de la réalité ou aveuglement.
Respect des faits ou indifférence aux faits.
Respect de la vérité ou rejet de la vérité.
Persévérance dans l'effort de compréhension ou abandon de l'effort.
Loyauté dans l'action en accord avec les convictions que l'on professe ou manque de loyauté.
Confrontation avec soi-même ou refus de cette confrontation.
Ouverture d'esprit ou étroitesse d'esprit.
Volonté de voir et de corriger ses erreurs ou refus de le faire.
Souci de cohérence ou acceptation des contradictions.

Raison ou irrationalité, respect de la logique, de la cohérence, de l'évidence ou le contraire. Fidélité à la responsabilité de la conscience ou trahison de cette responsabilité.

Personne ne pourrait sérieusement prétendre que notre capacité à réagir aux défis de l'existence n'est pas affectée par ce que nous sommes vraiment. Non seulement il ne peut mais il ne doit pas en être autrement. On ne va pas développer des habitudes invalidantes et vivre comme si de rien n'était. Cela impliquerait que nos actions sont parfaitement indépendantes de ce que nous pensons de nous-mêmes. C'est une chose de mettre en garde contre l'identification à une conduite particulière. C'en est une autre d'affirmer qu'il ne devrait pas y avoir de lien entre l'action et la confiance que l'on peut avoir en soi. On trompe les gens si on leur propose une estime de soi qui ferait abstraction de la conscience, de la responsabilité, du choix moral.

Le niveau de l'estime de soi n'est pas déterminé une fois pour toutes dans l'enfance. Il varie en fonction des expériences de chacun. Il faut tenir compte également des fluctuations qui se produisent au cours de l'existence. J'en ai fait l'expérience.

Chaque fois que nous devons agir, relever un défi, prendre une décision, nous influons sur l'image que nous avons de nous-mêmes en fonction de la nature de notre réaction et des processus mentaux qui la soutiennent. Et si nous renonçons à agir ou à prendre une décision, l'opinion que nous avons de nous-mêmes est également affectée.

S'estimer, c'est savoir que nous sommes en mesure de vivre dans le sens de notre bien-être.

La compétence

J'ai appelé «sens de l'efficacité personnelle» l'expérience de la compétence que nous associons à une saine estime de soi, et «respect de soi» l'expérience de la dignité et de la valeur que l'on s'accorde. Mais si ces termes ont une signification générale assez claire, j'aimerais tout de même les examiner de plus près.

Etre efficace, c'est — d'après le dictionnaire — être capable de parvenir au résultat souhaité. Croire en notre efficacité, c'est croire en notre capacité à apprendre ce qu'il est nécessaire d'apprendre et à faire ce qu'il faut pour atteindre notre but. Pour autant que le succès dépende uniquement de nos efforts, bien entendu. Donc en excluant omniscience et omnipotence qui sont des facteurs incontrôlables.

Croire en sa compétence ne signifie pas que l'on ait la conviction d'être à l'abri des erreurs. Mais c'est avoir la certitude d'être capable de penser, de juger, de savoir et... de corriger ses erreurs. Nous faisons confiance aux possibilités de notre mental.

Nos succès passés nourrissent cette confiance mais ne suffisent pas à en assurer la solidité. En fait, nous croyons profondément à nos processus mentaux.

Manquer de ce sentiment de compétence, c'est anticiper la défaite plus facilement que le succès, c'est se laisser paralyser trop vite, se laisser miner par le doute, baisser les bras et renoncer à relever le moindre défi, comme si l'on se demandait : «Qui suis-je pour revendiquer le droit de penser ? De relever un défi ? De choisir, de décider, d'abandonner le confort qu'offrent les choses familières, habituelles, de persévérer en dépit des obstacles ? De me battre pour défendre mes valeurs ? »

Un environnement familial suffisamment sain, rationnel et stable favorise le développement de notre confiance en nous-mêmes. Dans le domaine de l'action, il est préférable d'avoir appris à être tenace et efficace dès qu'une difficulté surgit.

Il est essentiel de savoir distinguer la croyance en nos possibilités, en général, et la confiance en notre compétence dans un domaine particulier. Dans un monde où les connaissances sont décuplées tous les dix ans, nous ne pouvons compter que sur nos capacités d'apprentissage.

Prenons l'exemple de l'homme d'affaires qui possède un savoir spécifique et a acquis en vingt ans un savoir-faire certain dans sa spécialité. S'il quitte son entreprise pour travailler dans un domaine très différent, il va se trouver confronté à des règles, à des problèmes, à des demandes différents. Dans ce cas, il risque de s'accrocher à ce qui lui est familier au lieu de s'adapter à un nouveau contexte. Il n'atteindra que de faibles performances et on pourra en conclure qu'il manque de confiance dans ses possibilités intellectuelles. En revanche, s'il a le sentiment de son efficacité intellectuelle, il saura prendre en main son nouveau travail, réussira et renforcera en même temps le sentiment de son habileté intellectuelle.

Les entreprises ont tout intérêt à introduire la notion d'estime de soi dans leur formation. Le sens des responsabilités, la curiosité, la faculté d'adaptation sont tout aussi importants que des compétences techniques qui risquent d'être très vite dépassées.

Une femme, promue chef de service, est venue

me consulter parce que ses nouvelles responsabilités la paniquaient. Je l'ai invitée à répondre, entre autres, aux questions suivantes :

Avez-vous réussi dans votre précédent travail ?
Comment aviez-vous fait pour vous y adapter ?
Dans quel état d'esprit abordiez-vous les problèmes nouveaux ?
A mesure que vous progressiez, avez-vous acquis des attitudes nouvelles ?
Comment vous êtes-vous adaptée aux changements qu'impliquait votre travail ?
Qu'est-ce qui permettait votre adaptabilité ?
Quelles réflexions inspirées par ce que vous avez appris sur vous-même et sur votre précédent travail peuvent être utilisées pour votre travail actuel ?
Quelles qualités possédez-vous qui puissent permettre de réussir dans une activité différente de la précédente ?
Que pouvez-vous faire pour être certaine de réussir ?
Qu'est-ce qui, en vous, vous permettra d'agir dans ce sens ?

De telles questions aident à isoler les sources internes d'une compétence spécifique. Elles mettent l'accent sur une dynamique, un processus, non sur un contenu. Elles distinguent une compétence fondamentale de ses manifestations particulières.

Quand je dis que le sentiment de sa compétence est lié à la confiance que l'on s'accorde face aux défis fondamentaux de l'existence, qu'entends-je par «défis fondamentaux de l'existence» ? En premier lieu, il s'agit d'être capable de gagner sa vie, autrement dit d'accéder à l'autonomie — pour autant que nous ayons l'opportunité de le faire.

(Les mères de famille, les épouses qui restent à la maison ne sont pas un cas particulier. Aucune femme ne devrait rester sans formation professionnelle, sans apprentissage. C'est le meilleur moyen de se mettre en marge du marché du travail alors que personne n'est à l'abri d'une séparation, d'un divorce, donc de la nécessité d'assurer son existence.) En deuxième lieu, il faut être en mesure d'entretenir avec les autres des relations fondées sur l'estime, la coopération, l'amitié, la confiance, le respect et l'amour. Il faut pouvoir se situer par rapport aux autres, accepter la façon dont eux-mêmes se situent. Il s'agit enfin de savoir résister à la malchance et à l'adversité, de savoir traverser les épreuves, de se régénérer après une mauvaise passe. C'est en relevant ces défis fondamentaux que l'on prouve son humanité.

Il arrive à ceux que les rapports humains effraient de tomber à un niveau de conscience très bas dans leurs relations interpersonnelles. Que font-ils alors ? Ils recherchent la sécurité que leur offre leur compétence professionnelle dans le monde impersonnel des machines, des mathématiques, de la pensée abstraite. Mais quelle que soit leur réussite professionnelle, leur estime d'eux-mêmes reste déficiente. On ne peut impunément négliger les relations interpersonnelles, aspect essentiel de la vie.

L'estimation de notre valeur personnelle

Nous en arrivons à la deuxième composante de l'estime de soi : le respect de soi.

Alors que le sentiment de notre compétence nous

permet de croire au succès de nos entreprises, le respect que nous nous portons nous permet de penser que nous sommes dignes d'amitié, d'amour et nous laisse croire au bonheur. (S'il est possible de séparer les deux composantes sur le plan conceptuel, et dans le but d'en faciliter l'analyse, nos expériences quotidiennes prouvent qu'elles sont en fait indissociables.)

Se respecter, c'est être convaincu de sa valeur personnelle. Ce qui ne signifie pas que l'on se croie parfait ou supérieur aux autres. Ce n'est pas une notion comparative. C'est avoir la conviction que notre vie, notre bien-être, notre bonheur, notre épanouissement justifient tous nos combats et que nous sommes dignes de respect.

Le respect de soi se développe d'abord à partir du respect que notre famille nous manifeste pendant l'enfance. Il ne se vérifie que si nous sommes satisfaits de nos choix moraux, aspect particulier de nos processus mentaux. Dire la vérité ou mentir, tenir ses promesses ou les trahir entrent évidemment dans la catégorie des choix moraux.

Il n'est pas rare de rencontrer des personnes qui sont infiniment plus sûres de leur compétence — au moins dans un domaine spécifique — que de leur droit au bonheur. Chez elles, l'estime de soi est amputée de l'un de ses éléments de base. De telles personnes peuvent très bien réaliser beaucoup de choses intéressantes sans être en mesure d'en jouir. Dans ce cas, le sentiment de sa propre valeur est sinon totalement absent du moins incomplet et fragile.

Cette défaillance s'observe parfois chez des carriéristes qui réussissent mais qui n'osent s'éloigner de leur bureau. Pour ce genre de personnes, prendre des vacances est un calvaire. Elles ont même du mal à profiter de leur vie de famille alors que leur foyer est une source d'amour. Elles ne se sentent pas le droit d'être heureuses. Il faut constamment qu'elles prouvent et justifient leur valeur par la réussite dans le travail. L'estime qu'elles se portent est incontestable mais néanmoins terriblement défaillante. Il est donc nécessaire que nous nous estimions dignes de la récompense de nos efforts ; si nous n'en sommes pas convaincus, nous ne savons pas prendre soin de nous-mêmes, protéger nos intérêts légitimes, satisfaire nos besoins ou nous réjouir de nos succès. (Dans ce cas, le sentiment de notre compétence se trouve également affaibli.)

J'ai récemment reçu en consultation une brillante avocate qui péchait par modestie au point de s'autodétruire. Sans cesse, elle laissait ses collègues tirer parti de ses succès. (Elle travaillait pour un cabinet d'avocats.) Son patron s'octroyait une partie de ses honoraires, les autres se servaient de ses idées, et elle restait aimable avec tout le monde, en affirmant qu'elle n'avait aucune vanité. En fait, intérieurement, l'amertume la rongeait. Mais elle voulait plaire, être aimée et ne voyait pas d'autres moyens d'y parvenir. Elle ne s'était affirmée qu'à une seule occasion : en devenant avocate en dépit du scepticisme de sa famille qui l'avait toujours rabaissée. Elle possédait les connaissances et le savoir-faire nécessaires mais l'estime médiocre qu'elle se portait l'empêchait d'envisager une réussite éclatante. Je lui ai appris à être plus consciente de ses choix, à comprendre qu'elle s'autodétruisait et à réagir en s'affirmant malgré la peur que cette conduite pouvait engendrer. C'était le seul moyen pour elle de développer l'estime personnelle qu'elle méritait.

Nous avons très tôt besoin de nous dire que nous sommes bien, donc de faire l'expérience de l'estime de soi. Au cours de l'enfance, nous devenons progressivement conscients de notre pouvoir de choisir et de la responsabilité que cela implique. Nous acquérons ainsi la conscience d'être une personne. Vient alors le besoin de sentir que nous agissons comme il le faut, avec justesse. Nous avons besoin de pouvoir nous dire que nous sommes bien.

Ce sont les adultes qui nous apprennent ce qui est bien, mal, juste, erroné, mais le besoin est inhérent à notre nature. Il est lié au problème de la survie.

Quand un patient me dit : « Je ne mérite ni le succès ni le bonheur », je traduis par : « Je ne suis pas un être humain valable. »

Se préoccuper du bien, du mal est, comme je l'ai dit, un besoin vital qui n'est pas simplement le produit du conditionnement social. Le souci moral apparaît naturellement dès le début de notre développement en même temps que nos autres facultés intellectuelles et, comme elles, suit le cours normal de notre maturation. Quand nous prenons la responsabilité de nos actes, notre attitude morale fait évidemment partie de notre contexte implicite.

Nous ne sommes jamais indifférents à l'aspect moral de nos agissements, même si l'on prétend le contraire. Leur signification est enregistrée par notre psychisme où elle laisse une empreinte positive ou négative sur l'image que nous nous faisons de nous-mêmes. Nous nous jugeons immanquablement selon un certain standard de valeurs morales, que ce soit au niveau du conscient ou du subconscient, du rationnel ou de l'irrationnel. S'il se creuse un fossé entre nos idéaux et nos actes, l'estime de soi est en péril. Par conséquent, une réalisation optimale de nos possibilités exige que nous ayons foi en nous-mêmes, que nous puissions nous féliciter. Mais à une condition : que cette foi et cette satisfaction ne soient pas générées par un esprit qui nous entraîne trop facilement dans l'imaginaire et les illusions en tout genre.

La fierté de soi

J'aimerais dire quelques mots à propos de la fierté, que je distingue de l'estime de soi, et qui est un plaisir d'un genre unique.

Si l'estime de soi est liée à l'expérience de notre compétence et de notre valeur fondamentales, la fierté est, quant à elle, liée au plaisir que nous valent nos succès. L'estime de soi permet de dire : «Je peux le faire.» La fierté est le résultat de l'action et nous fait dire : «J'ai pu le faire.»

La fierté n'est pas affaire de fanfaronnade, de bluff ou d'arrogance. Elle ne naît pas du vide mais de la satisfaction. Elle ne sert pas de preuve de notre compétence. Elle est le plaisir, la jouissance de l'acte accompli.

Elle ne sert pas plus à masquer nos défauts et nos manques, comme certains théoriciens religieux le suggèrent parfois. Ce qui peut nous inspirer de la fierté ne nous fait pas oublier nos échecs et nos imperfections. Nous pouvons éprouver de la fierté tout en ayant conscience de ce que les jungiens appellent notre «ombre».

Récompense émotionnelle de l'acte réussi, elle n'est pas un défaut à surmonter mais une valeur à atteindre. On sera réellement fier de soi quand on aura actualisé au maximum ses potentialités.

Il s'agit là de l'acceptation philosophique ou morale de la fierté — de l'orgueil — telle que je l'ai analysée dans *The Psychology of Self-Esteem*.

Le succès engendre-t-il toujours la fierté ? Pas nécessairement, ainsi que le montre l'exemple suivant :

Le directeur d'une entreprise de moyenne importance est venu me consulter parce que, disait-il, en dépit du succès de son entreprise il se sentait déprimé et ne comprenait pas ce qui se passait. Nous avons exhumé le fait qu'il avait voulu être un chercheur scientifique mais que ses parents l'avaient poussé vers une carrière commerciale. En conséquence, s'il lui arrivait d'éprouver certaines satisfactions, elles n'étaient que superficielles et, surtout, l'estime qu'il se portait était profondément défaillante. Au moment de prendre un tournant décisif dans sa vie, cet homme avait abandonné son idéal, cédé au désir de ses parents, uniquement dans le but d'être « aimé » par eux. Evidemment, il existait déjà chez lui une mauvaise estime de soi, sinon il n'aurait pas capitulé. Sa dépression reflétait l'échec d'une vie bien remplie. Il avait négligé ses besoins les plus profonds, ce qui lui interdisait une réelle fierté, une réelle satisfaction. Il devait regarder cette situation en face et agir en conséquence — en dépit de la peur que peut inspirer une remise en question — s'il voulait trouver une solution.

Cela est à méditer par tous ceux qui se disent : « J'ai accompli beaucoup de choses sans pour autant être fier de moi. Pourquoi ? » Il peut évidemment y avoir plusieurs raisons, mais il est bon de se demander : « Qui a choisi mes options ? M'ont-elles été dictées par une voix intérieure qui ressemblait beaucoup à celle d'un parent, d'un enseignant, d'une personne qui avait sur moi une influence particulière ? Ou les ai-je vraiment choisies moi-même ? » Ni la fierté ni l'estime de soi ne peuvent être développées si on poursuit un but qui ne reflète pas ce que nous sommes vraiment.

Mais rien ne demande plus de courage que de vivre selon ses idées, ses jugements, ses valeurs. L'estime de soi n'est-elle pas destinée uniquement au héros qui est en nous ? Ces questions vont nous conduire rapidement aux six clés de la confiance en soi.

3

Les caractéristiques
de la confiance en soi

La confiance en soi a plusieurs aspects. Mais pour être certain qu'elle existe vraiment, il faut pouvoir en observer les diverses manifestations chez une même personne.

Elle se révèle selon les critères suivants :

Une façon de parler, de se mouvoir, de sourire qui reflète le plaisir de vivre.

L'aisance avec laquelle l'on parle de ses erreurs comme de ses succès parce que la réalité ne nous fait pas peur.

Une ouverture à la critique et une facilité à reconnaître ses erreurs, parce que l'on ne cherche pas à donner de soi une image parfaite.

L'aisance qui nous permet de recevoir ou de faire des compliments, de recevoir ou d'accorder des marques de sympathie et d'affection sans une gêne suspecte.

Une spontanéité, une aisance dans ses mouvements et sa façon de parler qui reflètent une certaine paix intérieure, parce que nous ne sommes pas en guerre contre nous-mêmes.

L'harmonie entre ce que l'on dit et ce que l'on fait.

Une ouverture d'esprit, une curiosité devant les idées, les expériences, les possibilités de vie nouvelles.

Le fait que l'on puisse éprouver des sentiments d'anxiété, d'insécurité sans se sentir accablé et en se disant, au contraire, que l'on en viendra à bout.

Le plaisir que l'on ressent quand la vie devient amusante.

Une faculté d'adaptation qui révèle sa confiance en soi et en la vie.

Le refus de l'agressivité, contre les autres ou contre soi-même, au profit d'une fermeté empreinte de calme.

L'aptitude à préserver harmonie et dignité dans des conditions stressantes.

Sur un plan purement physique, l'on peut observer les caractéristiques suivantes :

Un regard vif, brillant ; un visage détendu, d'une bonne coloration (en l'absence de maladie, évidemment) ; une bonne vibration de la peau ; un menton ni baissé ni relevé et une mâchoire sans crispation.

Des épaules droites sans être raides, des mains gracieuses, souples, des bras qui se balancent naturellement le long du corps, une façon de se tenir droit, bien en équilibre sur ses pieds, sans raideur, une démarche assurée.

Une voix claire, bien modulée, d'une intensité adaptée à la situation.

Remarquons que l'on parle beaucoup de relaxation. La relaxation implique que l'on sait se regarder en face et que l'on n'est pas en guerre contre soi-même. Une tension permanente trahit une dysharmonie entre ce que l'on accepte de soi et ce que l'on cherche à rejeter ou, au moins, à contrôler farouchement.

La confiance en soi en action

J'ai dit au début de ce livre que la confiance en soi ne peut être séparée de la rationalité, du réalisme, de l'intuition, de la créativité, de l'indépendance, de la facilité d'adaptation, de la capacité d'admettre (et de corriger) ses erreurs, de la bienveillance et de la coopération. Si nous saisissons le sens exact de la confiance en soi, ces corrélations nous paraissent parfaitement logiques.

La rationalité

Fonction d'intégration de la conscience, elle se traduit par l'élaboration de principes à partir de faits concrets (l'induction), l'application de principes à des faits (déduction), la mise en relation de tout savoir nouveau avec les connaissances déjà acquises. C'est la recherche de la signification des choses, et la compréhension des relations qui existent entre elles. Elle se réfère à la loi de la non-contradiction. Elle se base sur le respect des faits.

Observons encore que la rationalité ne se confond pas avec le «raisonnable». Elle ne sert ni la tradition ni un consensus. Elle ne s'identifie jamais au manque d'imagination, à la prudence.

A partir du moment où nous comprenons cela, nous pouvons également comprendre que rationalité et vie consciente vont de pair.

Le réalisme

Dans ce contexte, réalisme signifie simplement une prise en considération des faits, la reconnaissance de ce qui est et de ce qui n'est pas. On ne peut croire en soi et affronter les défis de l'existence qu'à condition de faire la distinction entre le réel et l'irréel. La confiance en soi est intrinsèquement axée sur la réalité.

En situation de test, les personnes qui n'ont qu'une piètre estime d'elles-mêmes ont tendance à sous-estimer ou, au contraire, à surestimer leurs capacités. Celles qui se tiennent en haute estime évaluent leurs possibilités avec réalisme.

L'intuition

Lorsqu'il s'agit de prendre une décision complexe, l'intuition joue un grand rôle. Elle intègre au raisonnement des éléments puisés dans le subconscient. On peut être très expérimenté, informé et rationnel, et compter sur l'intervention de ces facteurs que l'expérience, précisément, permet de considérer comme performants. La fonction intuitive accélère la pensée. De brillants hommes d'affaires reconnaissent que l'intuition leur a permis de remporter des succès. Un esprit confiant en lui-même sera le plus enclin à utiliser l'intuition. On retrouve cette démarche dans les activités les plus complexes, des sciences à l'art, en passant par le sport. L'intuition exprime attention et confiance en ce qui concerne les signaux internes. Nous sommes à l'écoute de ce qui est en nous. Au début du siècle, Carl Jung souligna l'importance de ce respect des signaux internes dans la créativité. Plus récemment, Carl Rogers l'a lié à l'acceptation de soi, à l'authenticité et à la santé psychologique. Il est donc primordial dans le développement de la confiance en soi.

La créativité

Les créateurs ont une confiance particulière dans leurs signaux internes. S'ils puisent leurs connaissances, voire leur inspiration autour d'eux, ils ont leur personnalité, leurs critères, et valorisent leurs pensées et leurs intuitions plus volontiers que la moyenne des gens.

On sait qu'ils consignent facilement ce qui leur vient à l'esprit, puis se penchent sur leurs carnets de notes en y cherchant un thème de créativité. Ils valorisent mieux que quiconque les productions de leur esprit.

C'est exactement le contraire pour les personnes qui s'estiment peu. Elles ont aussi des idées valables mais ne s'y attardent pas. Elles semblent se dire en permanence : «Comment pourrais-je avoir des idées intéressantes?»

L'indépendance

Apprendre à penser par soi-même, à respecter ses idées, est à la fois la source et la conséquence d'une saine estime de soi. Il en va de même pour l'aptitude à se prendre en charge, à poursuivre les buts que l'on s'assigne et à rechercher le bonheur.

La faculté d'adaptation

La faculté d'adaptation permet de ne pas s'accrocher au passé, attitude dictée par un sentiment d'insécurité et un manque de confiance en soi. C'est la réaction qu'ont certains animaux lorsqu'ils ont peur. Ils se pétrifient devant le danger. Mais c'est aussi l'attitude de ces chefs d'entreprise qui, face à des concurrents plus performants, persévèrent dans leurs habitudes en dépit d'un échec flagrant ou, en tout cas, d'une technique dépassée. Un esprit qui croit en ses capacités est également un esprit ouvert qui n'a pas tendance à s'aveugler.

La gestion du changement

Pour les raisons que je viens d'exposer, une personne qui a confiance en soi n'est pas effrayée par le changement. Elle a l'habitude de tenir compte de la réalité et réagit rapidement (ne serait-ce que pour cette raison, l'estime de soi doit être prise en considération dans les programmes d'apprentissage, les formations professionnelles. Il est plus que jamais nécessaire de pouvoir réagir rapidement aux constants changements de notre système économique. Le système éducatif lui-même doit intégrer le concept de confiance en soi s'il veut préparer les étudiants au monde du travail). La capacité de gérer le changement est donc en prise directe sur la réalité et par conséquent liée à la force de l'ego.

La volonté d'admettre et de corriger ses erreurs

Une saine estime de soi donne la priorité aux faits, à la vérité et à la conscience, et si la confiance en soi est fonction du respect de la réalité, alors corriger ses erreurs est plus important que de les camoufler.

La personne qui s'estime n'a pas honte d'avouer, le cas échéant, «qu'elle a eu tort». Nier une erreur, se défendre d'en commettre trahit un sentiment de culpabilité, d'incapacité et de honte. Reconnaître une erreur n'est synonyme d'humiliation que dans le cas d'une confiance en soi défaillante, atrophiée.

La bienveillance et la coopération

Les psychologues qui étudient le développement de l'enfant savent qu'un enfant traité avec respect intériorise ce respect et le diffuse aux autres, contrairement à l'enfant maltraité, insulté, qui intériorise l'insulte et la répercute sur les autres à la moindre occasion. Si je me sens bien dans ma peau, si je sens que j'existe en sachant me situer par rapport aux autres, sous leur regard — ce qui me permet de dire non quand j'en ai envie, ou oui dans une situation inverse —, je n'éprouve pas le besoin de me protéger derrière une attitude d'hostilité. Je suis alors naturellement bienveillant et prêt à coopérer. Une telle attitude ne peut être qu'avantageuse pour moi. Apte à satisfaire tout un éventail de besoins, elle permet une démarche qui n'est jamais entravée par la peur ou le doute.

Comme la bienveillance et la coopération, l'empathie et la compassion sont plus souvent l'apanage de personnes qui se portent de l'estime que de gens qui se mésestiment. Notre relation aux autres reflète notre relation à nous-mêmes. Ceux qui assassinent l'humanité, au sens propre comme au figuré, n'entretiennent généralement pas de tendres relations avec eux-mêmes.

4

L'illusion de la confiance en soi

Si nous ne nous portons qu'une estime médiocre, nous sommes souvent soumis à la peur : peur de la réalité, peur de certaines choses qui nous concernent ou concernent les autres et que nous avons niées, rejetées, refoulées. Peur de la faillite de notre système de défense. Peur d'être trop en vue. Peur de l'humiliation de l'échec et, parfois, des responsabilités qu'entraîne le succès. Nous passons notre temps à tenter d'éviter la souffrance au lieu de rechercher le bonheur.

Si nous estimons que l'essentiel de la vie échappe à notre entendement ; si nous éprouvons un sentiment d'impuissance devant les problèmes clés de l'existence ; si nous nous sentons incapables d'aller jusqu'au bout de certains raisonnements parce que nous risquerions de mettre en lumière des aspects de notre caractère qui nous semblent inavouables ; si, d'une façon ou d'une autre, la réalité nous paraît être l'ennemie de notre estime de nous-mêmes (ou de notre fausse estime), alors toutes ces peurs menacent l'efficacité de notre conscience et, en ce sens, aggravent le problème initial.

Si nous nous demandons sans cesse : «Comment saurais-je ce que je dois faire ? Qui suis-je pour juger ? De quel droit déciderais-je ?» ou si nous pensons : «La conscience est dangereuse» ou «Essayer de penser ou de comprendre est une vaine entreprise», nous nous coupons l'herbe sous les pieds. On ne se bat jamais pour ce que l'on considère comme impossible ou indésirable.

Mais cela ne signifie pas que nos pensées dépendent de notre degré d'estime personnelle. L'estime de soi n'a d'influence que sur notre dynamique émotionnelle. Toutefois ce sont bien nos sentiments qui encouragent ou découragent la pensée, nous donnent envie de confronter les faits, la vérité, la réalité, d'être compétents ou de fuir.

C'est ce qui rend difficile le développement de la confiance en soi. Il nous faut combattre l'idée que l'aveuglement nous est plus bénéfique que la conscience, parce qu'il rend la vie plus supportable.

Evidemment, il reste le danger de devenir prisonniers d'une image de nous-mêmes négative qui nous dictera nos actions, lesquelles ne manqueront pas de refléter la médiocrité, la faiblesse ou la lâcheté que l'on s'accorde.

Une telle négativité provoque non seulement l'inhibition mais également la distorsion de la pensée. Si nous recherchons le mobile de l'un de nos actes, nous risquons d'obéir à un mécanisme d'autodéfense et de nous cacher l'évidence. Ou bien, répondant à un sentiment de culpabilité ou de médiocrité, nous n'irons pas vers l'explication la plus logique mais vers celle qui, moralement, nous noircira. Dans ce cas, seule l'autocondamnation semble appropriée. Mais si nous sommes confrontés à des accusations injustes, nous nous sentirons désarmés et incapables de confondre nos accusateurs. Nous pouvons même leur donner raison en nous disant : « Comment pourrais-je savoir s'ils ont raison ou tort ? »

Une piètre estime de soi n'entraîne que vers un seul but : éviter le pire que l'on devine à chaque coin de rue. On vivote sous l'empire de la peur. Et ce que l'on recherche auprès des autres, ce n'est pas un réel contact, on désire, en fait, être pardonné, accepté, pris en charge.

Une pseudo-confiance en soi

Nous voyons parfois des gens qui, en dépit de succès spectaculaires et d'une renommée mondiale, sont profondément insatisfaits, anxieux ou déprimés.

Nous savons que si nous ne parvenons pas à développer notre estime de nous-mêmes, nous laissons s'installer, à des degrés divers, l'anxiété, l'insécurité et le doute. En fait, nous sommes persuadés d'être condamnés à l'échec, ce que l'on traduit plus facilement par : « Quelque chose ne va pas chez moi » ou : « Il y a vraiment quelque chose qui me manque. » Mais cet aveu est pénible et nous préférons souvent l'éviter en rationalisant notre comportement, en étouffant nos peurs et en nous inventant une estime de nous-mêmes qui n'est qu'une façade. Nous développons alors ce que j'appelle une pseudo-confiance en soi.

Cette pseudo-confiance en soi procure l'illusion d'un sentiment de compétence et de respect de soi-même. C'est un moyen, non rationnel, auto-protecteur, de diminuer l'anxiété et de nous donner un sentiment de sécurité qui n'a aucune assise mais qui rassure. C'est surtout un moyen de satisfaire à peu de frais le besoin d'une authentique confiance en soi.

Les valeurs sur lesquelles elle se base n'ont rien à voir avec une réelle compétence et un réel respect de soi. Nous pouvons nous dire qu'être admis dans un gang de criminels n'est pas, habituellement, une grande réussite et engendre difficilement une authentique estime de soi, mais que cette situation peut donner une passagère illusion de sécurité ou le sentiment «d'avoir trouvé une famille».

Rien n'est plus commun que de chercher à se rendre estimable par des moyens fallacieux. Au lieu de s'attacher à tout ce qui est conscience, responsabilité et intégrité morale, on se met en quête de popularité, d'acquisitions matérielles ou d'exploits sexuels. On se soucie moins de sa valeur personnelle, réelle, que de son appartenance à un club, à une Eglise, à un parti politique. Nous nous rassurons sur nous-mêmes en entrant dans un groupe. Nous délaissons l'honnêteté pour la façade vertueuse qu'offre la philanthropie. Pour être quelqu'un de bien, je fais de «bonnes actions». Je ne cherche pas à vivre mieux, en accord avec moi-même, parce que je préfère le sentiment de puissance que confère le pouvoir sur les autres. On peut s'aveugler, se mentir de mille façons, s'égarer dans un nombre infini d'impasses sans parvenir à comprendre pourquoi et comment l'on se fourvoie.

S'estimer est une expérience intime. Je peux être aimé par ma famille, mon (ma) partenaire, mes amis, admiré par mes associés, mes collègues sans partager les mêmes sentiments à mon égard. Je peux projeter l'image d'une personne pleine d'assurance, très équilibrée et, en secret, me sentir très mal à l'aise. Je peux réaliser les espoirs que l'on a mis en moi et ne jamais réaliser mes rêves. On peut me couvrir d'honneurs sans que j'aie l'impression d'avoir accompli quelque chose de valable. Des millions de gens peuvent m'adorer alors que moi, je me réveille avec la certitude nauséeuse de n'être que vide et imposture. La peur d'être démasqué me panique.

Je pense au cauchemar qu'est une vie de rockstar dépourvue d'une réelle estime de soi, qui ne sait pas très bien comment elle provoque l'adulation des foules et doit se droguer. Je pense aussi à l'inconséquence de ceux qui conseillent à une personne qui ne se porte aucune estime et croit au miracle quand elle se sent acceptée de s'entourer de gens disposés à l'admirer.

Il est certainement plus conseillé de rechercher la compagnie de gens qui ne passent pas leur temps à vous critiquer. Mais il est toujours dangereux de rechercher les compliments... On risque de ne plus pouvoir s'en passer et de se leurrer indéfiniment puisque l'estime de soi ne se bâtit pas à l'extérieur mais en soi.

N'en concluez pas pour autant que je réfute l'importance d'un feed-back social. Nous sommes des êtres sociaux et les autres participent évidemment à l'élaboration de notre image personnelle. Mais l'impact de leur jugement varie énormément selon les individus ou, plus exactement, selon le degré d'autonomie de ces individus.

Travaillant depuis de nombreuses années avec des personnes très préoccupées par l'opinion des autres, je suis aujourd'hui persuadé que c'est en élevant le niveau de sa conscience que l'on a le plus de chances de se libérer. Ce sont nos signaux internes que nous devons d'abord écouter. Comme je l'ai dit dans *Ayez confiance en vous*, cela implique d'être à l'écoute de notre corps, de nos émotions, de nos pensées les plus secrètes. Nous verrons dans les chapitres suivants comment l'on peut y parvenir.

L'indépendance

On peut combattre l'impact excessif du feed-back social en développant son propre système de soutien, en apprenant à trouver ses certitudes à l'intérieur de soi. Atteindre ce stade d'autonomie, c'est acquérir une réelle maturité humaine.

Tous ceux qui innovent ou créent sont plus aptes que la moyenne des individus à accepter, à supporter l'isolement, je veux dire l'absence du feed-back social qui pourrait les encourager ou… les décourager. Ils s'attachent plus résolument à leurs idées, même lorsqu'elles les entraînent très loin de leur environnement. Les espaces inexplorés ne les effraient pas. C'est le secret de leur pouvoir, ce qui leur permet d'apercevoir des possibilités nouvelles là où personne d'autre ne les voit. Cela dit, ces visionnaires peuvent avoir besoin de toute une équipe pour concrétiser leurs idées, et donc être capables également de diriger cette équipe.

Ce que l'on appelle le « génie » demande une bonne dose d'indépendance, de courage et d'audace, et cela ne s'apprend pas. Mais, en revanche, on peut favoriser cette force intérieure. Si nous sommes attachés au bonheur de l'humanité, à son bien-être, à son progrès, nous devons faire en sorte que cette force se développe au sein de la famille, de l'école, de nos diverses organisations, mais surtout, en nous-mêmes.

DEUXIÈME PARTIE

Les sources internes de la confiance en soi

5

La confiance
en soi en action

Considérons l'individu, ses choix, ses actes, sans tenir compte de son environnement.

Il pourrait certainement paraître plus logique de mettre d'abord l'accent sur les influences positives ou négatives de l'environnement familial. Si on laisse de côté les facteurs biologiques, c'est apparemment avec l'influence de la famille que l'histoire commence. Sauf dans notre optique.

Demandons-nous d'abord : Que doit-on faire pour développer la confiance en soi et l'entretenir ? Quel type d'action doit être adopté ? Quelle est la responsabilité des adultes ?

Autrement dit : Que faut-il qu'un enfant apprenne à faire pour parvenir à s'estimer ? Quel est le meilleur chemin que puisse suivre un enfant ? Quelles pratiques parents et enseignants devraient-ils favoriser et soutenir ?

Tant que nous ignorons ce qui peut nourrir la confiance en soi et ce qu'implique une saine psychologie d'adulte, nous ne disposons pas des critères qui permettent de distinguer un environnement favorable de son contraire.

Mais, pour quelle raison insister sur les pratiques qui favorisent la confiance en soi, c'est-à-dire l'action (mentale ou physique), au moment où nous recherchons les conditions premières de son développement ? Je répondrai tout simplement que toutes les valeurs de l'existence s'expriment à travers l'action qui permet de les atteindre, de les conforter et d'en jouir. Selon la définition d'Ayn Rand, la vie est un processus où l'action engendre l'action et la soutient. Dans notre corps, nos organes et les systèmes auxquels ils appartiennent nous maintiennent en vie grâce à une action constamment renouvelée. Nous concrétisons nos valeurs et les maintenons par une action constante. Il est de la nature même de nos valeurs d'être le but de nos actions. Et cela inclut l'estime de soi.

Ce qui détermine le degré de l'estime personnelle, c'est bien ce que nous faisons, dans le contexte de nos connaissances et de nos valeurs. Et étant donné que l'action extérieure reflète une action mentale, ce sont bien les processus internes qui s'avèrent d'une importance cruciale.

Nous verrons que «les six clés de la confiance en soi» — pratiques indispensables à la santé de l'esprit et au bon fonctionnement de l'individu — sont toutes des opérations de la conscience. Elles impliquent un choix, et ces choix sont autant de confrontations avec nous-mêmes.

Je précise que par «pratique» j'entends une façon d'agir habituelle, un comportement général, une façon d'être, en somme.

La volonté et ses limites

Liberté ne signifie pas omnipotence. La volonté est une force puissante mais elle n'est pas la seule dans notre vie. Ni pour l'adolescent ni pour l'adulte, il n'y a de liberté absolue et illimitée. Plusieurs facteurs peuvent rendre un exercice de conscience plus ou moins difficile. Certains sont génétiques ou biologiques, et nous pouvons penser que nous venons au monde avec des dispositions différentes qui se répercutent sur l'énergie, la résistance, la faculté d'apprécier la vie... Nous n'aurions donc pas tous la même capacité à développer une estime personnelle.

Puis viennent les facteurs environnementaux. Ils peuvent favoriser le développement de l'action consciente ou le perturber. Certaines personnes subissent de telles perturbations dans leur petite enfance qu'elles ne parviennent jamais à une saine estime d'elles-mêmes sans psychothérapie intensément pratiquée.

Le soutien parental et ses limites

Selon les conclusions de Stanley Coopersmith dans *The Antecedents of Self-Esteem* et celles de nombreux chercheurs, c'est l'estime que les parents se portent qui est le meilleur modèle pour le développement de l'estime de soi chez l'enfant. De plus, si nous sommes élevés avec amour et respect, si nous bénéficions de la bienveillance parentale, si nous ne sommes pas assaillis de contradictions, submergés d'espoirs qui ne sont pas les nôtres, accablés de ridicule, humiliés ou battus, nous avons une bonne chance d'intérioriser ces attitudes positives et d'acquérir les fondements d'une saine estime de soi. Toutefois, il y a des gens qui ont bénéficié d'une enfance merveilleuse et qui sont rongés par le doute et un sentiment d'insécurité. D'autres, issus de milieux défavorisés, réussissent leur scolarité, entretiennent des relations interpersonnelles stables et satisfaisantes et se portent une estime indubitable. Psychologues et psychiatres, à court d'explications, les appellent «les invulnérables[1]».

Néanmoins, on peut tout de même insister sur l'importance d'un environnement sain dans lequel la réalité est respectée et le comportement des adultes cohérent. Il est plus facile de persévérer dans l'effort, d'être rationnel et productif si l'on a commencé sa vie dans la cohérence, avec des parents compréhensifs qui savaient affronter la réalité.

Les blocages intérieurs

Notre subconscient a ses défenses, ses blocages et il nous arrive de faire l'impasse sur des questions qui mériteraient pourtant d'être analysées. La conscience est un continuum : elle existe à différents niveaux. Une difficulté qui reste en suspens à un niveau peut avoir une incidence sur des opérations faites à un autre niveau. Par exemple, si je bloque les sentiments que m'inspirent mes parents — si je refuse de les reconnaître ou les désavoue — et qu'ensuite j'essaie de réfléchir aux relations que j'entretiens avec mon patron et mes collègues, je risque fort de ne pas comprendre ce qui motive soit une envie perpétuelle de critiquer soit un sentiment de soumission excessif. Tant que je demeurerai inconscient de la source profonde du malaise, je ne pourrai pas modifier mon attitude.

Que savons-nous ?

Il est possible que nous ne connaissions pas encore tous les facteurs biologiques ou environnementaux qui influent sur le développement de la confiance en soi. En revanche, nous pouvons énumérer la plupart des pratiques spécifiques (volontaires) aptes à la nourrir ou à la perturber. Nous savons que la volonté de comprendre inspire la confiance en soi et que l'attitude contraire produit l'effet opposé. Nous savons que ceux qui s'appliquent à réfléchir se sentent plus compétents que les autres. Nous pouvons affirmer que l'intégrité engendre le respect de soi, ce que ne peut faire l'hypocrisie. Nous savons tout cela « implicitement » mais faut-il pour autant en parler si rarement ? Car il est étonnant que ces sujets ne soient pas plus souvent abordés par les professionnels ou dans la vie courante.

Adultes, nous ne pouvons revenir en arrière, vivre une autre enfance avec d'autres parents. Nous pouvons évidemment consulter un psychothérapeute. Mais pourquoi ne pas nous demander : Que puis-je faire aujourd'hui pour éviter de me sous-estimer ?

Nous verrons que, quelle que soit notre histoire personnelle, si nous parvenons à comprendre la nature de l'estime de soi et les pratiques dont elle dépend, nous pouvons généralement changer les choses. Cette compréhension préalable est essentielle.

Aux parents, aux enseignants, aux psychothérapeutes et aux chefs d'entreprise qui liront ce livre, je répète que la confiance en soi est d'abord une affaire personnelle, un travail sur soi-même. Il faut comprendre cette dynamique interne avant d'essayer d'aider les autres à la développer. Il est faux de croire que nos paroles ont plus d'impact que ce qui émane de notre personne. Nous devons devenir ce que nous voulons enseigner.

Il y a une histoire que j'aime raconter à mes étudiants. En Inde, quand surgit une difficulté familiale, on consulte le gourou local. Un jour, des parents conduisent leur fils de neuf ans chez le sage qui les a déjà aidés plusieurs fois dans le passé. Le père lui dit : « Maître, nous avons un petit garçon merveilleux, que nous aimons beaucoup, mais qui ne cesse de manger des sucreries néfastes à sa santé et à ses dents. Nous avons discuté avec lui, nous l'avons supplié d'arrêter, nous l'avons puni, mais rien ne marche. Pourriez-vous nous aider ? » A la grande surprise du père, le gourou lui répond : « Retournez chez vous et revenez me voir dans quinze jours. » La famille obéit. Deux semaines plus tard, les parents reviennent et le gourou leur dit : « Bien, maintenant nous pouvons parler. » Le père s'étonne : « Auriez-vous l'obligeance de nous dire pourquoi vous nous avez renvoyés l'autre jour ? Vous n'avez jamais procédé ainsi. » Et le gourou : « J'avais besoin de ce délai, parce que, moi aussi, j'avais une faiblesse pour les sucreries. Comment aurais-je pu résoudre un problème qui était aussi le mien ? »

Je dois avouer que cette histoire n'est pas du goût de tous les psychothérapeutes.

L'exercice qui consiste à compléter des phrases

Dans ce livre, j'indique plusieurs exemples d'utilisation de ce genre d'exercice qui permet de renforcer la confiance en soi. C'est un véritable outil de travail, tant en thérapie que dans le domaine de la recherche. J'ai commencé à l'utiliser en 1970 et je n'ai cessé d'en découvrir de nouveaux usages. La méthode consiste essentiellement dans la présentation de phrases inachevées que le patient est invité à répéter un grand nombre de fois en les complétant chaque fois d'une façon différente. On s'aperçoit que ce sont ainsi des niveaux différents de la personnalité qui sont sollicités par la répétition de l'exercice, lequel peut se faire verbalement ou par écrit.

Ce travail joue un rôle vital quand il s'agit de déterminer ce que l'on peut faire pour influer positivement ou négativement sur la confiance en soi. Autrement dit, ce sont des réalités fondamentales qui sont ainsi mises en lumière.

Dans les chapitres suivants, j'indique plusieurs exemples de phrases inachevées que j'utilise habituellement, et ce pour deux raisons. En premier lieu, c'est une façon d'offrir au lecteur l'occasion de pratiquer lui-même ce genre d'exercice dans la vie courante. En second lieu, c'est aux psychologues et aux psychanalystes que je m'adresse en leur permettant de vérifier que j'ai effectivement établi la nomenclature des comportements qui ont une incidence particulière sur le degré de l'estime personnelle.

Les six clés de la confiance en soi

Etant donné que la confiance en soi est la conséquence, le produit de pratiques générées de l'intérieur, nous ne pouvons pas travailler directement sur notre propre estime ou sur celle que les autres se portent. Il nous faut remonter à la source, et c'est en analysant ces pratiques que nous parviendrons à les intégrer à notre comportement, puis à les encourager et à les faciliter chez les autres. Par exemple, encourager la confiance en soi à l'école ou sur le lieu de travail, c'est avant tout créer un climat qui sollicite et renforce les pratiques susceptibles de développer l'estime de soi.

Mais, au bout du compte, de quoi dépend une saine estime de soi? Quelles sont donc les pratiques que j'évoque? J'en indiquerai six dont on peut facilement démontrer l'efficacité. Je les nomme «les six clés de la confiance en soi». Il sera facile de comprendre pour quelle raison tout progrès dans ces pratiques est singulièrement bénéfique.

Remarquons que dès qu'elles sont assimilées, nous pouvons les intégrer dans notre vie quotidienne. Nous avons alors le pouvoir de renforcer notre estime de nous-mêmes.

Il m'est souvent arrivé d'observer des changements spectaculaires dans la vie des personnes qui parvenaient — dans un premier temps — à une amélioration relativement modeste. En fait, j'encourage mes patients à avancer pas à pas plutôt qu'à vouloir aller trop vite. Une transformation trop rapide risque toujours d'intimider, voire de paralyser.

Voici donc la liste des six pratiques fondamentales, des six clés de la confiance en soi:

Pratique de la vie consciente.
Pratique de l'acceptation de soi.
Pratique de la responsabilité de soi.
Pratique de l'affirmation de soi.
Pratique de la vie axée sur un but.
Pratique de l'intégrité personnelle.

Dans les six chapitres suivants, nous analyserons ces pratiques, une à une.

6

La pratique de la vie consciente

Dans presque tous les grands courants philosophiques et spirituels on retrouve, sous une forme ou une autre, l'idée que la plupart des êtres humains traversent la vie comme des somnambules. L'illumination est évidemment synonyme d'éveil de la conscience, tandis qu'évolution et progrès se présentent comme un élargissement de la conscience.

La conscience, pour toutes les espèces qui en sont pourvues, est l'instrument de base de la survie. Je donne ici à la conscience son sens premier : elle est l'état mental qui nous permet d'être avertis d'un certain aspect de la vie. Elle est également la faculté d'accéder à cet état mental. Quant à la forme de conscience spécifiquement humaine, avec sa pensée abstraite et ses concepts, nous l'appelons l'esprit.

Ainsi que nous l'avons déjà dit, nous sommes des êtres pour lesquels conscience (au niveau conceptuel) signifie choix. Nous pouvons choisir entre le développement de la conscience ou son entrave, la recherche de la vérité ou le refus de la voir, l'activité mentale axée sur des centres d'intérêts ou la torpeur. En d'autres termes, il nous est possible de développer nos moyens de survie et de bien-être ou de les saboter. Cette capacité d'automanagement est à la fois notre gloire et notre fardeau.

Si nous agissons en deçà d'un certain niveau de conscience et de réflexion, notre sentiment de compétence et le respect de nous-mêmes en seront inévitablement affectés. Il est possible que nous nous sentions compétents et valorisés si nous vivons dans un brouillard mental. Notre esprit est notre instrument de survie fondamental. Trahissons-le et nous nous tiendrons en piètre estime. Dans sa forme la plus simple, cette trahison se traduit par le refus d'être confrontés aux faits qui nous dérangent. Par exemple :

« Je ne fais pas mon travail de mon mieux, je le sais, mais je ne veux pas y penser. »
« Notre affaire décline de jour en jour. Pourtant, autrefois, avec les mêmes méthodes, nous réussissions parfaitement, non ? Cette situation me contrarie énormément, mais je ne vois pas d'autre solution que de faire le dos rond en attendant que ça s'arrange. D'une manière ou d'une autre. »
« Des revendications légitimes ? Lesquelles ? Ma femme s'est laissé influencer par ces folles de féministes. C'est uniquement pour ça qu'elle m'agresse. »
« Mes enfants souffrent parce que je ne m'occupe pas assez d'eux. Je sais que je fais du mal, mais un jour, je finirai par changer. »
« Je bois trop, dites-vous ? Mais je peux m'arrêter quand je veux. »
« Mon alimentation est désastreuse, je le sais, mais... »

« Je vis au-dessus de mes moyens, mais... »
« Je raconte des histoires, je m'invente des exploits, mais... »

A travers les milliers de choix que nous sommes amenés à faire entre réflexion et aveuglement, vérité et illusion, nous nous forgeons une image de nous-mêmes. Nous avons rarement conscience de ces choix. Mais ils laissent des traces dans notre psychisme et leur somme constitue cette expérience de nous-mêmes que l'on appelle la confiance en soi.

Que nous n'ayons pas tous la même intelligence importe peu. Ce n'est pas elle qui influe sur le principe de la vie consciente. Vivre de façon consciente signifie chercher à comprendre ce qui détermine nos actions, nos buts, nos valeurs, ce qui peut nous permettre de donner le meilleur de nous-mêmes. C'est aussi nous comporter en tenant compte de ce que l'on voit et de ce que l'on sait.

La trahison de la conscience

La conscience qui ne se traduit pas par une action appropriée est une trahison de la conscience. C'est l'esprit qui se met dans une situation invalidante. Il ne suffit pas de voir et de savoir pour vivre consciemment mais d'agir en fonction de ce que l'on voit et connaît. Je peux admettre que j'ai été injuste avec ma famille ou mes amis, que je leur ai fait du mal et que je dois m'excuser. Mais en même temps je déclare que je dois encore « réfléchir ». Je tergiverse parce que je reconnais difficilement que je suis en tort, qu'en fait je suis cruel. Je ne cherche pas à comprendre le sens profond de mes actes et leurs véritables mobiles. J'évite d'être conscient au niveau fondamental.

Méprises

Permettez-moi d'anticiper en mettant en évidence d'éventuelles méprises quant à l'application du principe de vie consciente.

1. L'apprentissage humain se caractérise, entre autres, par une automatisation des aptitudes nouvelles, qu'il s'agisse d'apprendre une langue étrangère ou de conduire une voiture. Dès qu'une pratique est maîtrisée, la conscience des mécanismes qui la composent n'est plus nécessaire. L'esprit peut donc s'en libérer pour se tourner vers d'autres découvertes. Vivre consciemment n'implique pas que nous ayons constamment présent à l'esprit tout ce que nous avons appris. Ce n'est ni nécessaire ni souhaitable.

2. Agir consciemment, selon une ligne de conduite appropriée, ne signifie nullement que nous soyons tenus de résoudre un problème ou un autre à chaque instant. Nous pouvons, au contraire, choisir de méditer pendant des heures, d'apaiser notre esprit en laissant flotter nos pensées, ce qui nous permet d'être plus ouverts à la relaxation, à la créativité, à la transcendance. Dans un certain contexte, il peut s'agir d'une activité mentale particulièrement pertinente. Il est également possible et souhaitable de préférer parfois les rêveries créatives, les jeux physiques, les sensations érotiques. En matière d'activité mentale, l'action appropriée dépend du contexte. Supposons qu'on joue avec un enfant qui a envie de faire des galipettes dans le salon. Agir consciemment consiste

dans ce cas à maîtriser la situation en évitant à l'enfant de se cogner contre un meuble, par exemple. Si, en revanche, on oublie qu'on joue avec un enfant, si on a des gestes trop brusques, on cesse alors d'avoir conscience de la situation et des conséquences de ses actes. On ne peut plus distinguer ce qui est « bien » de ce qui est « mal ».

3. Etant donné le nombre incalculable de choses dont on peut théoriquement être conscient, on doit opérer une sélection.

Assis devant mon ordinateur pour écrire ce livre, je suis évidemment moins attentif au reste de mon environnement. Si ma concentration faiblit, je vais entendre le bruit des voitures dans la rue, des cris d'enfant, un aboiement… L'instant suivant, je m'absorbe de nouveau dans mon travail et je redeviens attentif aux mots sur l'écran et à ceux qui se forment dans mon esprit. Le but de mon activité et les valeurs qui s'y réfèrent me dictent un standard de sélection.

Lorsque j'écris, ma concentration me conduit souvent à une sorte d'état de transe. Mon processus de sélection est extrêmement rigoureux et me coupe de ce qui m'entoure, ce qui, en l'occurrence, correspond au niveau de conscience nécessaire à un tel travail. En revanche, si, dans le même état mental, je conduisais ma voiture, je deviendrais dangereux. J'aurais alors un niveau de conscience entièrement inadapté au contexte et à mon but. Encore une fois : l'activité mentale doit être déterminée par le contexte.

Le respect de la réalité

On ne peut vivre consciemment sans se préoccuper de la réalité, c'est-à-dire de notre monde intérieur (nos besoins, nos désirs, nos émotions) et du monde extérieur. Cela s'oppose évidemment à l'attitude qui consiste à affirmer : « Si je refuse de voir ou de reconnaître quelque chose, cette chose n'existe pas. »

Il n'y a pas de vie consciente sans une responsabilité envers la réalité. Il n'est pas indispensable d'aimer ce que l'on voit. L'essentiel est de distinguer ce qui existe et ce qui n'existe pas. Aucun désir, aucune peur, aucun refus ne peut altérer la réalité. Si je désire m'acheter un vêtement avec l'argent du loyer, je dois savoir à quoi m'attendre. Si la peur me fait reculer devant une opération que le médecin estime nécessaire, je ne peux pas en conclure que je vivrai aussi bien sans cette intervention chirurgicale. Contester des faits incontestables ne sert à rien.

En vivant consciemment, nous distinguons le subjectif et l'objectif. Nous ne pensons pas que nos sentiments nous guident de façon infaillible. Ils peuvent bien entendu jouer un rôle intuitif, mais ils ne nous dispensent pas de réfléchir, de raisonner et de vérifier les faits.

Voyons maintenant de plus près ce que vivre consciemment implique.

Les spécificités de la vie consciente

Pour vivre consciemment, il faut:

Un esprit plutôt actif que passif

Il s'agit de l'affirmation de soi dans ce qu'elle a de plus fondamental: le choix de penser, d'essayer de comprendre, d'apprendre, le choix de la clarté.

Cela implique une autre composante de la confiance en soi: la responsabilisation de soi. Si je me sens responsable de ma vie et de mon bonheur, je choisis naturellement d'être conscient de ce que je fais. Je ne me laisse pas aller à croire que quelqu'un d'autre peut prendre des décisions à ma place.

Une intelligence qui se plaît à bien fonctionner

Un enfant a spontanément tendance à jouir de l'usage de son esprit autant que de celui de son corps. Apprendre est pour lui la grande affaire de la vie. C'est aussi son premier jeu. Conserver le plaisir d'apprendre à l'âge adulte est l'apanage d'un être humain qui a su se développer.

Bien entendu, l'adulte ne peut pas éprouver du plaisir si, pour une raison ou une autre, son activité consciente s'associe à la peur, à la souffrance ou à un effort démesuré. Mais tous ceux qui ont persévéré, surmonté ces difficultés et poursuivi le développement de leur conscience reconnaissent qu'ils éprouvent une satisfaction sans cesse croissante.

Être « dans l'instant »

L'idée de vivre consciemment implique celle de vivre dans l'instant présent. J'écoute un patient et je ne pense pas à autre chose. Je joue avec mon enfant et je suis entièrement à ce que je fais.

Ce qui ne signifie pas que je me coupe entièrement de ce qui m'entoure. Je ne me réduis jamais totalement à une expérience sensorielle immédiate. Il faut être «dans l'instant» sans en être prisonnier. C'est l'équilibre qui me permet l'état mental le plus productif, le plus adapté.

Tenir compte des faits

Ce sont mes besoins, mes désirs, mes valeurs, mes buts, mes actions qui déterminent ma façon d'être. Dois-je rester ouvert, être attentif à toute nouveauté, corriger mes hypothèses ou dois-je me dire que je n'ai plus rien à apprendre? Faut-il que je recherche les informations qui peuvent m'être utiles ou dois-je me mettre des œillères?

S'appliquer à distinguer faits, interprétations et émotions

Je vous vois froncer les sourcils et j'en déduis que je vous ai contrarié. Je me sens blessé ou je me culpabilise ou bien je suis sur la défensive. En fait, mon interprétation peut être erronée et le sentiment que j'éprouve, complètement inapproprié. En toutes circonstances, des processus séparés et distincts interviennent. Si j'ignore cette réalité, je prends mes sentiments comme référence et je risque d'aller vers le désastre.

Je peux également «entendre dire» que des physiciens se trouvent confrontés à un problème qui leur paraît insurmontable. J'en déduis que la raison et la science ont échoué. Je me sens déçu et perturbé ou ravi et triomphant (selon les options philosophiques). Mais, en réalité, on a simplement constaté que ces physiciens se trouvent devant un problème qui reste à résoudre. Moi, j'ai extrapolé et ma conclusion est plus révélatrice de ce que je suis que de la réalité extérieure.

Être attentif à toute envie d'éviter ou de nier les réalités douloureuses ou menaçantes

Rien n'est plus naturel que d'être tenté d'éviter ce qui annonce la peur ou la souffrance. Mais cela suppose que nous reconnaissions ce qui nous inquiète et la réaction impulsive qui nous pousse à nous écarter de cette réalité déplaisante. Vivre consciemment implique, dans ce cas, une mise en garde contre les séductions de l'inconscient. Nous devons être honnêtes avec nous-mêmes. La peur comme la douleur doivent être considérées comme des signaux qui nous invitent à ouvrir les yeux. Ce n'est pas facile de bien réagir. Nous ne réussissons pas toujours. Mais il y a ceux qui cherchent à le faire et ceux qui s'y refusent, ceux qui le font aussi souvent que possible et ceux qui sont beaucoup moins exigeants avec eux-mêmes. La confiance en soi ne requiert pas un succès total mais une bonne volonté qui ne demande qu'à persévérer.

Faire le point, savoir « où l'on en est » de ses buts, de ses projets, noter les succès et les échecs

Si l'un de mes buts était de réussir mon mariage, où en suis-je avec ma femme ? Que répondrait mon épouse ? Sommes-nous heureux ? Avons-nous des frustrations ? Y a-t-il des problèmes en suspens ? Si tel est le cas, comment vais-je les résoudre ? Ai-je un plan ou est-ce que je me contente d'attendre que les choses s'arrangent ? Si l'un de mes projets est d'avoir ma propre affaire, que fais-je en ce sens ? Suis-je plus près du but aujourd'hui qu'il y a un mois ou un an ? Suis-je sur la bonne voie ? Si j'ai envie de devenir écrivain, comment est-ce que j'essaie de réaliser cette ambition ? Serai-je plus près du but l'année prochaine ? Si oui, pour quelle raison ? Est-ce que je me concentre suffisamment sur mon projet ?

Vérifier que nos actes vont dans le sens de nos projets

Cet impératif est particulièrement lié au précédent. Parfois, nous consacrons bien peu de temps et d'énergie aux buts que nous nous sommes fixés. Vivre consciemment implique de concentrer toutes nos actions pour atteindre nos objectifs.

Se préoccuper de recentrer son action en fonction des réactions de son environnement

Un pilote qui vole entre Los Angeles et New York ou entre Paris et Hong Kong est toujours obligé de rectifier son cap pour rester sur la bonne route. Il est averti de toute légère déviance par des instruments de navigation qui nous seraient sans doute très utiles dans notre vie. Il peut toujours surgir une information nouvelle qui exigera un réajustement si nous voulons rester sur la même trajectoire.

Si nous sommes à la tête d'une entreprise, nous serons peut-être tenus de reconsidérer notre stratégie publicitaire. Ou bien nous aurons un problème avec un chef de service ou il nous faudra admettre qu'un produit qui nous semblait révolutionnaire est dépassé. Nous serons peut-être confrontés à la concurrence et tenus à repenser notre stratégie globale. La rapidité de notre réaction et de nos ajustements est totalement dépendante de notre niveau de conscience.

Le chef d'entreprise qui opère à un haut niveau de conscience se projette dans l'avenir. Celui qui mène ses affaires à un niveau plus modeste pense en termes de présent.

Sur un plan plus personnel, supposons que je

veuille que ma femme modifie certains de ses comportements. Je lui suggère des attitudes nouvelles. Mais au bout d'un moment vais-je persister si je constate qu'elle ne fait pas d'efforts ? Est-ce que j'essaie autre chose ? En d'autres termes : est-ce que j'agis machinalement ou consciemment ?

Persévérer dans ses efforts en dépit des difficultés

En cherchant à comprendre et à maîtriser ma vie, il m'arrive de me heurter à des difficultés qui me mettent d'ailleurs devant un choix : ou je persévère ou je baisse les bras. Les étudiants se retrouvent souvent devant cette alternative au cours de leur scolarité, comme les scientifiques dans leur laboratoire, les chefs d'entreprise dans leurs affaires, et tout un chacun dans sa vie personnelle et ses relations amoureuses.

On peut cependant, devant l'obstacle, faire une pause ou changer sa tactique, l'essentiel étant de ne céder ni à la résignation ni au désespoir. Si, en revanche, nous déclarons forfait, abandonnons la lutte, tombons dans la passivité ou poursuivons notre action sans aucune conviction, nous échappons à la frustration et à la souffrance qui accompagnent nos efforts, mais nous réduisons notre conscience. Le monde appartient à ceux qui persévèrent. Cela me rappelle une histoire au sujet de Winston Churchill. Invité dans une université, il écouta le discours de réception qui le couvrait d'éloges puis se leva et, à l'adresse des étudiants qui attendaient avec impatience les paroles du grand homme, s'écria : «Jamais, jamais, jamais, jamais, au grand jamais, vous ne devez renoncer!»

Bien entendu, il est quelquefois plus rationnel d'abandonner la lutte, quand il apparaît clairement que l'on perd son temps et son énergie, et que nous avons d'autres projets à mener à bien. Mais c'est une autre histoire, qui n'est pas l'objet de cette étude. Notons cependant que ce genre de décision doit être parfaitement consciente.

Être réceptif à la nouveauté et réexaminer d'anciennes certitudes

Nous ne pouvons intervenir à un haut niveau de conscience si nous nous en tenons à des acquis et si nous préférons éviter toute nouvelle information qui remettrait en cause nos convictions. Une telle attitude exclut la possibilité de développement.

Il ne s'agit pas de douter de tout mais plutôt de rester ouvert aux expériences et aux connaissances nouvelles, car même si nos hypothèses de départ sont exactes, on peut peut-être leur adjoindre des éléments nouveaux. Parfois, nos hypothèses de base sont erronées et ont besoin d'être revues. Ce qui nous conduit au point suivant.

Admettre ses erreurs et les corriger

Nous nous attachons inévitablement à nos idées, au risque de ne jamais vouloir admettre que nous nous sommes trompés.

On dit que Charles Darwin avait l'habitude, dès qu'il relevait un fait semblant contrarier sa théorie de l'évolution, de le noter aussitôt de peur de l'oublier. En réalité, il se méfiait moins de sa mémoire que de lui-même...

Pour vivre consciemment, on se doit de respecter la vérité, avant de se préoccuper d'avoir raison. Nous faisons tous des erreurs. Trouver humiliant le fait d'admettre une erreur est le signe d'une fausse confiance en soi.

Chercher à apprendre constamment, donc à parfaire sa façon de vivre

Dans la seconde moitié du XIXe siècle, le service américain de délivrance des brevets d'invention annonça que tout ce qui pouvait être inventé l'était déjà. L'histoire humaine est jalonnée de certitudes semblables. L'idée d'un progrès incessant est une idée très récente. Par rapport aux siècles antérieurs, nous vivons dans une ère où l'ensemble des connaissances humaines double à chaque décennie.

Seul l'engagement dans un apprentissage perpétuel peut nous permettre de rester adaptés à notre monde. Ceux qui pensent qu'ils en savent assez sont sur la pente qui mène à une inconscience grandissante. La résistance qu'opposent bien des gens à l'utilisation personnelle d'un ordinateur est un exemple. Je me souviens du vice-président d'un bureau d'agents de change qui m'avait avoué : « L'idée de devoir apprendre à me servir d'un ordinateur, de montrer ma maladresse, mon ignorance, donnait un coup à mon image de marque ! Je refusais de m'y mettre. Mais je n'ai pas eu le choix. Il a fallu que j'y passe. Quelle bataille ! »

Se soucier de comprendre le monde dans lequel on vit

Le monde qui nous entoure, quel que soit son aspect — physique, culturel, social, économique, politique —, influe sur notre vie plus qu'on ne pourrait le croire. L'environnement physique a des conséquences sur notre santé. L'environnement culturel a une influence sur nos attitudes, nos valeurs. De l'économique dépend notre niveau de vie. Les facteurs politiques limitent notre liberté d'action et jouent sur le contrôle personnel que nous pouvons exercer sur notre vie, etc.

Ignorer ces forces, s'imaginer que l'on peut inventer sa liberté revient à vivre comme un somnambule. La vie consciente implique un désir de comprendre, d'analyser notre contexte.

Il est évident qu'une personne qui a des préoccupations philosophiques se sentira plus concernée par les forces qui l'entourent qu'une personne d'intelligence plus limitée. Cependant, même parmi ceux dont l'intellect est moins puissant, nous discernons des différences dans l'intérêt manifesté pour notre contexte. Et puisque nous ne sommes ni omniscients ni infaillibles, ce sont l'intention, la curiosité intellectuelle et l'action qui comptent.

Tenir compte de sa réalité interne, de ses besoins, de ses aspirations, de ses sentiments, de ses mobiles afin de ne pas être étranger à soi-même

Mon travail de psychothérapeute m'a amené à rencontrer beaucoup de personnes fières de leurs connaissances mais qui sont complètement ignorantes de qui se passe en elles. L'échec de leur vie personnelle en dit long sur leur inconscience en ce qui concerne leur monde intérieur. Elles rejettent leurs besoins, rationalisent leurs émotions, intellectualisent (ou « spiritualisent ») leur comportement, vont d'une relation décevante à une autre ou s'installent dans une vie maritale qu'elles n'essaient jamais d'améliorer. Ce n'est pas vivre consciemment que d'utiliser sa conscience pour tout sauf pour tenter de se comprendre soi-même.

Parfois nos efforts de compréhension de nous-mêmes rencontrent un obstacle qui nous oblige à faire appel à un guide, à un maître, à un psychothérapeute. A ce propos, j'insiste de nouveau sur les orientations que l'on choisit, à savoir le souci de découvrir notre monde intérieur, ce qui nous permet d'éviter une autoaliénation, une méconnaissance profonde de nous-mêmes qui est malheureusement une attitude très partagée.

Posez-vous les questions suivantes : Est-ce que je sais ce que je ressens à tel ou tel moment ? Est-ce que je sais reconnaître le mobile de mes actes ? Quels sont les besoins, les désirs que j'essaie de satisfaire ? Est-ce que je sais ce que j'attends de mes rencontres (et non ce que «je devrais» attendre) ? Saurais-je expliquer ce qu'est ma vie ? Est-ce que je vis selon les orientations qui m'ont été données ou ai-je réellement fait un choix ? Qu'est-ce qui me permet de m'aimer ou qui, au contraire, me donne une mauvaise image de moi-même ?

C'est ce type de questions qu'implique une attention intelligente à soi.

Notons qu'il ne s'agit pas de se regarder le nombril. Je ne veux pas non plus parler d'introspection dans ce contexte, l'introspection suggérant à mon sens une technique, une analyse qui ne sont généralement pas à la portée de tout le monde. Je préfère parler de «l'art de remarquer». Remarquer nos sensations, nos émotions lors d'une rencontre. Remarquer ce qui nous exalte ou nous vide de notre énergie. Etre attentifs à la voix intérieure qui nous guide et se demander si elle est bien la nôtre ou celle de notre mère, par exemple. Pour remarquer, il faut d'abord être attentifs à nous-mêmes et se dire que le jeu en vaut la chandelle.

Pourquoi être attentif aux sensations physiques ? Eh bien, ne serait-ce que pour prévenir une crise cardiaque, par exemple, en sachant en reconnaître les signes avant-coureurs. Pourquoi être attentif à ses émotions lors d'une rencontre ? Ne serait-ce pas un moyen de mieux comprendre nos actions et nos réactions ? Pour quelle raison observer nos attitudes, nos comportements ? Pour apprendre à distinguer ce qui nous permet d'atteindre le résultat souhaité ou ce qui nous conduit à l'échec, et déterminer notre conduite. Faut-il vraiment distinguer les sources d'exaltation des sources d'épuisement ? Oui, afin de privilégier les premières et d'éviter les autres (une distinction automatique, instinctive étant impossible). Pourquoi chercher à identifier la voix intérieure qui nous guide ? Parce qu'il est utile de savoir si nous sommes réellement autonomes ou si nous sommes sous l'influence d'un parent ou peut-être d'une autorité religieuse.

Analyser les valeurs qui nous guident et leur origine dans le but de savoir si elles correspondent réellement à un choix personnel et lucide

Vivre inconsciemment c'est, entre autres choses, oublier les valeurs qui nous guident jusqu'à y devenir indifférents. Il nous arrive de tirer des conclusions irrationnelles ou inadéquates de notre expérience et de mettre notre bien-être en danger. Parmi les valeurs qu'inévitablement notre contexte nous insuffle, certaines sont parfois néfastes. Je dirais même que c'est une réalité fréquemment observée.

Un adolescent peut vivre dans un milieu malhonnête et hypocrite et construire sur ces bases sa vision de l'existence. Ce qui le conduit évidemment à se détourner de l'honnêteté et de la franchise.

Un garçon risque d'apprendre à confondre sa

valeur personnelle et l'importance de son compte en banque. A une fille, on peut enseigner que sa valeur personnelle se reflétera dans le statut social de son mari.

De telles références ne favorisent pas une saine estime de soi et conduisent généralement à l'auto-aliénation et à des décisions tragiques. Par conséquent, vivre consciemment implique une réflexion et une évaluation de nos valeurs à la lumière de la raison et de l'expérience personnelle.

Remarque sur la dépendance

La dépendance des drogués est très représentative de la fuite devant tout ce que suppose la vie consciente. Il en est de même des alcooliques ou des «spécialistes» des relations destructrices. Leur intention est implicitement de diminuer leur anxiété et leur souffrance, d'échapper à un profond sentiment d'impuissance devant les souffrances de la vie. C'est la recherche du tranquillisant ou, plus exactement, de la tranquillité et de l'apaisement. Mais ni l'anxiété ni la souffrance ne disparaissent de cette manière. On en est simplement moins conscient, jusqu'au moment où, inévitablement, elles resurgissent avec une intensité accrue qui exige une plus lourde dose de poison.

Si nous recourons aux stimulants, nous cherchons à éviter la fatigue et la dépression. Mais avant tout : le poids d'une vie consciente. Parfois, il s'agit de pouvoir faire face aux implications d'un style de vie épuisant.

Pour le drogué, la conscience est son ennemie. Si je ne suis pas arrêté par la nocivité de l'alcool, c'est parce que je commence par occulter la lumière de la conscience. De la même façon, je serai capable de continuer à utiliser de la cocaïne alors qu'elle m'a déjà coûté mon travail trois fois de suite. Si j'admets entretenir une relation amoureuse qui bafoue ma dignité, ruine mon estime personnelle, met en danger mon bien-être, sans que je cherche la rupture, il faut que j'aie en premier lieu étouffé la voix de la raison, embrumé mon esprit et opté pour l'imbécillité. L'autodestruction s'accommode mieux de l'obscurité que de la lumière.

Exemple personnel

Nous nous sommes tous surpris plus d'une fois à dire : « Ah, si j'avais un peu plus réfléchi ! » « Si seulement je n'avais pas été si impulsif ! » « Pourquoi n'ai-je pas étudié plus longtemps la question ? » « Si seulement j'avais regardé plus loin que le bout de mon nez ! »

Je pense à mon premier mariage. J'avais vingt-deux ans, mais, surtout, j'avais sous les yeux tous les signes annonciateurs d'un échec. Il existait entre nous de nombreux conflits, certaines de nos valeurs étaient incompatibles et beaucoup de petites choses nous disaient que je n'étais pas son type et qu'elle n'était pas le mien. Pourquoi, dans ce cas, me suis-je tout de même marié ? Nous avions certains idéaux en commun. Il existait une attirance sexuelle évidente. Je tenais absolument à avoir une femme dans ma vie. Elle était la première personne qui me permettait de me sentir autonome, et je doutais d'en retrouver une autre. J'avais naïvement imaginé que le mariage résoudrait tous les problèmes qui pouvaient exister entre nous. J'avais vraiment quelques bonnes raisons de me marier !

Toutefois, si quelqu'un m'avait dit (ou si j'avais eu l'idée de me dire) : « Examine ta relation avec Barbara », je me demande ce que j'aurais effectivement constaté à ce moment-là. Mais je ne doute pas que, pour un esprit réceptif, une question de ce genre, à la fois très simple et, d'une certaine manière, provocante peut avoir une influence énorme.

En fait, je n'ai cherché à analyser ni ce qui me poussait au mariage ni les discordances qui signalaient le danger. Je n'ai soulevé aucune des questions logiques et évidentes qui s'imposaient : Pourquoi me marier maintenant ? Pourquoi ne pas attendre de résoudre mes problèmes ? Et à cause de ce que j'ai omis de faire, l'estime que je pouvais me porter a été blessée sans que je m'en aperçoive. Mais quelque part en moi je savais que j'évitais d'être parfaitement conscient. Ce que je n'ai compris que beaucoup plus tard.

Parmi les exercices que je donne à mes patients, il y en a un que j'aurais aimé connaître à l'époque. J'en parlerai un peu plus loin. Mais, pour l'instant, laissez-moi vous dire ceci : si je m'étais, pendant quinze jours, assis chaque matin à mon bureau pour écrire le début de la phrase suivante : « Si je considère ma relation avec Barbara à un niveau de conscience plus élevé, je... » et achever cette phrase de six à dix manières différentes, sans préparation, sans réflexion particulière, sans me censurer, j'aurais compris qu'au fond je faisais des réserves importantes au sujet de cette relation et j'aurais pu cerner le processus par lequel je me refusais d'y voir clair.

J'ai donné cet exercice à des personnes qui entretiennent une relation confuse ou conflictuelle, et il en résulte toujours une clarification notable. Parfois la relation s'améliore considérablement. Parfois elle s'interrompt.

Si j'avais utilisé cette technique, je me serais rendu compte que c'était la peur de la solitude et non l'admiration qui me poussait vers le mariage. Si Barbara avait fait le même exercice, elle aurait également compris qu'elle n'était pas plus rationnelle que moi dans cette affaire. Reste à savoir si nous aurions eu le courage et la sagesse de conserver ce niveau de conscience.

La conscience et le corps

C'est Wilhelm Reich qui a mis en lumière la réaction du corps aux blocages et aux refoulements des sentiments et des émotions. La respiration se restreint et les muscles se contractent. Si cela arrive fréquemment, le corps développe une « armure » et nous passons du psychologique au somatique. Le flux émotionnel est ralenti, la conscience diminue et la thérapie consiste à se décontracter et à respirer à fond. Ce travail sur le corps peut libérer une conscience bloquée. Toutes les écoles de thérapie corporelle le savent.

Au début des années 70, j'ai suivi un programme de « rolfing » (mot venant du nom de l'inventrice : Ida Rolf), également appelé « intégration structurelle ». Il s'agissait de se soumettre à une série de massages et de manipulations des muscles faciaux afin de permettre au corps de retrouver son centre de gravité, de corriger les déséquilibres dus aux contractions musculaires et de libérer émotion et énergie.

Mes patients ont eu une réaction extraordinaire. Plusieurs m'ont avoué qu'ils me voyaient changer de semaine en semaine. Ma réceptivité augmentait singulièrement. Pendant que mon corps s'ouvrait, me semblait plus «disponible», je constatais que le corps des autres «me parlait» plus facilement. La façon dont quelqu'un s'asseyait, se levait, bougeait me révélait un tas de choses sur sa vie intérieure. J'avais haussé mon niveau de conscience grâce à un travail sur mon corps.

Lorsque j'ai manifesté mon enthousiasme auprès de mon thérapeute, il m'a fait remarquer que ces résultats dépendaient en partie du niveau de conscience avec lequel on participait au traitement. «C'est exactement comme en psychothérapie, m'expliqua-t-il. Les patients qui ont conscience de participer activement au traitement progressent plus vite que les éléments passifs qui se contentent de tout attendre de leur thérapeute.»

J'ai parlé de cette expérience parce qu'il me semble important de souligner qu'un corps noué, bloqué, qui s'arme contre l'émotionnel, empêche d'atteindre un haut niveau de conscience.

Phrases à compléter pour faciliter l'art de vivre consciemment

Compléter des phrases est un exercice qui peut paraître d'une simplicité enfantine, et donc peu sérieux, mais qui en fait constitue un outil extrêmement utile et performant pour renforcer l'estime de soi, apprendre à mieux se connaître et augmenter sa compétence. Il suppose des connaissances, une sagesse et un potentiel insoupçonnés. Il peut être employé de plusieurs façons.

Le procédé consiste à écrire le début d'une

phrase — que j'appellerai le thème de base —
puis à le compléter de différentes façons, selon le
procédé de l'écriture automatique, en faisant en
sorte de respecter la tournure grammaticale correcte. Il faut fournir un minimum de six réponses, être le plus rapide possible, sans «prendre le
temps de penser», ne pas craindre d'avoir l'impression d'«inventer» et ne pas porter de jugement sur ses réponses. Toutes sont acceptables et
révélatrices.

C'est un exercice qui peut être utilisé dans différentes études. J'en analyserai un certain nombre
dans ce livre. Pour l'instant, concentrons-nous
sur la façon dont on utilise cette technique pour
faciliter l'apprentissage d'une vie de plus en plus
consciente.

Le matin, avant de commencer votre journée,
asseyez-vous et écrivez le début de phrase suivant :

Pour moi, vivre consciemment signifie...

Puis, aussi rapidement que possible, sans
prendre le temps de réfléchir, terminez la phrase
autant de fois que vous le pourrez en l'espace de
deux à trois minutes (jamais moins de six fois
mais en vous disant que dix fois suffisent). Consi-
gnez ce qui vous vient à l'esprit.

Passez ensuite à ce deuxième début de phrase :

Si, aujourd'hui, j'augmente ma conscience de 5 %...

(Pourquoi 5 % seulement ? Il faut éviter d'aller
trop vite, de brûler les étapes. Mais, en fait, c'est
déjà beaucoup !)

Puis l'on continue :

Si j'accorde plus d'attention à mes rapports avec les autres aujourd'hui...

Ensuite :

Si je vis mes relations les plus importantes avec 5 % de conscience supplémentaires...

Si j'accorde 5 % de conscience supplémentaires à (indiquer un problème particulier — par exemple des rapports avec une personne précise ou une difficulté que vous avez rencontrée dans votre travail, un sentiment d'anxiété ou un état dépressif)...

Quand vous avez fini, faites ce que vous avez à faire. Puis, en fin de journée, avant le dîner, reprenez l'exercice en complétant de six à dix façons différentes les phrases suivantes :

Quand je me demande ce que je ressentirais si je vivais plus consciemment...

Quand je réfléchis à ce qui se passe lorsque j'agis avec 5 % de conscience supplémentaires...

Quand je réfléchis à ce qui arrive lorsque j'accorde 5 % de conscience supplémentaires à mes relations les plus importantes...

Quand je pense à ce qui se passe lorsque j'accorde 5 % de conscience supplémentaires (ce que vous avez choisi le matin)...

Pendant la première semaine, faites cet exercice chaque jour, du lundi au vendredi.

Ne relisez pas ce que vous avez écrit le jour précédent. Il y aura naturellement de nombreuses répétitions. Mais des réponses très différentes apparaîtront également. C'est toute votre énergie psychique que vous sollicitez.

Chaque week-end, trouvez un moment pour vous relire, puis écrivez un minimum de six terminaisons pour la phrase suivante :

S'il m'est arrivé cette semaine d'écrire quoi que ce soit de vrai, il serait très utile de...

Surtout, ne vous demandez pas ce qui va se passer ou ce qui est «supposé» arriver. Soyez très ouvert. Vivez vos journées normalement en tentant simplement de noter les différences qui peuvent se manifester dans votre comportement ou dans vos sensations. Vous découvrirez que vous avez mis en mouvement des forces qui vous obligent à agir plus consciemment.

L'exercice ne devrait pas vous prendre plus de dix minutes. Si vous dépassez ce laps de temps, vous vous mettez à «penser», à «réfléchir».

Notez que la seconde partie du travail, celle que vous faites le soir, se rapporte aux phrases du matin. Je la compare à la fonction d'un serre-livres qui est une fonction de maintien. Elle vous maintient en alerte pendant la journée parce que vous savez que vous allez revenir sur le travail du matin.

L'ensemble de cette technique peut être considéré comme un processus de gestion de notre attention ou, dans une acceptation plus large, des activités «spontanées» de l'esprit. Il faut une discipline particulière pour préserver l'estime de soi, et le fondement de cette discipline est précisément une conscience disciplinée. Ce que permet d'acquérir et de soutenir cette technique.

Quand vous aurez travaillé pendant, disons, quinze jours à partir des débuts de phrases que je vous ai indiqués, vous aurez bien assimilé les mécanismes de base. Vous pourrez alors utiliser d'autres thèmes en fonction de ce qui vous préoccupe. Par exemple :

Si j'utilise 5 % de conscience supplémentaires quand je suis mentalement soit actif soit passif, il se pourrait que...

(Et le soir : *Quand je remarque ce qui se passe lorsque...*, etc.)

Si j'accorde 5 % de conscience supplémentaires à mes anxiétés...

Si j'accorde 5 % de conscience supplémentaires à ma dépression...

Si j'accorde 5 % de conscience supplémentaires à mon problème de...

Si j'accorde 5 % de conscience supplémentaires à ma tendance à éviter ce qui me déplaît...
— *... à mes besoins et à mes désirs...*
— *... à mes valeurs essentielles et à mes buts...*
— *... à mes émotions...*
— *... à mes priorités...*
— *... à la façon dont parfois je me mets des bâtons dans les roues...*
— *... au résultat de mes actions...*
— *... à la manière dont il m'arrive d'empêcher les gens de me donner ce que je veux...*

J'ajouterai quelques thèmes relatifs à la vie professionnelle :

Si j'accorde 5 % de conscience supplémentaires à mon travail...
— *... à ce qu'implique la fonction de directeur...*
— *... à ce qu'implique la vente...*
— *... à ce qu'implique une délégation de travail appropriée...*

Et j'ajoute encore quelques thèmes destinés à explorer la « résistance » :

105

Si je m'imagine plus conscient de ma vie...

Ce qui me fait peur quand je pense au développement de ma conscience, c'est...

Si je considère ma peur d'être plus conscient avec 5 % de conscience supplémentaires, je...

Les exercices ci-dessus ont toujours donné des résultats probants au bout d'un ou deux mois. On sent que l'on se situe à un niveau de conscience plus élevé dans la conduite de ses actes quotidiens. Ces exercices sont autant de décharges d'adrénaline dans le cerveau.

Un challenge

Vivre consciemment est à la fois une pratique et un état d'esprit. A l'évidence, cela suppose un continuum. Personne ne vit constamment dans l'inconscience. Et nul n'est incapable de développer sa conscience.

Si nous réfléchissons à ce problème, nous remarquerons que nous sommes généralement plus conscients dans certains domaines que dans d'autres. Nous connaissons tous des personnes d'une extrême perspicacité dans leur travail et qui sont en même temps des monuments d'inconscience sur le plan de leurs relations personnelles.

Il est aisé de reconnaître ce qui dans notre vie demande un niveau de conscience plus élevé. Nous savons dans quels domaines situer nos échecs, nos faiblesses. Nous savons d'où viennent nos frustrations et nos souffrances. Si nous sommes honnêtes avec nous-mêmes, la situation est claire. Certains doivent être plus attentifs à leurs besoins matériels, d'autres à leur développement intellectuel, d'autres à leurs possibilités de créativité et d'accomplissement. Il y a ceux aussi qui doivent se préoccuper plus sérieusement de leur développement spirituel. L'urgence est fonction de l'état de notre évolution générale comme des circonstances objectives. Notre contexte détermine les priorités appropriées.

A partir de cette réflexion, il faut essayer de déterminer pour quelles raisons dans les domaines concernés vous avez du mal à vivre plus consciemment. L'exercice présenté précédemment peut vous y aider. Par exemple, vous partez de ce début de phrase :

Ce qui rend difficile dans ce cas un niveau de conscience élevé, c'est...

Puis passez à la phrase suivante :

Ne pas vivre dans ce cas à un niveau de conscience élevé est une bonne chose parce que...

Vous écrivez ensuite :

Si je devais dans ce cas être plus conscient...

Et vous cherchez enfin six à dix fins de phrases pour la dernière proposition :

Si je devais dans ce cas expérimenter 5 % de conscience supplémentaires...

(N'oubliez pas qu'il s'agit d'avancer pas à pas.)

Dès à présent, avant même de pouvoir vérifier ce que ce travail vous apporte, réfléchissez aux questions suivantes :

— Si je choisis d'être plus conscient dans mon travail, que ferai-je différemment ?
— Si je choisis d'être plus conscient dans les

relations auxquelles je tiens particulièrement, que changerai-je à mes habitudes ?

— Si je choisis de prêter plus d'attention à mon comportement avec mes associés, mes collègues, mes clients, ma famille, mes amis, que ferai-je différemment ?

— Si un supplément de conscience m'inspire de la peur ou des réticences, à quoi est-ce que je cherche à me soustraire ?

— Si je cherche délibérément à comprendre mes peurs et mes réticences, qu'est-ce que je remarque ?

— Si je désire augmenter mon pouvoir et ma compétence dans les domaines où ma conscience est trop faible, que suis-je prêt à faire ?

La pratique d'une vie consciente est la première clé de la confiance en soi.

7

La pratique de l'acceptation de soi

Si l'on ne sait pas accepter ce que l'on est, aucune estime de soi n'est évidemment possible.

De fait, entre acceptation et estime de soi, le lien est si étroit que l'on arrive à les confondre. Ce sont toutefois deux concepts différents qu'il est nécessaire de distinguer.

L'acceptation de soi est un acte alors que l'estime de soi est une expérience.

En termes de négativité, je ne peux m'accepter qu'en refusant une relation antagoniste avec moi-même.

Le concept de l'acceptation de soi a trois significations, se situant à des niveaux différents que nous analyserons tour à tour.

Premier niveau

M'accepter, c'est prendre mon propre parti. Ma vie consciente me donne une valeur et m'oblige à agir en conséquence. De ce point de vue, l'acceptation de soi est plus fondamentale que l'estime de soi. C'est un acte d'affirmation de soi prérationnel, prémoral, une sorte d'égoïsme naturel dont hérite chaque être humain à sa naissance, bien que nous ayons le pouvoir de nous y opposer et de l'annihiler.

Certaines personnes font de l'autorejet à un niveau si profond qu'il faut d'abord se pencher sur ce problème crucial avant d'essayer de s'épanouir.

Une psychothérapie bien comprise commence donc par susciter l'acceptation de soi, même lorsque le patient se porte une estime particulièrement médiocre. Cela implique qu'il soit confronté à ce qu'il est sans en concevoir de la haine, du rejet ou une envie de suicide. Il doit pouvoir affirmer : «Je choisis de me valoriser, de me traiter avec respect, d'affirmer mes droits d'être humain.» Cette affirmation de soi est l'acte essentiel qui est à la base de tout développement de l'estime de soi.

L'acceptation de soi peut nous permettre de nous battre même en plein désespoir. Si nous sommes au bord du suicide, elle peut nous donner envie d'attraper le téléphone et d'appeler au secours. Ou bien elle nous conduit dans le cabinet d'un psychothérapeute. Après des années d'humiliation et de mauvais traitements physiques, elle seule est susceptible de nous faire crier : «Non ! Ça suffit !» C'est la voix de la vie. C'est l'égoïsme le plus pur, le plus noble. S'il ne s'exprime pas, l'estime de soi est la première victime de son silence.

Deuxième niveau

S'accepter, c'est avoir envie d'être ce que nous sommes, d'exprimer nos pensées, de vivre nos sensations, nos désirs, de reconnaître nos actes, de nous sentir exister. C'est le refus d'être étrangers à notre corps, à nos émotions, à nos pensées, à nos actes, à nos rêves. En d'autres termes, on accepte de faire l'expérience de notre personnalité, de reconnaître la réalité de notre comportement.

Le désir de laisser s'exprimer nos sensations ne signifie nullement que nous acceptions qu'elles nous dirigent. Je peux ne pas avoir envie de travailler, l'admettre, mais aller tout de même à mon travail. Je travaillerai avec un esprit d'autant plus clair que je ne me ferai pas d'illusions.

Accepter de vivre des sensations négatives permet souvent de s'en débarrasser.

L'acceptation de soi engage à s'avouer à propos d'une émotion ou d'un comportement : « Je me suis exprimé de cette manière. Elle vaut ce qu'elle vaut, mais elle n'appartenait qu'à moi. » Je n'ai pas d'autre façon de respecter ma réalité.

J'ai des pensées qui me perturbent, je ressens de la douleur, de la colère, de la peur, ou une envie de luxure. C'est ainsi, c'est réel, je ne rationalise pas, je ne refoule pas, j'accepte la réalité. Si j'ai honte de certains actes, la honte ne les efface pas et je ne vais pas me torturer l'esprit pour les oublier. Je regarde la réalité en face.

Accepter n'est pas simplement reconnaître ou admettre. C'est faire une expérience, considérer la réalité d'un fait, en prendre conscience, vivre des émotions que je n'ai pas désirées mais qui m'envahissent. Supposons, par exemple, que ma femme me demande : « Comment vas-tu ? » et que je lui réponde : « Mal. » Elle remarque avec tendresse : « Il me semblait bien que tu étais déprimé aujourd'hui. » Alors je soupire, mon corps se détend et j'admets sur le ton du constat : « Oui, ça ne va pas. Ça ne va pas du tout. » Puis je lui explique ce qui me préoccupe, alors que quelques minutes plus tôt, le corps braqué contre ses propres sensations, j'avais à la fois reconnu et nié mon état. Accepter de vivre ses sentiments, ses sensations, a d'emblée un pouvoir d'apaisement.

Je peux reconnaître un fait puis m'en détourner si rapidement que son acceptation sera illusoire. Imaginons que mon chef de service m'explique que j'ai commis une erreur. Il me parle sur un ton bienveillant, sans animosité aucune, et pourtant je me sens irritable, nerveux, impatient, et ne souhaite qu'une chose : le voir sortir de mon bureau. Ainsi je pourrai bannir l'erreur — que j'ai reconnue, ce qui devrait suffire ! — de mon esprit. Tant qu'il est là, devant moi, je suis confronté à la réalité de cette erreur et c'est ce qui me rend nerveux. Il va sans dire qu'avec une telle disposition d'esprit je me prépare à recommencer.

L'acceptation de soi est la première condition du changement et de l'amélioration. Par conséquent, si je reconnais mon erreur et accepte le fait de l'avoir commise, je pourrai en tirer un enseignement et ne pas recommencer. Mais je ne tirerai aucune leçon d'une erreur que je n'assume pas.

Si je refuse de reconnaître que je vis souvent inconsciemment, comment pourrais-je apprendre à élever mon niveau de conscience ? Si je refuse d'admettre que je vis souvent de façon irresponsable, comment pourrais-je apprendre à être plus responsable ? Si je ne reconnais pas ma passivité, comment aurais-je une chance d'en sortir ?

Je ne peux vaincre la peur dont je nie la réalité. Je ne peux corriger mon comportement erroné à l'égard de mes associés si je n'en ai pas conscience. Je ne peux me pardonner un geste malencontreux si je nie l'avoir fait.

Il m'est arrivé de provoquer la colère d'une patiente en lui exposant ce que je viens d'expliquer. «Comment voudriez-vous que j'accepte le fait de me porter une si piètre estime?» s'est-elle écriée. Je lui ai répondu: «Si vous n'acceptez pas la réalité de ce que vous êtes en ce moment, comment voulez-vous changer? Autrement dit, que voudriez-vous changer si vous ne savez pas où vous en êtes?» N'oublions pas qu'accepter ne signifie pas nécessairement aimer, apprécier ou détourner les yeux. C'est le rejet de la réalité qui bloque, pas son acceptation.

Je ne me suis d'aucun soutien et ne peux m'estimer si je n'accepte pas ce que je suis.

Troisième niveau

L'acceptation de soi implique l'idée d'une attitude de compassion envers soi-même.

Supposons que j'aie fait quelque chose que je regrette, qui m'inspire de la honte. L'acceptation de soi ne nie pas la réalité, ne substitue pas le mal au bien. Elle cherche simplement à comprendre.

Si nous ne voyons que les actions malveillantes, destructrices ou stupides d'une personne sans chercher à les restituer dans leur contexte, nous ne risquons pas de comprendre un tant soit peu cette personne. Je ne veux pas dire que tout se justifie, mais que tout peut se comprendre.

Il m'est possible de condamner l'un de mes actes tout en considérant mes mobiles avec compassion. Cela n'a rien à voir avec la rationalisation, le refus de se responsabiliser ou la recherche d'un alibi. Si je reconnais ce que j'ai fait, je peux alors explorer plus attentivement le contexte de mon action. Comme le ferait un ami, je me dis : « C'était indigne de toi. Maintenant, explique-moi pourquoi tu as cru que c'était une bonne idée, ou en tout cas une idée qui pouvait se défendre. »

J'ai constaté, avec mes patients comme dans mon expérience personnelle, que cette façon de s'accepter et de se témoigner de la compassion, loin d'encourager à répéter ses erreurs, permet au contraire de se corriger plus facilement.

S'il est recommandé de faire remarquer aux autres leurs erreurs en évitant de les froisser, il est également recommandé d'user d'une même bienveillance à l'égard de nous-mêmes.

Exercice

J'ai l'habitude de sensibiliser mes patients à l'idée de l'acceptation de soi en leur proposant un exercice fort simple mais riche d'enseignements.

Je leur demande de se mettre devant un miroir mural et d'observer leur visage et leur corps nu tout en prêtant attention à ce qu'ils ressentent. Il faut être attentif à tout sentiment de difficulté ou d'inconfort et faire, si possible, cet exercice nu.

Il y a des parties de soi que l'on préfère à d'autres. Certaines provoquent agitation ou déplaisir. On peut se trouver trop gros ou trop maigre, observer des signes de vieillissement. On a envie de fermer les yeux, d'oublier ce que l'on a vu.

Mais je demande que l'on reste encore un peu devant le miroir en se disant : « Quels que soient mes défauts, je m'accepte totalement, sans la moindre réserve. » Concentrez-vous sur votre image, respirez profondément et répétez-vous cette phrase pendant une ou deux minutes sans précipitation. Donnez-vous le temps de bien faire pénétrer en vous le sens de ces mots.

Vous protesterez peut-être : «Mais je n'aime pas certaines parties de mon corps et je ne peux pas les accepter si facilement!» Souvenez-vous : accepter ne signifie pas que l'on ne puisse pas imaginer ou souhaiter des changements, des améliorations. Mais c'est d'abord reconnaître la réalité des faits au lieu de la nier.

Si vous vous rendez à l'évidence, autrement dit si vous parvenez à avoir clairement conscience de la réalité, vous constaterez que vous êtes soudain plus détendu, plus à l'aise dans votre peau, et aussi que vous vous sentez plus réel. Vous pouvez alors vous dire : «C'est bien moi, tel que je suis en ce moment. Je ne le nie pas. Au contraire, j'accepte cette image.» Vous respectez la réalité.

Quand mes patients se soumettent à cet exercice, deux minutes matin et soir pendant quinze jours, ils ne tardent pas à faire l'expérience de l'étroitesse du lien entre l'acceptation et l'estime de soi. Comment l'estime de soi pourrait-elle ne pas souffrir d'un rejet de notre apparence ? Comment pourrions-nous nous aimer si nous détestons notre image ?

Ils découvrent également qu'ils acceptent plus facilement de changer à partir du moment où ils reconnaissent les faits tels qu'ils sont.

Comment avoir envie de changer une réalité dont on nie l'existence ?

Écouter ses sentiments

Acceptation et refus reposent sur un ensemble de processus mentaux et physiques.

L'expérience et l'acceptation de nos émotions

dépendent (1) de notre concentration sur le sentiment ou l'émotion éprouvé, (2) d'une respiration profonde et calme permettant aux muscles de se détendre, (3) de la reconnaissance de cet émotionnel personnellement éprouvé (et qui, donc, nous appartient).

Inversement, nous nions et refusons la paternité de nos émotions quand (1) nous nous dissimulons leur réalité, (2) réduisons notre respiration et nous contractons afin d'étouffer l'émotionnel, (3) nous nous dissocions de notre propre expérience (et risquons peu de la reconnaître comme telle).

Le fait de nous ouvrir à nos émotions nous permet d'atteindre un niveau de conscience plus élevé où nous pouvons découvrir des informations importantes.

Un jour, une patiente s'est reprochée devant moi d'éprouver de la colère parce que son mari partait en voyage d'affaires pour deux semaines. Elle s'est reprochée d'être stupide, a estimé que sa colère était ridicule mais a continué à l'éprouver. Personne ne lui avait jamais fait remarquer qu'on ne se débarrasse pas d'un sentiment que l'on désapprouve en s'insultant ou en se faisant la morale.

Je lui ai demandé de me décrire sa colère, d'essayer de situer sa source dans son corps et de me dire exactement comment elle la vivait. Irritée par ma démarche, elle m'a demandé : «A quoi bon faire ça ? Ma colère ne m'intéresse pas. Je veux m'en débarrasser. » J'ai insisté, et peu à peu elle s'est mise à décrire une sensation de tension dans la poitrine, dans l'estomac. Puis elle s'est exclamée : «Je me sens indignée, outragée. Comment peut-il me faire ça ! » A partir de ce moment-là, la colère est devenue de l'anxiété. Je lui ai demandé de décrire cette anxiété. Elle a protesté en s'écriant que c'était inutile. Je l'ai conduite à s'immerger dans son expérience tout en tentant de la décrire avec l'espoir d'en trouver le ressort. « Mon Dieu ! Je vois. J'ai peur de rester seule, a-t-elle dit au bout d'un moment. Mais que suis-je ? Une enfant ? Serais-je incapable de rester seule pendant quinze jours ? » Je l'ai pressée d'analyser cette peur de la solitude. Soudain, elle m'a dit : « J'ai peur de ce que je pourrais faire en son absence. J'ai peur d'avoir une aventure. De me jeter dans les bras d'un autre homme. Je ne me fais pas confiance. »

A ce stade, il n'y avait plus de colère, d'anxiété ni de peur de la solitude. Evidemment, il restait un problème, mais le fait de l'avoir éclairé permettait désormais d'essayer de le résoudre.

Exemple personnel

Lorsque j'étais adolescent, je confondais volontiers négation, rejet des émotions et force de caractère. J'avais envie de rencontrer quelqu'un avec qui je pourrais partager mes pensées, mes centres d'intérêts et mes sentiments. Je me sentais très seul.

Je n'ai recherché aucune intimité. Je me sentais différent des autres et voyais dans cette différence un fossé infranchissable. Je me disais que mes pensées et mes livres me suffisaient — ou devaient me suffire si j'avais confiance en moi.

Si j'avais accepté mon désir naturel de contacts humains, j'aurais été au-devant des autres. Si je m'étais concédé le droit d'éprouver la souffrance qu'engendrait mon isolement, j'aurais eu des amis. L'intérêt et la bienveillance que souvent l'on me portait me seraient apparus. Si je m'étais accordé la liberté de vivre les étapes normales de l'adolescence pour sortir de mon isolement farouche, je ne me serais pas préparé à un mariage malheureux. Je n'aurais pas été à la merci de la première personne qui semblait partager mes centres d'intérêts.

Je veux ici mettre en relief les conséquences de cette attitude de refus sur l'estime que je pouvais me porter. Je ne doute pas qu'il y ait eu des « raisons » à mes manifestations de non-acceptation de moi-même, mais elles ne sont pas l'objet de cette analyse. Ce que je ressentais était réel, indépendamment de ce que j'acceptais ou non. Quelque part, je savais que je condamnais et répudiais une partie de moi-même : celle qui attendait une relation complice et que je combattais. La confiance et le bonheur que je pouvais trouver dans d'autres domaines n'empêchaient pas la blessure que j'infligeais à mon estime personnelle.

Suivant la même logique, lorsque plus tard j'ai appris à accepter ce que j'avais refusé en moi, mon estime de moi-même s'est renforcée.

En tant que psychothérapeute, je ne cesse de vérifier que ce phénomène est général. Les premiers pas vers la guérison et l'épanouissement ne se font qu'avec le développement de la conscience et la reconnaissance de ce que nous sommes.

Une expérimentation

Pour approfondir la compréhension de l'acceptation de soi, faites l'exercice suivant :

Commencez par faire le tour des états émotionnels qui vous dérangent : insécurité, douleur, envie, colère, chagrin, humiliation, peur. Concentrez-vous sur une émotion, et pensez à ce qu'elle évoque. Puis «respirez-la», ce qui veut dire: expirez et inspirez. Imaginez ce que vous ressentiriez si vous l'acceptiez au lieu de lui résister. Explorez cette expérience. Prenez votre temps.

Dites-vous: «Je ressens en ce moment telle émotion et je l'accepte pleinement.» Au début, ce sera certainement difficile. Votre corps se crispera en signe de protestation. Mais persévérez, concentrez-vous sur votre respiration, détendez-vous, souvenez-vous qu'un fait est un fait, que la réalité est telle qu'elle est, que si un sentiment existe, il existe même si vous cherchez à le nier. Pensez à votre sentiment en vous disant qu'il a droit à l'existence. Vous trouverez certainement utile de vous dire (j'en ai fait l'expérience): «Je suis en train d'explorer le monde de la peur, de la souffrance, de l'envie ou de la confusion...»

Quand l'acceptation de soi paraît impossible

Supposons qu'une expérience nous inspire une réaction négative au point que nous ayons l'impression qu'elle exclut la pratique de l'acceptation de soi.

Dans ce cas, submergé par la détresse ou l'agitation, nous nous sentons incapables de surmonter le blocage. La solution ne consiste pas à essayer de contrer cette résistance. Il ne sert à rien de vouloir bloquer un blocage. Il vaut beaucoup mieux adopter une attitude plus ingénieuse en acceptant notre résistance. En d'autres termes, commençons par accepter d'être où nous en sommes, ici et maintenant, et de vivre pleinement l'expérience présente. Nous découvrons alors un paradoxe très important : quand nous luttons contre un blocage, il s'intensifie ; quand nous l'acceptons, il tend à disparaître, tout simplement parce que son existence se nourrit de notre opposition.

Parfois, je demande à un patient qui accepte mal un sentiment s'il est prêt à accepter pleinement son refus. J'ai posé un jour cette question à un pasteur qui se débattait contre un sentiment de colère. Ce qui ne l'empêchait pas d'être très en colère... Ma question l'a désorienté. « Suis-je capable d'accepter le refus de ma colère ? » s'est-il étonné. « C'est cela », ai-je répondu. Il s'est écrié : « Je refuse d'accepter ma colère et je refuse d'accepter mon refus ! » Je lui ai demandé : « Pouvez-vous accepter votre refus d'accepter votre refus ? Nous avons besoin d'un point de départ. Prenons celui-là. »

Je l'ai invité ensuite à regarder le groupe en disant : « Je suis en colère », et en le répétant jusqu'à ce que je lui ordonne d'arrêter. Il n'a pas tardé à s'exprimer sur le ton d'un homme très en colère.

Puis je lui ai demandé de dire : « Je refuse d'accepter ma colère. » Ce qu'il a répété avec une violence croissante.

A la troisième étape, il a dû dire et répéter : « Je refuse d'accepter mon refus d'accepter ma colère », et il l'a fait avec une hargne féroce.

Puis je lui ai demandé d'affirmer et de répéter : « Mais je suis prêt à accepter mon refus d'accepter mon refus », ce qui a finalement provoqué l'hilarité du groupe... et la sienne.

« Si vous ne pouvez accepter l'expérience, acceptez la résistance », a-t-il dit. J'ai répondu : « Exactement. Et si vous ne pouvez accepter la résistance, acceptez votre résistance à l'acceptation de la résistance. Vous finirez par être en mesure d'accepter. Alors vous pourrez progresser… Donc, êtes-vous en colère ? » « Je suis très en colère. » « Pouvez-vous l'accepter ? » « Je n'aime pas ça. » « Pouvez-vous en accepter la réalité ? » « Je peux l'accepter. » « Bien. Maintenant, nous pouvons commencer à rechercher la raison de votre colère. »

Deux erreurs

Nous faisons facilement deux erreurs à propos de l'acceptation de soi. L'une est de croire que si nous acceptons ce que nous sommes, nous approuvons constamment notre façon d'agir et de réagir. L'autre consiste à se dire qu'en approuvant ce que l'on sait de soi on ne se préoccupe ni de changer ni de s'améliorer.

Comment trouver la volonté de s'améliorer si l'on n'accepte pas ce que l'on est pour l'instant ? Comment peut-on avoir envie de progresser si on nie sa réalité ?

Il y a là un paradoxe (non une contradiction). Tout changement présuppose l'acceptation de ce qui existe. Refuser ma réalité me condamne à m'y engluer.

Phrases à compléter pour faciliter l'acceptation de soi

Ce qui suit constitue un programme de cinq semaines qui permet, par le système des phrases à compléter, de faciliter l'acceptation de soi.

Je ferai remarquer que j'ai inclus dans ce programme des tronçons de phrases qui évoquent des situations dont je n'ai pas parlé explicitement, comme par exemple l'acceptation de conflits. Mais il est clair que si j'accepte mes conflits, je me mets en situation de les résoudre.

1re SEMAINE
LE MATIN

L'acceptation de soi signifie à mes yeux...
Si j'accepte mieux mon corps...
Quand j'accepte mal mon physique...
Si j'accepte plus facilement mes conflits...

LE SOIR

Quand je nie ou désavoue mes conflits...
Si j'accepte plus facilement mes sentiments...
Quand je nie et désavoue mes sentiments...
Si j'accepte mieux mes pensées...
Quand je nie et désavoue mes pensées...

Pendant le week-end, relisez-vous puis cherchez six à dix manières de terminer ce début de phrase : *S'il y a quoi que ce soit de vrai dans ce que j'ai écrit, il me serait utile de...*
Renouvelez cet exercice chaque week-end.

2e SEMAINE
LE MATIN

Si j'accepte plus facilement mes actions...
Quand je nie ou désavoue mes actions...
Je deviens conscient de...

LE SOIR

Si je tiens à apprécier de façon réaliste mes succès et mes échecs...
Si j'accepte plus facilement mes peurs...
Quand je nie et désavoue mes peurs...

3e SEMAINE
LE MATIN

Si j'accepte plus facilement ma souffrance...
Quand je nie et désavoue ma souffrance...
Si j'accepte plus facilement ma colère...
Quand je nie et désavoue ma colère...

LE SOIR

Si j'accepte plus facilement ma sexualité...
Quand je nie et désavoue ma sexualité...
Si j'accepte plus facilement mon exaltation...
Quand je nie et désavoue mon exaltation...

4e SEMAINE
LE MATIN

Si j'accepte plus facilement ma joie...
Quand je nie et désavoue ma joie...
Si je consens à voir ce que je vois et à savoir ce que je sais...

LE SOIR

Si je deviens plus conscient de mes peurs...
Si je deviens plus conscient de ma souffrance...

Si je deviens plus conscient de ma colère...
Si je deviens plus conscient de ma sexualité...
Si je deviens plus conscient de mon exaltation...
Si je deviens plus conscient de ma joie...

LE SOIR

Quand je pense aux conséquences de ma non-
acceptation de moi-même...
Si j'accepte le fait que ce qui existe, existe, sans
me demander ce que j'en pense...
Je commence à constater que...

Le pire des crimes contre soi-même : le désaveu de ce que nous avons de meilleur en nous

Nous avons la possibilité de désavouer toutes nos expériences, soit immédiatement soit plus tard en y repensant. Comme l'a écrit Nietzsche : « "Je l'ai fait", dit la mémoire. "Je n'ai pas pu faire ça", dit l'orgueil qui ne nous laissera pas de répit. Finalement, c'est la mémoire qui capitule. »

Je peux m'insurger contre mes souvenirs, mes pensées, mes émotions, mes actions. Je peux rejeter plutôt qu'accepter pratiquement toutes mes expériences et tout ce qui a été l'expression de ma personnalité. Il m'est possible de déclarer : « Ce n'est pas moi. Ça ne vient pas de moi. »

Je peux refuser d'accepter ma sensualité, ma spiritualité, mon chagrin, ma joie, le souvenir d'actions dont j'ai honte, ou d'actions dont je pourrais être fier. Je peux nier mon ignorance, mon intelligence, mes limites ou mes potentiels, mes faiblesses ou mes forces. Je peux nier la haine ou l'amour que je me porte. Je peux prétendre que je suis mieux que ce que je suis ou au contraire me dévaloriser. Il m'est possible de me plaindre de mon corps ou de mon esprit.

Nos réussites peuvent nous effrayer autant que nos échecs. Le génie, l'ambition, l'exaltation, la beauté semblent parfois aussi redoutables que la passivité, le vide, la dépression, la laideur. Si nos échecs posent le problème de l'incompétence, nos succès posent celui de la responsabilité.

Nous pouvons fuir notre côté lumineux comme notre côté sombre. A l'encontre de nous-mêmes, le pire des crimes consiste à nier et à désavouer notre grandeur, parce qu'elle nous effraie. L'acceptation de soi, pleine et consciente, n'est pas la recette miracle pour échapper au pire qui est en nous. Mais il faut savoir qu'elle ne nous permet pas plus d'échapper au meilleur de nous-mêmes.

La pratique de l'acceptation de soi est la deuxième clé de la confiance en soi.

8

La pratique de la responsabilité de soi

Si je veux m'adapter à la vie, être compétent et digne d'être heureux, j'ai besoin de savoir que j'exerce un contrôle sur mon existence. Rien n'est plus agréable que la sensation de prendre sa vie en main. Mais cela suppose que l'on soit prêt à endosser la responsabilité de ses actes.

La responsabilité de soi est une composante essentielle de la confiance en soi. C'est également le reflet de l'estime que nous nous portons. La relation entre la confiance en soi et les piliers qui la soutiennent n'est jamais à sens unique. Les pratiques qui génèrent l'estime personnelle en sont aussi des expressions et des conséquences naturelles, comme nous le verrons dans un chapitre ultérieur.

La pratique de la responsabilité de soi implique les prises de conscience suivantes :

— Je suis responsable de la réalisation de mes désirs.

— Je suis responsable de mes choix et de mes actes.

— Je suis responsable du niveau de conscience que je fais intervenir dans mon travail.

— Je suis responsable du niveau de conscience que je fais intervenir dans mes relations avec les autres.

— Je suis responsable de mon comportement à l'égard de mes collègues, associés, clients, époux, épouse, enfants, amis.

— Je suis responsable de mes choix prioritaires.

— Je suis responsable de la qualité de mes communications.

— Je suis responsable de mon bonheur.

— Je suis responsable de l'acceptation ou du choix des valeurs auxquelles je me réfère.

— Je suis responsable du renforcement de mon estime personnelle.

Comment se traduisent ces prises de conscience sur le plan du comportement ?

Les implications de la confiance en soi sur le plan de l'action

Je suis responsable de la réalisation de mes désirs.

Personne n'est tenu à réaliser mes rêves, à combler mes désirs pour moi. C'est à moi de chercher à satisfaire mes désirs. Je dois en prendre la responsabilité.

Si la poursuite d'un but exige la participation d'autres personnes, il faut que je sache estimer ce qu'il m'appartient d'apporter dans cette coopération. Je me dois de respecter leur intérêt personnel et d'exprimer clairement que j'ai besoin de leur assistance ou de leur collaboration.

Mes désirs se révèlent n'être que des rêves

éveillés, de vagues rêveries si je n'en assume pas la responsabilité. Je ne prends pas mes désirs au sérieux si je suis incapable de répondre de façon réaliste à la question : Que suis-je prêt à faire pour combler un désir ?

Je suis responsable de mes choix et de mes actions.

Dans ce contexte, je suis responsable non parce que je m'expose à une sanction morale mais parce que je suis le générateur de l'action, l'origine du choix. C'est un fait que je ne dois pas oublier lorsque je choisis et agis. Si je l'oubliais, y aurait-il une différence ? Vous pouvez découvrir la réponse vous-même en complétant six fois de suite, et le plus rapidement possible, le début de phrase suivant : *Si je prends la pleine responsabilité de mes choix et de mes actions...*

Je suis responsable du niveau de conscience que je fais intervenir dans mon travail.

Je situe mes activités quotidiennes à un niveau de conscience qui, à l'instar de mes choix, ne peut dépendre que de moi. Je peux faire mon travail de mon mieux ou ne penser qu'à m'en débarrasser ou opter pour une attitude intermédiaire. Si je sais me responsabiliser dans ce domaine, j'ai beaucoup plus de chances d'opérer à un niveau de conscience élevé.

Je suis responsable du niveau de conscience que je fais intervenir dans mes relations avec les autres.

Ce que je viens de dire s'applique également aux relations personnelles, au choix de ses compagnons et à la conscience avec laquelle on vit ses rencontres. Suis-je totalement présent, attentif à ce qui se passe entre les autres et moi ? Est-ce que j'écoute vraiment ce qu'ils me disent ? Est-ce que je prête attention à la façon dont ils réagissent à mes paroles et à mes actes ?

Je suis responsable de mon comportement à l'égard de mes collègues, associés, clients, époux, épouse, enfants, amis.

Je suis responsable de la manière dont je parle aux autres et dont je les écoute. Je suis responsable de mes promesses, que je les tienne ou que je les néglige. Je suis responsable de la rationalité ou de l'irrationalité de mes accords, de mes pactes. Nous esquivons notre responsabilité quand nous nous en prenons aux autres avec des remarques comme : « Elle me rend folle » ou : « Il m'a poussé à bout » ou encore : « J'agirais raisonnablement si seulement elle... »

Je suis responsable de mes choix prioritaires.

Je suis seul responsable de la façon dont j'utilise mon temps et mon énergie. Si je proclame que j'aime ma famille plus que tout alors que je suis rarement à la maison parce que je consacre mes heures libres à jouer aux cartes ou au golf avec des amis, il faut que je me penche sur cette contradiction et que je réfléchisse à ses implications. Si je déclare que mon travail est essentiellement basé sur la prospection de nouveaux clients alors que je passe les trois quarts de mon temps plongé dans un travail administratif, il est urgent que je réexamine la répartition de mon énergie.

Quand je donne à des chefs de service ou à des directeurs d'entreprise le début de phrase suivant : *Si je prends la responsabilité de mes priorités...*, j'obtiens des compléments comme : « ...j'apprendrai à dire non plus souvent », « ...j'éliminerai 30 % de mes activités courantes »,

« …je serai beaucoup plus productif », « …je serai effaré par le manque de contrôle auquel j'étais arrivé », « …j'actualiserai une plus grande partie de mon potentiel ».

Je suis responsable de la qualité de mes communications.

Je suis responsable de la clarté de mes propos. Je me dois de m'assurer qu'ils ont été compris. Je dois parler assez fort et articuler distinctement pour être entendu. Je suis responsable également du respect ou du manque de respect avec lequel j'exprime mes pensées.

Je suis responsable de mon bonheur.

C'est l'une des caractéristiques de l'immaturité que de croire que mon bonheur est entre les mains de quelqu'un d'autre, comme ma survie était entre les mains de mes parents. Si quelqu'un m'aimait, je m'aimerais aussi. Si quelqu'un s'occupait de moi, je serais satisfait. Si quelqu'un décidait à ma place, je pourrais être insouciant. Ah, si seulement quelqu'un pouvait me rendre heureux !

Voici un début de phrase simple mais efficace pour revenir à la réalité : *Si je prends la pleine responsabilité de mon bonheur…*

Prendre la responsabilité de son bonheur permet de prendre sa vie en main. Ce n'est nullement un fardeau que l'on se met sur le dos, comme on peut le redouter. C'est une libération et un pouvoir.

Je suis responsable de l'acceptation ou du choix des valeurs auxquelles je me réfère.

Si je vis en me référant à des valeurs que j'ai adoptées passivement, je peux facilement m'imaginer qu'elles expriment « ma nature », « ce que je suis », et donc que je n'ai pas à faire des choix. Mais je peux aussi jeter un regard neuf sur mes valeurs, les remettre en question et, s'il le faut, les réviser. Encore une fois, c'est en se responsabilisant que l'on se libère.

Je suis responsable du renforcement de mon estime personnelle.

L'estime de soi n'est pas un cadeau qu'on me fait. Elle vient de l'intérieur de moi-même. Je la génère. Si j'attends passivement que quelque chose développe mon estime personnelle, je me condamne à une vie de frustration.

On m'a posé plusieurs fois cette question : « Pourquoi mettez-vous l'accent sur ce que l'on doit faire pour développer notre estime de nous-mêmes ? La source de l'estime de soi ne réside-t-elle pas dans le fait que chacun de nous est un enfant de Dieu ? »

Croire en Dieu et nous considérer comme ses enfants n'aident pas à comprendre le problème de l'estime de soi. Imaginons que Dieu existe et que nous sommes ses enfants. De ce point de vue, nous sommes tous égaux. S'ensuit-il que nous nous portons une estime identique, indépendamment de notre niveau de conscience, de notre responsabilisation, de notre honnêteté ou de notre malhonnêteté ? Nous avons déjà conclu à cette impossibilité. Notre esprit ne peut en aucun cas rester neutre par rapport aux choix qui dictent nos actions et qui influent sur l'image que nous avons de nous-mêmes. Si nous sommes les enfants de Dieu, nous avons tout de même à trouver une réponse aux questions suivantes : Que devons-nous faire ? Comment devons-nous nous comporter ? Allons-nous faire honneur à nos dons ou les trahir ? Si nous nous trahissons en gâchant nos possibilités, si nous vivons sans réflexion, sans but, sans intégrité, suffira-t-il de nous proclamer enfants de Dieu pour croire que nous sommes estimables et nous tirer d'affaire de cette façon ? Pourrons-nous nous dispenser de nous responsabiliser ?

Les personnes auxquelles il manque une saine estime d'elles-mêmes confondent facilement s'estimer et être aimées. Quand l'amour familial leur manque, elles se tournent vers Dieu et prennent l'amour divin pour la source de leur estime personnelle. Mais, avec toute la meilleure volonté du monde, peut-on réellement voir dans cette stratégie autre chose que la manifestation d'une grande passivité ?

Je ne crois pas que nous soyons faits pour demeurer toute notre vie des enfants, avec la dépendance que cela suppose. Je crois que nous sommes destinés à devenir des adultes, c'est-à-dire des êtres responsables et autonomes. La croyance en Dieu peut, certes, jouer un rôle dans notre vie. Mais elle ne peut en aucun cas justifier un manque de conscience, de responsabilité ou d'intégrité.

Clarification

Prendre en main son destin et se sentir responsable de son bonheur ne signifie pas qu'on soit à l'abri d'un accident, d'une souffrance provoquée par quelqu'un d'autre ou que l'on doive endosser la responsabilité de tout ce qui nous arrive. Non, je ne reprends pas à mon compte la thèse d'une responsabilité intégrale. Si je me tenais pour responsable de ce qui échappe à mon contrôle, je mettrais en péril mon estime personnelle en lui infligeant frustration et culpabilisation. Si je nie ma responsabilité dans un domaine où je peux intervenir, là aussi je mets mon estime personnelle en péril. Il faut que je sache distinguer ce qui dépend de moi et ce qui m'échappe. La seule conscience sur laquelle peut s'exercer ma volonté est la mienne, et aucune autre.

Exemples

Le domaine de l'activité professionnelle permet assez facilement de distinguer ceux qui savent se responsabiliser et les autres. La responsabilité de soi se traduit par une orientation active dans le travail (et la vie), à l'encontre de la passivité.

Si un problème se présente, les personnes responsables d'elles-mêmes se demandent : « Puis-je résoudre cette difficulté ? De quels moyens est-ce que je dispose ? » Si quelque chose rate, elles se demandent alors : « Qu'ai-je oublié de faire ? Où me suis-je trompé ? Comment puis-je redresser la situation ? » Jamais elles ne protestent en s'écriant : « Mais personne ne m'a dit ce qu'il fallait faire ! » ou : « Ce n'est pas mon problème ! Ça ne fait pas partie de mes attributions ! » Elles n'ont recours ni à un alibi quelconque ni à une accusation. Elles ne se préoccupent que d'une chose : trouver la solution.

Dans toutes les organisations, nous rencontrons ces deux types de personnes : celles qui attendent que la solution leur soit donnée et celles qui la cherchent. Ce sont ces dernières qui permettent à une organisation de fonctionner.

Voici des exemples concernant le domaine privé.

« Si je cessais de rendre mes parents responsables de mes malheurs, dit un vieil enfant de quarante-six ans, je serais obligé d'assumer la responsabilité de mes actes. Il me faudrait reconnaître que je me suis toujours apitoyé sur mon sort et que j'en conçois une sorte de jouissance ; que je rêve encore d'être sauvé par mon père ; que j'aime mon rôle de victime. Je serais obligé de changer de comportement, de sortir de chez moi pour aller chercher un travail. Je ne pourrais plus me contenter de souffrir. »

« Si je devais admettre que je suis responsable de mon bonheur, dit un homme âgé et alcoolique, je cesserais de prétendre que c'est à cause de ma femme que je bois. Je n'irais plus dans les bars. Je ne passerais plus des heures devant la télé tout en crachant sur "le système". Je ferais de l'exercice, je serais plus efficace dans mon travail. Je cesserais certainement de pleurer sur mon sort, de mettre ma santé en danger comme je le fais en ce moment. Je serais une personne différente qui se respecterait un peu plus, et je pourrais redémarrer dans la vie. »

« Si j'endossais la responsabilité de mes émotions, m'a dit une femme qui accablait sa famille et ses amis de ses jérémiades, je ne serais pas aussi déprimée. Je me rendrais compte que je me mets dans des états lamentables. Je comprendrais que je ne sais pas exprimer ma colère, que je me fais des idées noires au lieu d'apprécier ce qui m'arrive de bien. Je réaliserais que j'aime me faire plaindre. Je m'apercevrais que je pourrais être heureuse beaucoup plus souvent. »

Exemple personnel

Je n'avais pas vingt ans lorsque la romancière-philosophe Ayn Rand m'a permis de tisser avec elle des liens très forts. Ces rapports ont duré dix-huit ans en passant par toutes les phases imaginables : il y a eu la relation maître-élève, l'amitié, l'amour, l'association, puis des liens conflictuels. Pendant les premières années, cette relation m'a été très bénéfique sur plus d'un plan. J'ai beaucoup appris et j'ai énormément progressé. Mais elle a fini par devenir contraignante, destructrice, mettant un frein à mon développement psychologique et intellectuel.

Je n'ai pas voulu prendre l'initiative d'une mise au point. Je me suis dit que je ne voulais pas lui faire de peine. J'ai attendu qu'elle en vînt aux mêmes conclusions que moi en comptant sur sa raison et sa sagesse pour prendre une décision qui serait satisfaisante pour nous deux. Je n'ai pas voulu voir que nous étions dans des situations très différentes et qu'elle était totalement absorbée par ses besoins. Je retardais le moment où il faudrait que je m'avoue que rien ne changerait si je continuais à me taire. Et ce fut précisément cette attitude qui entraîna souffrance et humiliation pour nous deux. En cherchant à éviter une responsabilité qui me revenait, j'ai immanquablement porté atteinte à mon estime personnelle. Il a fallu que je me décide à passer à l'acte pour que je commence à regagner ce que j'avais perdu.

Nous retrouvons souvent ce genre de situation chez les couples mariés. Il y en a un qui sait que c'est fini avant l'autre. Mais il ne veut pas «faire de peine». Alors les manipulations commencent afin d'amener l'autre à parler de rupture. C'est cruel, dégradant, et très douloureux pour les deux partenaires.

En refusant de me responsabiliser, j'affecte gravement l'estime que je me porte. Dans le cas contraire, je renforce mon estime personnelle.

Le travail

On ne peut parler de responsabilité de soi chez une personne qui n'a aucune activité productive. Le travail nous permet d'assurer notre existence. L'orientation de notre intelligence vers des buts utiles développe notre humanité. Sans buts et sans efforts productifs, nous restons dans l'enfance.

Certes, nous sommes limités par le contexte social dans lequel nous vivons. Mais quoi qu'il en soit, notre indépendance et notre responsabilité personnelle s'expriment par des questions telles que : « Que m'est-il possible de faire ? » « Qu'y a-t-il à faire ? » « Comment améliorer ma condition ? » « Comment sortir de cette impasse ? » « Quelle pourrait être la meilleure manière d'utiliser mon énergie dans cette situation ? »

La responsabilité de soi se traduit par une vie active. Elle implique que l'on sache que personne ne pourra nous soustraire à la nécessité de l'indépendance et que, sans travail, il n'y a pas d'indépendance possible.

Penser par soi-même

Une vie active implique une pensée indépendante et non l'acceptation passive de la pensée des autres.

La réflexion personnelle va de pair avec la conscience et la responsabilité de soi. Vivre consciemment, c'est exercer sa réflexion. Se responsabiliser, c'est penser par soi-même.

On ne peut penser avec l'esprit d'une autre personne. S'il est bon de confronter ses idées avec celles des autres, il est d'abord nécessaire de comprendre, de savoir, de «se faire une idée sur un sujet». On ne peut se contenter d'imiter ou de répéter si l'on veut développer son pouvoir de compréhension. Toutefois nous avons le choix entre nous servir de notre esprit et laisser aux autres la responsabilité du savoir. Mais il s'agit d'un choix crucial en ce qui concerne la qualité de notre vie.

S'il arrive que nous soyons fortement influencés par d'autres personnes sans même nous en apercevoir, il n'en reste pas moins que la différence est immense entre la psychologie de ceux qui cherchent à comprendre, à penser, à juger par eux-mêmes et celle des individus généralement passifs. Ce qui compte, c'est l'attitude adoptée, l'intention, le choix d'un but individuel.

Parler de «pensée individuelle» peut paraître un pléonasme. Mais l'on a bien compris que, la plupart du temps, on croit émettre une pensée personnelle quand, en fait, on se contente de reprendre l'opinion des autres. Porter sur notre travail, nos relations personnelles, nos valeurs et nos buts un regard personnel — expression de notre indépendance — ne peut que renforcer notre estime de nous-mêmes. Et une saine estime de soi engendre naturellement une propension à penser en toute indépendance.

Le principe moral

Si l'on fait de la responsabilité de soi non seulement une préférence mais également un principe philosophique, on adopte une éthique qui nous oblige à reconnaître que personne n'est notre esclave. Nous ne nous sentons alors aucun droit à nous servir des autres pour atteindre nos buts — pas plus qu'ils n'ont le droit de se servir de nous. Ainsi que je l'ai déjà suggéré, le principe de la responsabilité de soi est indissociable de cette règle fondamentale : *Ne demandez jamais à quelqu'un d'agir à l'encontre de son propre intérêt.* Si nous voulons l'inciter à agir d'une certaine façon ou à adopter une certaine valeur, nous devons lui procurer une bonne raison de le faire. Cette politique est la base morale d'un mutuel respect, de la bonne volonté et de la bienveillance. Elle s'oppose à l'idée que certaines personnes peuvent être sacrifiées au nom d'intérêts qui ne sont pas les leurs, voire d'un intérêt général, national...

Phrases à compléter pour faciliter la responsabilité de soi

J'ai l'habitude de présenter à mes patients un grand nombre de phrases à compléter qui leur permettent d'explorer la psychologie de la responsabilité de soi. J'en offre ici un échantillon représentatif. Ce travail, à faire chez soi, s'étale sur neuf semaines, de la façon suivante :

1re SEMAINE

Être responsable de soi signifie à mes yeux...
A la pensée d'être responsable de ma propre vie...
Si j'acceptais la responsabilité de ma propre vie, cela signifierait que...
Quand j'évite d'assumer la responsabilité de ma propre vie...

2e SEMAINE

Si j'accepte 5 % de responsabilité supplémentaires dans la réalisation de mes projets...
Quand j'évite d'assumer la responsabilité de la réalisation de mes projets...
Si je me sens plus responsable du succès de mes relations personnelles...
Il m'arrive de rester passif quand...

3e SEMAINE

Si je prends la responsabilité de ce que je fais des messages de ma mère...
Si je prends la responsabilité de ce que je fais des messages de mon père...
Si je prends la responsabilité des idées que j'accepte ou que je rejette...
Si je prête une plus grande attention aux idées qui me motivent...

4e SEMAINE

Si j'accepte 5 % de responsabilité supplémentaires en ce qui concerne mon bonheur...
Si je ne prends pas la responsabilité de mon bonheur...
Si j'accepte 5 % de responsabilité supplémentaires dans le choix de mes compagnons...
Quand je ne prends pas la responsabilité du choix de mes compagnons...

5e SEMAINE

Si j'accepte 5 % de responsabilité supplémentaires dans le choix de mes paroles...
Quand je ne prends pas la responsabilité de mes paroles...
Si je fais plus attention à ce que je dis...
Si je prends la responsabilité de ce que je dis...

6e SEMAINE

Je me rends impuissant quand je...
Je deviens déprimé quand je...
Je deviens anxieux quand je...
Si j'endosse la responsabilité de mon impuissance...

7e SEMAINE

Si j'endosse la responsabilité de mon état dépressif...
Si j'endosse la responsabilité de mon anxiété...
Quand je souhaite comprendre ce que j'ai écrit...
Il ne m'est pas facile d'admettre que...
Si j'endosse la responsabilité de ma façon de vivre...

8e SEMAINE

Je me sens particulièrement responsable quand je...
Je ne me sens pas du tout responsable quand je...
Si je ne suis pas sur terre pour réaliser les désirs des autres...
Si ma vie n'appartient qu'à moi...

9e SEMAINE

Si je renonce à me mentir en prétendant que je suis incapable de changer...
Si je prends la responsabilité de ce que je fais de ma vie à partir de maintenant...
Si personne ne peut me secourir...
Je deviens conscient de...

Cette méthode permet d'opérer des changements importants dans l'attitude et la réflexion des patients sans avoir besoin de recourir à de grands discours ou à de complexes analyses. Les solutions sont engendrées par la méthode elle-même.

Si vous poursuivez ces exercices en cherchant chaque fois six à dix façons de compléter ces phrases, vous apprendrez beaucoup de choses sur vous-même et renforcerez inévitablement votre responsabilité personnelle. La meilleure façon de procéder consiste à compléter les phrases de la semaine en temps voulu, du lundi au vendredi, puis à compléter le week-end la phrase commençant par : *S'il y a quoi que ce soit de vrai dans ce que j'ai écrit, il me serait sans doute utile de...*

Le lundi, vous passez aux exercices de la semaine suivante.

« Personne ne vient... »

Des années de pratique m'ont permis de repérer les moments essentiels où un déclic se produit, ce qui permet au patient de prendre une direction nouvelle.

Ce déclic est particulièrement net lorsque la personne que j'ai en face de moi arrive à se dire : « Personne ne vient à la rescousse. Personne ne vient résoudre mes problèmes à ma place. Si je ne réagis pas, rien ne s'arrangera. Je n'ai de salut à attendre de personne. »

Le rêve du sauveur peut être un réconfort, mais un réconfort momentané qui a le désavantage de nous inciter à la passivité. Et si nous parvenons à nous persuader qu'une longue souffrance et une attente désespérée finiront par provoquer un miracle, nous paierons cette méprise du prix de notre vie qui peu à peu s'engloutit dans les abysses du temps et des occasions perdues.

Il y a quelques années, une patiente m'a offert une série de préceptes brodés au point de croix et encadrés un par un. L'un disait : « Pensez par vous-même. » Un autre : « Personne ne viendra. » J'ai accroché ces petits cadres à un mur de mon cabinet.

Un jour, quelqu'un m'a fait remarquer :

— Personne ne viendra ? Mais ce n'est pas vrai, Nathaniel ! Vous êtes venu.

— Oui, ai-je admis. Mais je suis venu pour vous dire que personne ne viendra…

La pratique de la responsabilité de soi est la troisième clé de la confiance de soi.

9

La pratique de l'affirmation de soi

Il y a quelques années, voulant faire comprendre à des étudiants en psychologie que l'on pouvait craindre de s'affirmer sans même s'en apercevoir, je leur ai demandé si quelqu'un parmi eux pensait avoir le droit d'exister.

Tous ont levé la main. J'ai alors demandé que l'un d'eux veuille bien m'assister dans ma démonstration. Un jeune homme s'est avancé vers moi et je lui ai dit : «Voudriez-vous, en vous tournant vers l'assistance, affirmer et répéter plusieurs fois, à haute voix : "J'ai le droit d'exister" ? » J'ai précisé qu'il devait parler lentement, articuler clairement et être attentif à ce qu'il éprouvait. Pendant qu'il pratiquait cet exercice, chaque étudiant devait se poser les questions suivantes : «Est-ce que je le crois ? Est-ce que je pense qu'il dit vraiment ce qu'il ressent ? »

Le jeune homme, les mains sur les hanches, a déclaré d'un ton vindicatif : «J'ai le droit d'exister. » Il a donné l'impression de se préparer à la guerre. D'une répétition à l'autre, il semblait de plus en plus prêt à livrer bataille.

«Personne ne vous contredit, lui ai-je fait

remarquer. Personne ne vous met au défi de prouver ce que vous dites. Pourriez-vous vous exprimer sans méfiance et sans agressivité ? »

Il s'en montra incapable, restant sur la défensive. Personne ne put croire qu'il était convaincu de ce qu'il disait.

Une jeune étudiante le remplaça et déclara : « J'ai le droit d'exister » avec une voix et un sourire qui imploraient le pardon. Elle ne fut pas plus crédible que lui.

Quelqu'un d'autre vint à son tour affirmer son droit à l'existence. Arrogant, affecté, hautain, il eut l'air d'un acteur au jeu inepte.

Un étudiant protesta : « Ce n'est pas un test probant. Si l'on est, comme eux, timide, peu habitué à parler en public, on ne peut pas avoir l'air naturel. » Je lui ai demandé de s'approcher et de dire simplement : « Deux et deux font quatre. » Il a été très à l'aise et a parlé avec conviction. Puis je lui ai dit de répéter : « J'ai le droit d'exister. » Il s'est montré tendu, inquiet et nullement convaincant.

L'assistance éclata de rire. Ils comprenaient. Déclarer que deux et deux font quatre ne présentait aucune difficulté. Ce qui n'est pas le cas lorsqu'on veut affirmer son droit à l'existence.

« Que signifie pour vous : "J'ai le droit d'exister", ai-je demandé. A l'évidence, dans ce contexte, il ne s'agit pas d'une affirmation empruntée à la Déclaration d'indépendance. Nous sommes dans le domaine psychologique, non dans le domaine politique. Mais que veut-on dire exactement ? » Un étudiant répondit : « Ça signifie que ma vie m'appartient. » Une autre personne : « Ça veut dire que je peux agir comme j'en ai envie. » J'ai également entendu : « Je n'ai pas à réaliser les rêves de mes parents, mais les miens » ; « Je peux dire non quand je le veux » ; « J'ai le droit de penser à mon intérêt personnel» ; «Mes désirs sont importants» ; «Je peux dire et faire ce que j'estime être juste» ; «Je peux suivre mon destin» ; «Mon père n'a pas le droit de me dicter ma conduite» ; «Je ne suis pas tenu de construire ma vie autour des exigences de ma mère pour lui faire plaisir».

C'était la signification personnelle de leur droit à l'existence qu'ils avaient tant de mal à exprimer en public avec sérénité et confiance. Dès que cela a été précisé, j'ai commencé à parler d'affirmation et d'estime de soi.

Qu'est-ce que l'affirmation de soi ?

En m'affirmant, je fais honneur à mes désirs, à mes besoins, à mes valeurs et je cherche une façon appropriée de leur donner une réalité.

Si, au contraire, je cède à la timidité, ce que je suis reste dans l'ombre, caché ou mort-né. De cette manière, je peux éviter la confrontation avec quelqu'un dont les valeurs diffèrent des miennes, plaire ou rassurer ou simplement me donner l'illusion d'appartenir à un groupe. C'est aussi un moyen de manipulation.

S'affirmer ne signifie pas devenir belliqueux ou inutilement agressif, se mettre en avant en écrasant les autres, proclamer ses droits en voulant ignorer ceux de tout un chacun. L'affirmation de soi traduit simplement la volonté de me battre pour m'exprimer, de me respecter en toute occasion. Elle signifie mon refus de dissimuler ce que je suis dans le seul but de plaire.

Pratiquer l'affirmation de soi, c'est vivre dans l'authenticité, parler et agir en fonction de mes sentiments et de mes convictions les plus profonds. De ce comportement, je fais une règle, un mode de vie.

L'affirmation de soi doit être appropriée au contexte. Respecter la différence ne revient pas à « sacrifier son authenticité » mais bien plutôt à rester en prise sur la réalité. Parfois, l'affirmation de soi se manifeste dans l'expression d'une idée ou d'un compliment, dans un silence poli, dans le refus de sourire lorsqu'un travail nous ennuie. Dans le domaine professionnel, il n'est pas toujours conseillé de dire ce que l'on pense. Mais, en revanche, il est nécessaire de savoir ce que l'on pense et de garder sa « réalité ».

Tenir compte du contexte pour s'exprimer à bon escient n'implique pas que l'on ne puisse être authentique ou inauthentique, réel ou irréel. Le choix nous est laissé et nous interdit de nous déclarer impuissants dans telle ou telle situation.

Ce qu'est l'affirmation de soi, et ce qu'elle n'est pas

1. Lorsque existent différentes classes sociales, celui qui appartient à une classe inférieure baisse les yeux quand un membre d'une classe supérieure lui parle. Autrefois, dans les Etats sudistes des Etats-Unis, on flagellait un Noir qui avait osé regarder une femme blanche. Regarder, c'est s'affirmer, et jamais personne n'a prétendu le contraire.

L'acte le plus fondamental de l'affirmation de soi est l'affirmation de la conscience. Nous pouvons choisir de regarder, de penser, d'être conscients, de projeter la lumière de la conscience vers l'extérieur et, à l'intérieur, vers notre propre être. Poser une question est un acte d'affirmation de soi. Remettre en question l'autorité est également un acte d'affirmation de soi. Penser par soi-même — et soutenir son point de vue — constitue la base de l'affirmation de soi. On ne néglige pas cette responsabilité sans négliger l'essentiel de soi-même.

Les personnes essentiellement dépendantes et craintives choisissent parfois de s'affirmer dans l'autodestruction. Elles ne savent alors que dire : « Non ! » quand elles auraient tout intérêt à répondre le contraire. Elles sont en état de protestation permanente, sans craindre l'absurde. Cette attitude est souvent celle des adolescents et des adultes qui n'ont pas dépassé le stade mental de l'adolescence. Leur but est de protéger leur territoire, ce qui intrinsèquement est valable. Mais les moyens qu'ils emploient leur interdisent de se développer.

Si une saine affirmation de soi implique la capacité de dire non, il ne s'agit pas d'en rester là. Au bout du compte, elle se mesurera à l'ensemble de nos choix et non à celui de nos refus. Une vie qui se résume par la négative n'est qu'un tragique gaspillage. L'affirmation de soi demande que l'on s'oppose à ce que l'on déplore mais aussi que l'on vive et s'exprime selon ses valeurs. Elle est étroitement liée à la question de l'intégrité.

L'affirmation de soi commence avec la pensée mais nos aspirations ne représentent qu'une esquisse de l'affirmation de soi. Il nous reste à les réaliser. De même, nos valeurs ne deviennent affirmation de nous-mêmes que lorsqu'elles nous mobilisent dans l'action. Un « idéaliste » qui se contente de rêver sa vie n'est pas quelqu'un qui s'affirme. Il faut pouvoir un jour se dire : « J'ai vécu ma vie. »

2. Pour m'affirmer de façon logique, je dois

avoir la certitude que ma vie n'appartient qu'à moi, que je ne suis pas sur terre pour réaliser les rêves des autres. Je dois me référer constamment à mon droit à l'existence. Pour beaucoup, c'est une responsabilité effrayante. Cela signifie que leur vie est entre leurs mains, que papa, maman et toute autre autorité ne sont pas leurs éternels protecteurs et qu'ils doivent générer leur propre sécurité. Ce n'est pas la peur de cette responsabilité mais le fait de céder à cette peur qui contribue en premier lieu au non-développement de l'estime de soi. Si je ne défends pas mon droit à l'existence, comment pourrais-je faire l'expérience de ma dignité? Comment pourrais-je m'estimer moi-même?

L'affirmation de soi n'existe pas si on n'est pas convaincu de l'importance de ses idées et de ses désirs. Malheureusement, cette conviction est souvent absente. Enfants, adolescents, nous avons appris que les bons conseils des adultes valent beaucoup plus que nos «idées folles». Nous avons été intimidés par des accusations d'«égoïsme» lorsque nous avons voulu défendre nos idées.

Il faut souvent beaucoup de courage pour nous affirmer. Sacrifier ses idées, renoncer à ses désirs, c'est évidemment la solution la plus facile.

Un homme de quarante-huit ans, marié et père de trois enfants, rêve à l'approche de la cinquantaine d'un travail moins contraignant qui lui ferait gagner moins d'argent mais lui permettrait de s'accorder enfin quelques loisirs. A l'heure du dîner, il annonce à sa famille son intention de changer d'activité professionnelle. Aussitôt, c'est l'affolement. Chacun se demande quelle sera l'incidence de ce changement sur son niveau de vie. Personne ne s'intéresse à ce qui lui importe profondément. «Comment pourrais-je décevoir ma famille ? se demande-t-il. Le premier devoir d'un père de famille n'est-il pas de subvenir aux besoins des siens ? » Il se sent incapable de supporter la désapprobation de sa femme et de ses enfants. Il renonce à son projet puisque tel est le prix de l'estime familiale. Le sens du devoir est trop ancré en lui. Il se console en se disant : « Au moins, on ne pourra pas m'accuser d'être égoïste. L'égoïsme est un très vilain défaut, non ? »

3. Au sein d'une organisation, l'affirmation de soi est nécessaire si l'on veut que les idées jaillissent et qu'elles se concrétisent. Si elle est défaillante, la formulation même des projets ne verra pas le jour.

Quand on me demande d'intervenir pour analyser le travail d'une équipe qui fonctionne mal, je ne suis jamais surpris de constater que le dysfonctionnement vient de la non-participation d'une ou deux personnes en raison d'un manque de confiance en elles. Persuadées qu'elles ne peuvent faire que des suggestions sans importance, elles choisissent la passivité et, de ce fait, sabotent le travail de l'équipe. Un promoteur immobilier m'a fait remarquer : « Je préfère collaborer avec un type qui aurait tendance à s'attribuer la paternité d'un projet plutôt qu'avec quelqu'un qui doute de lui-même au point d'être incapable de révéler ses talents. »

Si nous ne pouvons nous affirmer quand il le faut, nous restons spectateurs au lieu de participer. Une saine estime de soi demande que l'on entre dans l'arène et qu'au besoin l'on soit prêt à se salir les mains.

4. Finalement, l'affirmation de soi est liée à la volonté de faire face aux défis de la vie. Quand nous cherchons à repousser nos limites, nous élargissons notre compétence et renforçons notre

respect de nous-mêmes. Lorsque nous entreprenons de nouveaux apprentissages ou nous lançons dans un travail qui élargit notre horizon, nous y gagnons en pouvoir personnel. Nous pénétrons plus profondément dans l'univers. Nous affirmons notre existence.

La peur de s'affirmer

La tradition américaine est basée sur l'individualisme. Par conséquent, certaines formes d'affirmation de soi sont mieux acceptées aux Etats-Unis que dans d'autres cultures où l'on n'accorde pas un égal mérite à cette manifestation de soi.

Mais, quelle que soit la civilisation dans laquelle l'on vit, si l'on privilégie le sentiment de sécurité qu'apporte l'appartenance à la tribu, à la famille, au groupe, à la communauté, à la collectivité, à l'entreprise, alors l'estime de soi peut elle-même être perçue comme une menace, une source d'anxiété, car elle signifie individualisme, réalisation de soi, développement de son identité, donc séparation.

L'individuation fait apparaître le spectre de l'isolement chez ceux qui ne sont pas encore autonomes et qui ne comprennent pas qu'il faut d'abord avoir acquis son autonomie pour être membre à part entière d'une communauté. Une société saine est une réunion d'individualités qui exercent le respect d'elles-mêmes.

L'être humain qui réalise son humanité est celui qui a réussi à développer à la fois son individualité et son pouvoir relationnel. D'un côté, l'autonomie, de l'autre, l'aptitude aux relations interpersonnelles et à l'intimité.

Les personnes dont le sens de l'identité reste sous-développé ont peur, si elles s'expriment, de s'exposer à une éventuelle désapprobation. De même, elles redoutent le ressentiment si elles aiment et la jalousie si elles paraissent heureuses.

Aux Etats-Unis, les psychologues comprennent ces frayeurs — d'ailleurs très courantes — et les considèrent comme autant de signes d'immaturité. Nous disons : Ayez le courage d'être vous-même. Mais cela provoque parfois la désapprobation de personnes venant d'une autre culture. Lorsque j'ai exposé les défis de l'individuation dans *Ayez confiance en vous*, un psychologue hawaiien s'est écrié : « C'est typiquement américain ! » et m'a expliqué que sa culture accordait plus d'importance à « l'harmonie sociale » qu'à l'expression de son individualité.

« Individuation » est un terme moderne, mais l'idée exprimée remonte à Aristote. Quand nous pensons aux efforts de l'être humain pour trouver son unité et se réaliser pleinement, nous évoquons le concept aristotélicien d'entéléchie.

Exemples

Certaines personnes rasent les murs et semblent être entrées par effraction dans l'espace où elles se déplacent. D'autres — ou les mêmes — parlent d'une voix inaudible. Elles ont un manque total de confiance en elles-mêmes. Quand, en thérapie, des patients apprennent à bouger et à parler avec plus d'assurance, ils voient immanquablement leur estime personnelle se développer, tandis qu'ils dépassent une première phase marquée par l'anxiété.

Le manque de confiance en soi ne se manifeste

pas toujours de façon évidente. Une vie ordinaire est marquée par des milliers de silences, de capitulations, de renoncements, d'impressions fallacieuses et de croyances erronées qui entament la dignité et le respect de soi-même. En renonçant à nous exprimer, à nous affirmer, à défendre nos valeurs quand elles méritent de l'être, nous nous infligeons des blessures irréparables. Et ce ne sont pas les autres qui nous les infligent mais nous-mêmes.

Un jeune homme, assis, seul, dans l'obscurité d'une salle de cinéma, regarde un film. Emu, il sent les larmes lui monter aux yeux. Il sait que dans quelques jours il aura envie de revenir voir ce film. En sortant, il tombe sur un ami qui a assisté à la même séance. Il cherche vainement sur le visage de cet ami des traces d'émotion lorsque ce dernier lui demande s'il a aimé le film. Notre jeune homme ressent un instant de panique. Il n'a pas envie qu'on le prenne pour un sentimental. Alors, au lieu d'avouer : « C'est très beau. J'ai été très ému », il hausse les épaules en décrétant : « J'ai trouvé ça pas mal. » Il ne sait pas qu'il s'est lui-même donné une gifle. Ou plutôt : il l'ignore au plan de la conscience. Mais son estime personnelle, qu'il vient de blesser, le sait.

Au cours d'un cocktail, une femme surprend une insinuation raciste qui la fait frémir. Elle a envie d'exprimer son indignation. Mais elle craint de s'exposer à la désapprobation générale. Embarrassée, elle détourne la tête et se tait. Plus tard, elle se dit : « C'était au fond sans importance. Cet homme était un imbécile. » Mais son estime personnelle sait qu'elle se leurre.

Un étudiant assiste à une conférence donnée par une femme écrivain qu'il admire. Il se joint ensuite au groupe qui se presse autour de l'écrivain. Il brûle de lui dire qu'il aime ses livres. Mais il reste muet tout en songeant: «Un écrivain célèbre n'a pas besoin de mon admiration.» Elle est là, devant lui, elle le regarde, elle attend qu'il lui dise quelque chose, mais il redoute ce qui pourrait se passer s'il parlait. Peut-être serait-elle touchée et lui exprimerait-elle des remerciements qui l'embarrasseraient... Cédant à l'anxiété, il se persuade qu'il se tait pour ne pas paraître obséquieux.

Une femme entend son mari exprimer un point de vue qu'elle juge erroné. Elle retient difficilement l'envie de le contredire. Mais finalement elle cède à la crainte de «faire des vagues» inutilement, d'être déplaisante. Sa mère ne lui a-t-elle pas appris qu'une bonne épouse doit toujours donner raison à son mari? Le pasteur est du même avis. Un dimanche, il a déclaré que la relation qui existe entre une femme et son mari doit se calquer sur la relation entre les hommes et Dieu. Ces voix résonnent encore à ses oreilles. Alors elle se tait comme elle le fait si souvent. Mais elle ne se rend pas compte que le vague sentiment de culpabilité qu'elle ressent a pour origine les trahisons qu'elle s'impose à elle-même.

Exemple personnel

J'ai déjà parlé de ma liaison avec Ayn Rand. Elle avait commencé alors que je n'avais pas encore vingt ans et s'était achevée dix-huit ans plus tard de façon explosive. Cette relation m'a été, au début, extrêmement profitable, en particulier parce que je me sentais compris et apprécié comme jamais je ne l'avais été. Evidemment, je jubilais en raison de l'admiration que je lui portais.

Je n'ai réalisé que peu à peu qu'elle supportait mal la contradiction. Elle avait cette attitude uniquement avec les personnes très proches d'elle. Elle voulait constamment soulever l'enthousiasme chez ses intimes. J'ai pris l'habitude de censurer mes réactions négatives quand, par exemple, son autosatisfaction, son manque d'empathie ou ses discours pontifiants me gênaient. Je ne lui apportais pas la contradiction dont nous avons tous besoin de temps en temps si nous ne voulons pas nous couper de la réalité.

Plus tard, après la rupture, je me suis souvent demandé pour quelle raison je me taisais, alors que j'étais avec elle plus libre qu'avec quiconque. La réponse est simple : je craignais qu'elle me prive de son estime. J'en avais besoin comme d'une drogue. Rétrospectivement, je lui ai découvert du génie pour aliéner les gens en leur apportant subtilement, par petites touches, la certitude qu'elle les comprenait et les acceptait mieux que quiconque. Je ne nie pas ma responsabilité personnelle. Il y a toujours une complicité entre le séducteur et celui qui succombe ; parce qu'elle me traitait comme un demi-dieu tandis que je la mettais sur un piédestal, j'ai tant de fois renoncé à m'affirmer qu'à la longue je me suis porté préjudice.

Mais j'en ai tiré une leçon inestimable. J'ai appris que les renoncements de cet ordre ne servent à rien. Ils ne font que retarder l'inévitable et nécessaire confrontation. J'ai appris que l'on est plus tenté de se trahir avec ceux qui nous sont le plus chers. J'ai la certitude que l'admiration que l'on porte à un être ne peut en aucun cas justifier le sacrifice de son propre jugement.

Phrases à compléter pour faciliter l'affirmation de soi

Voici une série de phrases à compléter dans le but de faciliter une meilleure compréhension de l'affirmation de soi et d'énergiser sa pratique.

1re SEMAINE

L'affirmation de soi signifie à mes yeux...
Si j'augmente de 5 % mon affirmation de moi-même...
Si quelqu'un dit que mes désirs sont importants...
Si j'avais le courage de considérer que mes désirs sont importants...

2e SEMAINE

Si j'étais plus conscient de mes désirs et de mes besoins les plus profonds...
Quand je ne prends pas en compte mes attentes les plus fortes...
Si je savais dire oui quand j'ai envie de dire oui et non quand j'ai envie de dire non...
Si j'étais prêt à exprimer mes idées et mes opinions plus souvent...

3e SEMAINE

Quand j'étouffe mes pensées et mes opinions...
Si je savais demander ce que je désire...
Quand je tais mes désirs...
Si je laissais les gens percevoir ma musique intérieure...

Si je me mettais à l'écoute de ma musique intérieure...
Si j'augmentais aujourd'hui de 5 % mon affirmation de moi-même...
Quand je dissimule ce que je suis...
Si je veux vivre plus pleinement...

Pendant le week-end, après avoir relu les phrases de la semaine, écrivez en le complétant six à dix fois le début de phrase suivant: *S'il y a quoi que ce soit de vrai dans ce que j'ai écrit, il me serait peut-être utile de...*

Question de courage

Une fois de plus, nous constatons que les actions qui renforcent une saine estime de soi en sont également l'expression. L'affirmation de soi est à la fois le soutien et la manifestation de l'estime de soi.

C'est une erreur de considérer qu'une personne qui se porte une réelle estime n'a aucun mérite à s'affirmer. Si l'affirmation de soi est l'un des moyens de développer son estime personnelle, cela est surtout vrai dans les situations où l'on ne peut s'affirmer sans difficulté. Les moments ne manquent pas où l'affirmation de soi demande un réel courage.

La pratique de l'affirmation de soi est la quatrième clé de la confiance en soi.

10

La pratique de la vie
axée sur un but

J'ai un ami qui approche de ses soixante-dix
ans et qui est l'un des industriels les plus brillants et les plus écoutés des Etats-Unis. Il y a
quelques années, il a retrouvé une femme qu'il
avait connue et aimée trente ans plus tôt. Elle
avait à peu près le même âge que lui. Ils sont
tombés passionnément amoureux l'un de l'autre.

Au cours d'un dîner, mon ami m'a raconté ces
retrouvailles. Je ne lui avais jamais vu un air aussi
heureux. Sans doute pensait-il à ses deux divorces
lorsqu'il m'a dit avec émotion : « Mon Dieu, j'espère que cette fois-ci je ne vais pas faire d'erreur.
Je tiens tellement à elle. J'espère... enfin je veux
— je souhaite — ne pas tout gâcher. » Devant mon
silence, il m'a demandé : « Tu as un conseil à me
donner ? »

« Eh bien, oui ! lui ai-je répondu. Si tu veux que
ça marche, il faut que tu t'axes sur ce but. » Et j'ai
ajouté : « J'imagine ta réaction si tu entendais
quelqu'un chez IBM dire : "J'espère qu'on va réussir le lancement de ce produit. Je veux vraiment
que ça marche et je le souhaite..." Tu sauterais
sur ce type en lui faisant remarquer : "Qu'est-ce

que c'est que cette histoire? Il ne s'agit pas simplement d'espérer... de souhaiter, de formuler des vœux!" Alors je te conseille d'agir dans ta vie privée comme dans ta vie professionnelle. Laisse l'espoir et les souhaits aux enfants. »

Son sourire ravi m'a assuré qu'il m'avait compris.

Vivre sans but, c'est s'en remettre au hasard, à la chance. En l'absence de points de repère, comment pourrions-nous juger de l'opportunité de nos actes? Nous sommes ballottés par la vie. Il nous manque une ligne directrice. Nous réagissons plus que nous agissons. Nous allons à la dérive.

Se donner un but permet d'orienter nos capacités et de canaliser notre énergie pour étudier, élever une famille, gagner sa vie, créer une entreprise, lancer un nouveau produit sur le marché, résoudre un problème scientifique ou entretenir une liaison romantique.

Productivité et but

Axer sa vie sur un but donne, entre autres choses, une productivité qui nous permet de nous sentir adaptés à la vie. Cette productivité est vitale. Elle est la concrétisation de nos pensées, la réalisation de nos buts...

Les personnes conscientes de leur responsabilité personnelle ne font pas porter le fardeau de leur existence aux autres. Il n'est pas question ici du degré de productivité individuelle mais plutôt du choix d'exercer ses capacités au mieux. Il ne s'agit pas non plus d'accorder de l'importance au genre de travail que l'on exerce. Ce qui compte, c'est d'exercer une activité qui permette de faire fonctionner son intelligence, si c'est possible.

Le but choisi révèle l'image que l'on a de soi.

On apprendra beaucoup de choses sur la façon dont quelqu'un se perçoit à partir des buts qu'il se choisit, à condition toutefois de connaître quelques éléments du contexte personnel qui est toujours complexe.

Efficacité et but

L'efficacité n'est pas générée par le vide. Il faut des tâches spécifiques et maîtrisées pour la créer et l'exprimer. Ce qui ne signifie pas que nos réussites «prouvent» notre valeur mais plutôt que le processus de la réussite est le moyen qui nous permet de développer notre compétence, notre efficacité. On ne peut être efficace dans l'abstrait. Par conséquent, un travail productif a seul le pouvoir d'être l'artisan du développement de l'estime de soi.

Les buts que nous nous fixons doivent être précis si nous voulons les atteindre. Il faut que je m'assigne des tâches précises : je fais du vélo d'appartement quatre fois par semaine pendant une demi-heure ; je termine la mise à jour de mes dossiers dans trois jours ; j'énonce les données de mon projet à la prochaine réunion hebdomadaire ; je gagne telle somme avec mes commissions sur les ventes avant la fin de l'année ; je crée tel marché avec tels moyens à une date précise.

Se fixer des objectifs précis, c'est tout d'abord répondre aux questions suivantes : Qu'est-ce que j'essaie de réaliser ? Comment est-ce que je tente d'y arriver ? Qu'est-ce qui me fait penser que ces moyens sont appropriés ? Ai-je besoin de nouvelles informations ? Ai-je besoin de réajuster ma stratégie ? Dois-je repenser mes intentions et mes buts ? En conclusion, le fait de se fixer des objectifs implique un haut niveau de conscience.

Il est généralement plus facile de comprendre ces idées lorsqu'elles sont appliquées au domaine professionnel que lorsqu'elles le sont à la vie privée. Peut-être est-ce la raison pour laquelle les gens réussissent mieux leur carrière que leur mariage.

En revanche, on s'imagine aisément qu'il suffit de parler d'amour pour que le bonheur arrive et dure, et s'il n'est pas au rendez-vous on en conclut que notre couple n'est pas viable. On se pose rarement les questions suivantes : « Si je veux que notre couple marche, que dois-je faire ? Que faut-il pour créer et nourrir la confiance, l'intimité, l'ouverture vers l'autre, l'exaltation, et permettre l'évolution du couple ? »

A des jeunes mariés, visiblement heureux, il n'est pas inutile de demander : « Qu'avez-vous prévu pour préserver vos sentiments ? »

Si un couple est dans une situation conflictuelle, ils peuvent se demander : « Si nous souhaitons restaurer l'harmonie entre nous, de quelle façon allons-nous agir ? Qu'est-ce que l'un attend de l'autre ? Comment nous voyons-nous procéder l'un et l'autre ? »

Les objectifs qui ne s'accompagnent pas d'un plan d'action ne risquent pas d'être atteints. Ils se transforment en frustrations.

La rêverie n'engendre pas l'expérience de l'efficacité.

L'autodiscipline

Pour réaliser nos objectifs, il faut développer notre aptitude à l'autodiscipline. Comme toutes les vertus et les pratiques qui nourrissent la confiance en soi, l'autodiscipline est un élément de survie, en ce sens qu'elle contribue à la réussite de la vie. L'une des difficultés de l'éducation et de l'enseignement est précisément d'apprendre aux enfants à respecter à la fois le présent et le futur. On vit dans le présent mais c'est dans le présent que se construit le futur.

Peut-être dois-je préciser qu'une vie faite d'autodiscipline et axée sur un objectif (ou des objectifs successifs) n'exclut pas le repos, la détente, le divertissement. Mais il importe toujours de se dire que si l'on s'aménage des loisirs, ce n'est pas au détriment de ses priorités, mais dans un but — très utile — de régénération...

Ce qu'implique une vie axée sur un but

D'un point de vue opérationnel, vivre en se fixant un but signifie :

Prendre la responsabilité de formuler son intention clairement, en toute conscience.
Si nous voulons prendre notre vie en main, nous avons besoin de savoir ce que nous désirons. Il nous faut pouvoir répondre à des questions comme : Qu'ai-je envie de faire de ma vie ? Qu'ai-je envie d'accomplir professionnellement ? Qu'est-ce que j'attends de mes relations personnelles ? Pour quelle raison pourrais-je souhaiter me marier ? Quel est mon but ? Dans le contexte d'une liaison particulière, quelles seraient mes intentions ? Qu'ai-je envie d'apporter à mes enfants ? Mes objectifs sont-ils clairement définis ou simplement vagues ?

Sélectionner les actions nécessaires pour parvenir à son but.

Quel chemin dois-je prendre ? Quelles actions sont nécessaires ? Quelles seront les étapes à franchir avant d'arriver au but ? Si j'ai besoin de connaissances nouvelles, où les trouverai-je ? Si de nouvelles ressources sont nécessaires, où me les procurerai-je ? Si nous avons des objectifs à long terme, notre plan d'action comportera certainement des subdivisions qui marqueront autant d'étapes.

Le succès est réservé à ceux qui prennent la responsabilité d'élaborer une stratégie.

Axer son comportement sur la poursuite de son but.

Nous avons défini des objectifs, fixé un plan d'action, mais des problèmes peuvent surgir. La volonté de rester sur l'axe choisi nous aide à résoudre ces problèmes. La solution consiste parfois à nous remotiver. Ou bien il peut être nécessaire de repenser nos buts, de les reformuler et, éventuellement, de les remettre en question.

Etre attentif aux résultats de ses actions afin de s'assurer qu'elles sont adaptées au but recherché.

Notre but peut être clair, nos actions telles que nous les avions prévues, mais nous pouvons nous tromper sur la marche à suivre. Il est possible que nous ayons omis certaines données. Ou bien le développement d'une action a changé le contexte. Nous devons sans cesse nous demander : Ma stratégie est-elle bonne ? Est-ce que je vais dans le bon sens ? Est-ce que mes actions produisent les résultats escomptés ?

On voit souvent des hommes d'affaires manquer à ce principe de base. Ce sont ceux qui s'entêtent en se répétant : «Mais jusqu'ici, ça a toujours marché!» Dans une économie dynamique, les tactiques que l'on utilise doivent souvent être repensées.

Nos actions peuvent ne pas produire les résultats escomptés. Par exemple, le fait d'invectiver quelqu'un peut provoquer une docilité temporaire et, en même temps, faire naître un ressentiment et une envie de rébellion. Une entreprise peut réaliser des bénéfices rapides en vendant des marchandises de mauvaise qualité et, en l'espace d'une année, péricliter parce que ses clients la désertent. Si nous faisons attention aux effets produits par nos actions, nous sommes en mesure de savoir où l'on va, et également d'écarter ce qui ne nous intéresse pas au lieu d'en être encombrés.

Encore une fois, s'axer sur un but demande de vivre en pleine conscience.

Comprendre clairement
ce que signifie se donner un but

1. Comme exemple de la confusion qui peut s'attacher à cette notion, je citerai l'extraordinaire déclaration du psychiatre Irvin D. Yalom dans son *Existential Psychotherapy*: «Croire que la vie est incomplète si elle ne va pas vers la réalisation d'un but est beaucoup plus un mythe occidental, un élément culturel que l'expression d'une tragédie existentielle.»

Or, si l'on peut être sûr d'une chose, c'est que la vie est tout bonnement *impossible* sans un but à poursuivre. En premier lieu, nous ne serions pas passés de l'amibe à l'être humain sans un grand projet évolutif... Ne parlons ni de «tragédie existentielle» ni de «mythe occidental» mais plutôt de la vie telle qu'elle est. Et elle se révèle souvent exaltante.

En l'absence d'un but à atteindre, nous vivons dans la passivité et n'éprouvons pas les joies que réserve la réalisation d'un objectif. Mais peut-on pour autant parler de tragédie?

Rappelons-nous que les buts, les objectifs évoqués ne sont pas forcément ancrés dans l'action et le matériel. Une vie d'étude et de méditation peut très bien avoir autant de valeur. Seule une vie sans but a quelque chose d'inhumain.

2. Faire observer que la pratique d'une vie axée sur un but est essentielle au développement de la confiance en soi n'implique pas que l'on jauge la valeur d'un être à la multiplicité de ses succès. L'estime de soi ne s'enracine pas dans nos succès mais dans les pratiques qui, entre autres choses, rendent possible la réalisation d'un but.

3. Si une réussite peut être l'expression d'une haute estime personnelle, elle n'en est pas la cause première. Une personne brillante, talentueuse, qui réussit dans sa vie professionnelle mais se conduit de façon irrationnelle et irresponsable dans sa vie privée voudra peut-être croire que le seul critère de valeur est une réussite productive. Cette personne cherchera certainement dans le travail à fuir la honte ou la culpabilité venant d'autres domaines (ou d'expériences douloureuses remontant à l'enfance). Son travail sera alors beaucoup plus une stratégie de fuite qu'une passion, un refuge contre des réalités que l'on craint d'affronter.

De plus, si l'on commet l'erreur de s'identifier à son travail (plutôt qu'aux valeurs internes qui rendent le travail possible), si la confiance en soi est essentiellement liée à la réussite, à l'argent, on s'expose à la dépression si d'aventure le contexte économique que nous ne pouvons contrôler nous conduisait à la faillite ou à la perte de notre emploi. Cela concerne tout particulièrement les hommes trop habitués à confondre valeur personnelle et valeur professionnelle.

Il y a quelques années, au cours d'une conférence sur ce sujet, à Detroit, devant des représentants de l'industrie automobile, j'ai fait la remarque suivante: «Actuellement, Washington est en train de se demander s'ils vont sauver Chrysler en accordant un prêt substantiel. Vous pensez peut-être que le gouvernement a le devoir d'intervenir, tandis que moi je penserais plutôt le contraire, mais la question n'est pas là. Ce qu'il importe de remarquer, c'est que si votre estime personnelle dépend de vos performances dans cette entreprise ou de vos revenus de l'année, vous faites dépendre l'estimation de votre valeur personnelle de quelques hommes politiques. Vous remettez littéralement votre âme entre leurs mains. Est-ce que cette idée vous dérange? Je l'espère. Moi, elle me blesse.»

En période de crise, les difficultés matérielles sont suffisamment pénibles pour ne pas aggraver la situation en se laissant miner par l'idée que notre valeur personnelle est fonction de nos revenus.

Il m'est arrivé d'avoir des patients d'un certain âge qui étaient au chômage parce qu'on les avait remplacés par des gens beaucoup plus jeunes, sans compétence particulière. J'ai également travaillé avec des personnes jeunes, talentueuses, qui, inversement, se voyaient préférer des gens plus mûrs, sur le seul critère de l'âge. Dans ce genre de situation, les personnes concernées perdent confiance en leurs capacités. C'est un piège dans lequel on tombe facilement. Pour l'éviter, il faut savoir rester centré sur l'essentiel, comprendre que certaines choses nous échappent forcément mais que ce ne sont pas ces facteurs incontrôlables qui nous permettent de croire en nous.

Il est urgent de se poser les questions suivantes : Est-ce que ma volonté suffirait à régler le problème ? Ou y a-t-il au moins un lien de causalité entre ce problème et certains facteurs sur lesquels je peux intervenir ? Si la réponse est négative, mon estime personnelle peut être préservée, quelle que soit la gravité de la situation.

Il faudra bien qu'un jour ce principe fasse partie de l'éducation des enfants et de l'enseignement.

4. Quand j'ai demandé à un ami, un homme d'affaires approchant la soixantaine, quels étaient ses prochains objectifs, il m'a répondu : « Je n'en ai pas. Toute ma vie je me suis projeté dans l'avenir au détriment du présent. J'ai rarement pris le temps de profiter de ma famille, de la nature, de toutes les beautés que le monde nous offre. Maintenant, je ne fais plus de projets. Je gère mon capital, bien entendu, je fais encore quelques affaires, mais je tiens avant tout à profiter de la vie, à savourer ce qu'il m'est donné de savourer chaque jour. Au fond, c'est aussi une façon d'avoir un but. »

Je lui ai fait remarquer qu'il me donnait l'impression de n'avoir jamais su trouver un équilibre entre l'obligation de se tourner vers le lendemain et le plaisir de se sentir bien dans l'instant. « Ce fut toujours un problème pour moi », a-t-il admis.

J'ai déjà insisté sur ce fait : se donner un but ne signifie pas qu'il faille oublier le présent ou le futur. Il s'agit d'intégrer les deux temps — présent et futur — dans notre expérience et nos perceptions. Si nous nous investissons dans un projet en ne pensant qu'à «faire nos preuves» ou à contrer la peur de l'échec, l'équilibre sera difficile à trouver parce que l'anxiété sera notre seul moteur.

Mais, en revanche, si nous cherchons à nous exprimer plutôt qu'à nous justifier, l'équilibre s'établira de lui-même. Au quotidien, il restera à accomplir les actions nécessaires, mais la peur de porter atteinte à notre estime personnelle ne viendra pas rendre l'entreprise pratiquement impossible.

Quelques exemples

Toute sa vie, Jack a rêvé d'être écrivain. Il se voyait devant sa machine à écrire, il imaginait la pile de feuillets augmenter, les chapitres se succéder et sa photo sur la couverture du *Time*. Toutefois, il n'avait que de vagues idées sur ce qu'il allait écrire. Mais à défaut de pouvoir exprimer un thème, il se plongeait dans sa rêverie avec délices. Finalement, il n'a jamais rien écrit. Il a enchaîné les petits boulots, refusant de s'investir dans une activité régulière autre que l'écriture, qu'il considérait comme sa véritable «profession». Les années ont passé, la vie lui a paru de plus en plus vide. A quarante ans, il a regretté de n'avoir encore fait aucune tentative. Mais il s'est dit: «Un jour ça viendra. Quand je serai prêt.» Lorsqu'il regardait autour de lui, il trouvait que les gens vivaient de façon trop terre à terre. Ils n'avaient pas, comme lui, de grands projets... de hautes aspirations...

Mary était une publiciste, spécialisée dans le lancement de nouvelles campagnes publicitaires. Elle aimait rendre service, aider, encourager les autres. Elle incitait ses collègues à venir lui confier leurs problèmes, professionnels et personnels. Elle était devenue la «psy de l'agence» et s'en réjouissait. Mais elle ne se rendait pas compte du temps qu'elle consacrait à cette fonction. Ses résultats professionnels s'en ressentirent. Elle en fut perturbée mais sans parvenir à reconsidérer son emploi du temps. «Aider les autres» était devenu un besoin, au détriment de son travail. Un but qu'elle n'avait pas choisi consciemment prenait le pas sur des objectifs sciemment choisis. Elle ne comprit son échec que le jour où elle fut renvoyée.

Mark voulait être un père digne de ce nom. Il souhaitait enseigner à son fils le respect et la responsabilité de soi. Il pensait que pour y parvenir il fallait qu'il sermonne son fils. Mais plus il le sermonnait, plus l'enfant devenait craintif et se déstabilisait. A la moindre manifestation de frayeur, le père s'écriait: «Cesse d'avoir peur!» Quand le garçon commença à dissimuler ses sentiments afin d'éviter les reproches, le père lui ordonna de parler: «Si tu as quelque chose à dire, dis-le!» L'enfant ne cessait de se refermer sur lui-même. Le père s'interrogea: «Qu'est-ce qu'il a, ce garçon? Pourquoi ne m'écoute-t-il jamais?» Dans sa vie professionnelle, quand quelque chose ne marchait pas, Mark essayait une autre méthode. Il ne s'en prenait ni à ses clients ni au monde entier. Il recherchait l'efficacité, observait le résultat de ses actions. Avec son fils, en revanche, il persistait dans l'erreur. Les sermons, les reproches et les cris ne servaient à rien.

Exemples personnels

A une certaine époque, je ne savais que faire de ma vie. Pendant plusieurs années, je n'ai pas cherché de solution. Puis, un jour, je me suis dit que si je n'entreprenais rien, la situation ne risquait pas de changer. L'idée avait dû me venir à l'esprit plus d'une fois, mais, ce jour-là, elle eut un impact particulier. Je suis soudain sorti de la procrastination dont j'avais eu vaguement conscience mais que je n'avais pas confrontée.

J'ai élaboré un projet, je m'y suis attelé, je l'ai trouvé stimulant, profondément satisfaisant, et j'ai fini par gagner la somme dont j'avais besoin.

En principe, j'aurais pu faire ça beaucoup plus tôt. Mais il a fallu que ma passivité devienne agaçante, que je me dise : « Je dois trouver une solution dans les prochaines semaines » et que j'applique ce que je savais de la vie tournée vers un but à ma propre vie pour que je passe enfin à l'action.

Dès que je m'y suis mis, j'ai constaté que je me sentais beaucoup plus heureux et que je me portais une plus grande estime.

Lorsque j'ai raconté cette histoire en thérapie de groupe, quelqu'un m'a fait observer : « C'était très bien pour vous, mais tout le monde n'est pas en mesure d'élaborer de nouveaux projets. Comment faut-il faire ? » Je l'ai invité à parler de sa propre procrastination et de ce qu'il aimerait réaliser. « Si vous vous donnez comme but de concrétiser votre désir, comment vous y prendrez-vous ? » lui ai-je demandé pour amorcer sa réponse. Après quelques encouragements, il a commencé à parler.

Voici un autre exemple personnel concernant l'autodiscipline.

Ma femme, Devers, est une personne exceptionnellement attentive aux autres. Sa bienveillance, sa générosité, sa gentillesse sont remarquables. En ce qui me concerne, je suis généralement bien intentionné, mais ma générosité est plus impulsive, et il m'arrive de manquer de gentillesse et de compassion sans le vouloir et sans le savoir, simplement parce que je suis préoccupé.

Un jour, Devers m'a dit quelque chose qui m'a profondément impressionné : « Tu es très gentil, très généreux et très attentif aux autres quand tu te rends disponible pour cela, quand tu oublies un peu tes activités. Ce qui te manque, c'est d'avoir appris la *discipline de la gentillesse*. Ce qui te permettrait de ne pas manifester de la gentillesse simplement en fonction de tes humeurs ou de tes convenances. La gentillesse peut être un comportement fondamental. C'est une potentialité mais elle ne s'actualise pas sans conscience, sans discipline. Et c'est peut-être une chose à laquelle tu n'as jamais réfléchi. »

Nous avons eu ce genre de discussion plusieurs fois. Mais je n'ai commencé à mûrir dans ce domaine que le jour où je me suis mis à considérer la gentillesse comme un but à atteindre, un comportement à développer et non plus comme un simple penchant.

Phrases à compléter pour faciliter le choix d'une vie orientée vers un but

Voici quelques débuts de phrases que mes patients estiment utiles au développement des idées que je viens d'exposer :

Vivre en se fixant un but signifie...
Si j'apportais 5 % de résolution supplémentaires dans ma vie...
Si j'apportais 5 % de résolution supplémentaires dans mon travail...
Si j'apportais 5 % de résolution supplémentaires dans mes communications...
Si j'apportais 5 % de résolution supplémentaires dans mes relations professionnelles...
Si j'apportais 5 % de résolution supplémentaires dans mon mariage...
Si j'apportais 5 % de résolution supplémentaires dans ma relation avec mes enfants...
Si j'apportais 5 % de résolution supplémentaires dans mes relations amicales...
Si j'apportais 5 % de résolution supplémentaires à la réalisation de mes plus chers désirs...
Si je considère mes besoins avec 5 % de résolution supplémentaires...
Si je prends un peu plus la responsabilité de la satisfaction de mes besoins...
S'il y a dans ce que j'ai écrit quoi que ce soit de vrai, il serait peut-être utile de...

Se fixer des buts et faire en sorte de les atteindre est un mode de vie qui concerne tous les domaines. C'est une attitude fondamentale pour ceux qui préfèrent prendre leur vie en main plutôt que de se laisser ballotter par la vie.

La pratique de la vie axée sur un but est la cinquième clé de la confiance en soi.

11

La pratique de l'intégrité personnelle

En mûrissant, en développant nos propres valeurs, la question de l'intégrité personnelle prend une importance croissante lorsqu'il s'agit de nous affirmer.

Par *intégrité*, on entend l'intégration d'idéaux, de convictions, de normes, de certitudes, et le comportement qui en résulte. Quand notre comportement exprime les valeurs que l'on professe, quand la pratique s'accorde aux idéaux, nous pouvons parler d'intégrité.

Pour qu'il y ait intégrité, il faut définir des principes de conduite. Quand notre comportement ne correspond pas à ce que nous estimons être approprié, nous nous désavouons intimement, nous nous respectons moins, et si cela devient une habitude, nous nous faisons de moins en moins confiance.

Nous ne nous interdisons pas pour autant de nous affirmer, selon l'analyse que nous avons présentée de l'acceptation de soi. Nous avons remarqué que l'acceptation de soi est à la base du changement et de la progression. Mais la confiance en soi est évidemment atteinte.

L'intégrité suppose que l'on se pose les questions suivantes : Suis-je honnête, fiable et digne de confiance? Est-ce que je sais tenir mes promesses? Est-ce que je fais ce que j'admire chez les autres ou est-ce que je fais ce que je prétends déplorer? Suis-je juste et honnête dans mes rapports avec les autres?

Il peut nous arriver d'être pris dans un conflit entre différentes valeurs et de constater qu'aucune solution ne nous saute aux yeux. L'intégrité ne nous garantit pas de faire le meilleur choix. Mais elle exige que nous fassions un réel effort pour y réfléchir, autrement dit que nous restions conscients et fassions appel à notre jugement. Il s'agit en bref de prendre la responsabilité de notre choix et de ses conséquences en refusant de nous réfugier dans un brouillard mental.

Cohérence

L'intégrité est synonyme de cohérence. Comportement et paroles s'accordent.

Parmi les gens que l'on connaît, il y a ceux à qui l'on fait confiance et les autres... Si l'on cherche ce qui a présidé à cette distinction, on s'aperçoit que la cohérence est un critère essentiel. La cohérence nous inspire confiance. L'incohérence nous paraît suspecte.

Des études ont permis de constater que, dans une entreprise, la plupart des gens se méfient de ceux qui les dirigent. Et pour quelle raison? A cause d'un manque de cohérence. Ils entendent parler de missions urgentes sans que la pratique suive, de respect de l'individu que l'action bafoue, d'honnêteté démentie par l'arnaque, ou encore de promesses d'équité balayées par le favoritisme.

Toutefois, on trouve partout des hommes et des femmes qui inspirent confiance. Ce sont ceux qui savent tenir leurs engagements, ceux qui mènent une action conforme à leurs déclarations, ceux qui mettent en pratique l'intégrité et l'honnêteté qu'ils professent.

J'ai donné à un groupe de cadres le début de phrase suivant : *Si je veux que l'on me fasse confiance...*

Ils ont généralement terminé la phrase par : «... je dois tenir ma parole» ; «... je dois être équitable avec tout le monde» ; «... je dois faire ce que je dis» ; «... je dois tenir mes engagements» ; «... je dois soutenir mon service devant la direction» ; «... je dois être conséquent». Aucune de ces personnes n'ignorait comment on inspire confiance.

Il y a des parents qui ont la confiance de leurs enfants. Pour quelle raison ? Le principe est le même que dans les cas précédents. Il faut montrer de la cohérence au lieu du : «Fais comme je te dis et non comme je fais.» Les enfants savent cela, même s'ils ne parviennent pas toujours à l'exprimer.

Quand nous trahissons nos principes

Si mon action contredit une valeur morale professée par quelqu'un d'autre que moi, j'ai peut-être tort mais, en tout cas, je ne peux me reprocher de trahir mes convictions. En revanche, si mon action s'oppose à ce qui me paraît personnellement juste, *j'agis à l'encontre de mon propre jugement, je trahis mon esprit*. L'hypocrisie est, de par sa nature même, invalidante pour soi-même. Un manque d'intégrité détériore l'image que j'ai de moi-même. Il me fait plus de mal que n'importe quelle rebuffade, n'importe quel rejet venant des autres.

Si j'ai le pouvoir de renforcer mon estime personnelle, j'ai également celui de la détériorer.

L'une des meilleures façons de se leurrer, c'est de se dire : « Ça ne concerne que moi. Personne ne le saura. » Un tel raisonnement implique que *je n'accorde d'importance qu'au jugement des autres*. Or, j'ai beaucoup plus à craindre de mon propre jugement que de celui de toute autre personne. Au centre de ma conscience, il y a un « je », un juge auquel je ne peux échapper.

Je me souviens d'un article que j'ai lu il y a plusieurs années au sujet d'un chercheur médical de grande réputation qui s'était inventé un C.V. accumulant diplômes et récompenses. Une telle supercherie ne pouvait que porter atteinte à son estime personnelle avant même qu'elle ne fût découverte. Il avait choisi de vivre dans un monde irréel où ses découvertes comme son prestige étaient tout aussi irréels. Bien avant tout le monde, *il* savait. Les imposteurs de cette espèce ne se tiennent pas en haute estime.

Je mène des thérapies de groupe destinées à des personnes qui désirent développer le sens de leur compétence et leur respect personnel. Un jour, j'ai donné à l'un de ces groupes le début de phrase suivant : **Si j'apporte dans ma vie 5 % d'intégrité supplémentaires...**

Voici leurs réponses :

— ... je n'hésiterai pas à dire aux gens qu'ils me dérangent quand ça se produit.

— ... je ne tricherai pas sur mes frais professionnels.

— ... j'avouerai à mon mari le prix de mes vêtements.

— ... j'avouerai à mes parents que je ne crois pas en Dieu.

— ... je reconnaîtrai que je flirte quand c'est le cas.

— ... je serai moins aimable avec les gens que je n'aime pas.

— ... je ne rirai pas à des plaisanteries que je trouve stupides ou vulgaires.

— ... je ferai plus d'efforts à mon travail.

— ... je tiendrai ma promesse d'aider ma femme à la maison.

— ... je dirai à mes clients la vérité sur la qualité de leurs achats.

— ... je m'abstiendrai de dire aux gens ce qu'ils ont envie d'entendre.

— ... je ne vendrai pas mon âme pour être populaire.

— ... je dirai non quand j'ai envie de dire non.

— ... je reconnaîtrai que je peux être parfois blessant.

— ... je ferai des excuses quand il le faut.

— ... je tiendrai mes promesses.

— ... je ne ferai pas semblant d'être d'accord quand je ne le suis pas.

— ... j'avouerai mes colères.

— ... je m'efforcerai d'être plus calme et plus juste au lieu de m'emporter facilement.

— ... je reconnaîtrai que j'ai été aidé quand c'est exact.

— ... j'admettrai mes erreurs devant mes enfants.

— ... je n'emporterai pas des fournitures de bureau chez moi.

La facilité et la rapidité avec lesquelles ces personnes ont répondu prouvent qu'à défaut de changer de comportement elles n'étaient pas aveugles. Ce qui est parfaitement regrettable, c'est que la plupart du temps on sous-évalue les conséquences de la malhonnêteté et de l'hypocrisie sur son estime personnelle.

Que faire de sa culpabilité ?

La culpabilité est essentiellement l'impact d'une faute morale qui nous conduit à nous faire des reproches. J'ai mal agi alors que j'aurais pu me comporter autrement. La culpabilité est inséparable de l'idée de choix et de responsabilité, que nous en soyons ou non conscients. Pour cette raison, il nous faut impérativement savoir distinguer ce qui est en notre pouvoir et ce qui lui échappe. Autrement, nous courons le risque de nous culpabiliser sans raison.

Supposons que quelqu'un que nous aimons — un mari, une épouse, un enfant — soit tué dans un accident. Nous nous dirons peut-être : « Si j'avais été là… ça ne serait pas arrivé. » Ou : « Je n'aurais pas dû le laisser partir… » Des réflexions de cette sorte révèlent un sentiment de culpabilité probablement nourri par des regrets antérieurs. Si la mort est due à l'inconscience d'un automobiliste qui a brûlé un feu rouge ou si elle survient à l'occasion d'une intervention chirurgicale mineure, on risque d'éprouver un intolérable sentiment de fatalité. Dans ce cas, s'inventer des reproches permet de diminuer notre angoisse et notre sentiment d'impuissance. On se donne une illusion de pouvoir. « Si seulement j'avais fait telle ou telle chose, ce terrible accident ne serait pas arrivé. »

On ne peut protéger son estime personnelle sans délimiter clairement la responsabilité que l'on peut s'imputer. Nous ne sommes pas responsables de ce qui échappe à notre contrôle. Sans pouvoir, donc sans responsabilité, il ne peut y avoir que des regrets. Et certainement pas de culpabilité.

L'idée du péché originel est, de par sa nature même, totalement préjudiciable à la confiance en soi. La notion de culpabilité associée à l'absence de choix, de responsabilité est une atteinte à la raison et à la morale.

Voyons comment éviter l'émergence de la culpabilité dans des situations où est engagée notre responsabilité. En général, cinq étapes sont nécessaires pour restaurer le sens de son intégrité à partir d'une erreur précise.

1. Reconnaître que nous sommes à l'origine de l'action. Puis accepter la responsabilité de nos actes.

2. Chercher à comprendre la raison de nos actes.

3. Reconnaître les erreurs commises et les conséquences qui en découlent.

4. Chercher par tous les moyens à réparer ou au moins à minimiser le mal que nous avons fait.

5. Essayer de nous comporter différemment dans l'avenir.

Si nous négligeons ces cinq points, nous sommes poursuivis par le mal que nous avons commis, même si plusieurs années se sont passées, même si notre psy nous a assuré que tout le monde commet des erreurs, même si les personnes auxquelles nous avons porté préjudice nous ont pardonné.

Qu'arrive-t-il si nos valeurs sont irrationnelles ?

Alors qu'il est relativement facile de comprendre le lien qui existe entre la confiance en soi et l'intégrité, vivre selon ses principes pose d'emblée un problème beaucoup moins simple. Qu'arrive-t-il si nos valeurs sont irrationnelles ou erronées ?

Nous pouvons très bien intégrer un code de valeurs qui fait violence à notre nature et à nos besoins. Par exemple, certaines religions condamnent, explicitement ou implicitement, le sexe, le plaisir, l'ambition, le succès matériel ou encore (pour des raisons pratiques) toute notion de bonheur sur cette terre. Si des enfants sont endoctrinés selon ces critères, que peut signifier pour eux la pratique de l'« intégrité » ?

Dès que nous comprenons que nos valeurs nous conduisent à l'autodestruction, il est impératif de les remettre en question. Nous devons trouver le courage de nous détacher de l'idée du bien telle qu'on nous l'a enseignée. Qu'il faille du courage, rien n'est plus évident lorsque l'on découvre les compléments de phrases qui suivent et qui sont ceux que je retrouve le plus souvent dans mes thérapies. N'importe quel psychothérapeute pourrait vérifier la fréquence de ces réponses, à partir de ce début de phrase :

A l'idée d'agir à l'encontre des valeurs professées par mes parents...
— ... j'ai peur.
— ... je me sens perdu.
— ... je me sens rejeté.
— ... je ne fais déjà plus partie de la famille.
— ... je me sens seul.

— ... je me dis qu'il faudrait que je pense par moi-même.

— ... je me dis que je serai obligé de ne compter qu'avec mes propres idées.

— ... je me demande ce que je ferai.

— ... je me dis que je perdrai l'amour de mes parents.

— ... je sens qu'il me faut grandir.

Autre début de phrase utilisé :

Si je me mettais à choisir les valeurs selon lesquelles je veux vivre...

— ... ma mère aurait une crise cardiaque.

— ... je serais libre.

— ... il faudrait que je dise à mes parents qu'ils se trompent sur beaucoup de choses.

— ... est-ce que je ferais alors comme les adultes ?

— ... il me faudrait beaucoup de cran.

— ... est-ce que je ne deviendrais pas arrogant ?

— ... je serais obligé de me débrouiller seul.

— ... je ne pourrais plus être la petite chérie de papa.

Comme exemples de confusion et de conflit que peut engendrer la pratique de l'intégrité au quotidien, je citerai les cas suivants :

— Les femmes qui se débattent dans les dilemmes créés par l'Eglise catholique à propos de l'interdiction du contrôle des naissances et de l'avortement.

— Les fonctionnaires qui, effarés par l'ampleur de la corruption bureaucratique, se trouvent pris dans un conflit entre leur civisme d'une part et d'autre part les exigences de leur conscience individuelle qui s'opposent à la dénonciation.

— Les femmes mariées qui commencent à

comprendre que la tradition voulant que la femme soit la servante de l'homme ne prône que le renoncement à soi-même.

— Les jeunes gens en âge de faire leur service militaire et qui sont antimilitaristes.

— Les nonnes et les prêtres en rupture de religion et qui se cherchent de nouvelles valeurs hors de ces institutions religieuses qui les ont déçus.

— Les jeunes qui rejettent les valeurs de leurs parents mais qui cherchent désespérément de nouveaux points de repère.

De tels conflits permettent de comprendre qu'il est essentiel de vivre en pleine conscience.

Pour résoudre ces conflits, il faut absolument remettre en question les valeurs que l'on nous a inculquées. Puis il faut trouver la volonté de s'opposer à toute forme d'autorité qui nous entrave.

Conscience et intégrité se rejoignent très clairement lorsque nous avons besoin de réfléchir sur les valeurs qui nous ont été enseignées, les convictions de notre famille, en nous demandant si tout cela correspond bien à ce que l'on comprend et perçoit et si ce que nous avons de meilleur en nous, de plus profond — ce que l'on appelle parfois « notre vraie nature » — n'est pas en péril.

Plus notre niveau de conscience est élevé, plus nous vivons en fonction de choix explicites, ce qui implique l'intégrité comme conséquence naturelle.

« Ne pensez qu'à votre bonheur »

A l'occasion d'une conférence sur la complexité de la décision d'ordre moral, on m'a demandé ce que je pensais du conseil de Joseph Campbell :

«Ne pensez qu'à votre bonheur.» Estimais-je que l'éthique était respectée? J'ai répondu que je trouvais dangereux de donner l'impression de séparer le bonheur d'un contexte rationnel. J'ai suggéré une autre formule: «Vivez en pleine conscience, prenez la responsabilité de vos choix et de vos actions, respectez les droits d'autrui et ensuite pensez à votre bonheur.» J'ai ajouté que je trouvais particulièrement judicieux le proverbe espagnol suivant: «Prends ce que tu veux, dit Dieu, mais n'oublie pas de payer.»

Des exemples

Sally fait partie d'un club de bibliophiles dont la présidente est une femme qui a beaucoup de charisme, une grande culture, et que tout le monde admire. Etre «d'accord avec elle» rassure. Un jour, cette femme annonce que l'une des participantes habituelles est exclue du club. Elle refuse de donner des détails, se contentant d'évoquer une discussion houleuse en termes vagues. Désormais, plus personne ne veut entendre parler de cette pestiférée. Lorsqu'elle appelle Sally, qui était l'une de ses amies, elle tombe sur le répondeur et Sally se garde bien de la rappeler. Elle ne veut pas entendre ce qu'elle a à lui dire. Ce qui lui importe, c'est son statut au sein du club et elle trouve toutes sortes de défauts à cette ancienne amie. Elle le fait si bien qu'elle se voit gratifier d'un sourire d'approbation de la part de la présidente. Sally ne voit que la récompense mais pas le prix à payer. Son respect d'elle-même est atteint mais elle l'ignore.

Irving se faisait le chantre de la liberté du commerce jusqu'au jour où son usine d'appareils électroniques a commencé à souffrir de la concurrence étrangère. Désormais, il a peur. Il sait que ses produits ne valent pas ceux de ses concurrents étrangers. Il engage un spécialiste en relations publiques pour l'aider à rédiger des discours demandant une limitation des importations. Il essaie de trouver un moyen de pression sur le Sénat pour faire passer une loi protectionniste. Quand ses associés lui font remarquer que le protectionnisme n'a jamais favorisé l'essor de l'industrie, il refuse d'en tenir compte. Il manifeste son irritabilité en déclarant : « Cette fois-ci, c'est différent », sans autre explication. Si on souligne que lui-même achète des produits étrangers quand il les juge meilleurs, il rétorque : « N'ai-je pas le droit d'acheter au mieux ? » Mais quand il est invité à prononcer un discours à l'université où il a fait ses études le jour de la remise des diplômes, il ne trouve pas de meilleur sujet que : *L'intégrité comme art de vivre*.

Exemple personnel

J'ai dit que prendre une décision d'ordre moral n'est pas toujours facile et qu'il nous arrive, à tort ou à raison, de passer par des moments d'angoisse particulière.

Il y a plusieurs années, je me suis retrouvé entre une épouse à laquelle j'étais encore très attaché mais que je n'aimais plus et une maîtresse, Ayn Rand, avec laquelle j'entretenais une liaison désormais condamnée. Je vivais donc deux histoires douloureuses quand j'ai rencontré une troisième femme qui m'a inspiré une passion et que je devais épouser plus tard. (Patricia, c'était son nom, est morte à trente-sept ans.) Pendant longtemps, mon esprit n'a été qu'un chaos, un conflit de loyautés que j'ai fort mal géré. J'ai tardé à avouer la vérité à ma femme comme à Ayn. J'avais mes raisons. Mais les «raisons» n'empêchent pas les faits d'être ce qu'ils sont.

J'ai eu un long et pénible chemin à parcourir avant de me rendre à l'évidence : plus l'on recule le moment des aveux, plus l'on fait de mal. On ne protège personne et surtout pas soi-même.

Phrases à compléter pour faciliter la pratique de l'intégrité

Si nous nous penchons sur notre vie, nous remarquerons peut-être que notre pratique de l'intégrité est inégale. Elle semble dépendre du domaine dans lequel on l'exerce. Plutôt que de se détourner de ce fait, il vaut mieux l'analyser en se demandant : Qu'est-ce qui m'empêche d'être intègre dans toutes les situations ? Que se passerait-il si je mettais mes valeurs en pratique avec plus de constance ?

Voici quelques débuts de phrases susceptibles d'aider au processus d'exploration :

L'intégrité pour moi signifie...
Si j'élève mon niveau de conscience dans les domaines où il m'est difficile de pratiquer une totale intégrité...
Si j'apporte 5 % d'intégrité supplémentaires dans ma vie...
Si j'apporte 5 % d'intégrité supplémentaires dans mon travail...
Si j'apporte 5 % d'intégrité supplémentaires dans mes relations interpersonnelles...

Si je me réfère loyalement aux valeurs aux-
quelles je crois...
Si je refuse de vivre selon des valeurs que je ne
respecte pas...
Si je fais de mon estime personnelle l'une de
mes priorités absolues...

Je vous suggère de travailler avec les quatre
premiers débuts de phrases pendant la première
semaine et avec les deux autres la semaine suivante. Pour le week-end, réservez-vous le début
de phrase que vous connaissez déjà : *S'il y a quoi*
que ce soit de vrai dans ce que j'ai écrit, il me
serait sans doute utile de...

Application pratique

— Pensez-vous que gonfler mes notes de frais
est vraiment une attitude peu recommandable ? m'a demandé un patient. Tout le monde le
fait.
— J'imagine, lui ai-je répondu, que d'une certaine façon ça doit vous déranger. Sinon vous
n'y auriez pas pensé.
— C'est après avoir travaillé sur : « Si j'apporte
5 % d'intégrité supplémentaires dans ma
vie... » que je me suis senti mal à l'aise en commençant à remplir ma note de frais.
— Ça vous ennuyait de mentir.
— Oui. Alors je l'ai remplie sans tricher. Puis
je me suis demandé si je ne devenais pas naïf.
— Vous vous êtes dit qu'il n'y avait pas de raison que vous soyez intègre si les autres ne
l'étaient pas.
— Oh, non ! Si j'avais eu ce genre de pensée, je...
Il s'est interrompu et est resté songeur.

185

— Eh bien ?

— On dirait bien que ça s'est passé comme ça, a-t-il remarqué.

— Et vous avez eu envie de savoir si vos collègues faisaient la même chose, dans la mesure où vous estimiez que ce comportement devait être très répandu. Donc acceptable.

— Mais je crois vraiment que ça ne doit pas se faire ! s'est-il exclamé.

— Alors, où est le problème ?

— Il n'y en a plus. Tricher laisse un goût amer. Et on a l'impression de se salir.

— Donc, vous pensez que l'honnêteté favorise l'estime de soi ?

— Il me semble.

— Je crois que vous êtes sur la bonne voie.

Sauvegarder son intégrité dans un monde corrompu

Dans un univers où être responsable de ses actes est chose courante, la pratique de l'intégrité est relativement plus facile que dans un monde où la responsabilité personnelle est absente. Une culture de la responsabilité soutient les aspirations morales.

Si associés, responsables syndicaux, politiciens, chefs religieux et autres personnalités donnent l'exemple d'une conduite irréprochable, il est plus facile pour un citoyen moyen de pratiquer l'intégrité dans ce climat salubre que dans un marasme de corruption, de cynisme et d'amoralité. Il faut être extrêmement indépendant et autonome pour ne pas se persuader, dans une ambiance délétère, que la quête de l'intégrité est chose futile et irréaliste.

Aujourd'hui, nous rencontrons précisément cette difficulté. Comment trouver un encouragement à vivre selon des principes élevés dans la conduite des hommes publics, l'horreur des événements internationaux, la dépravation, la cruauté, la violence aveugle dont on nous offre le spectacle en guise de distraction? Tout contribue à faire d'une personne intègre un héros solitaire.

Si l'intégrité est l'une des sources de la confiance en soi, elle en est également — et plus que jamais actuellement — *une forme d'expression*.

Le principe de la réciprocité causale

La pratique de l'intégrité supposant la confiance en soi, comment peut-elle en être l'un des fondements?

Je répondrai à cette question en évoquant *le principe de la réciprocité causale*. Il permet de comprendre que les comportements qui génèrent une saine estime de soi en sont aussi l'expression. Vivre consciemment est à la fois la cause et l'effet du sens de sa compétence et du respect de soi. Il en va de même pour l'acceptation de soi et la responsabilité de soi.

Plus je vis consciemment, plus je fais confiance à mon esprit et plus je crois en ma valeur. Et si je fais confiance à mon esprit et crois en ma valeur, je trouve naturel de vivre en pleine conscience. Plus je vis selon mon intégrité personnelle, plus je me porte d'estime; et si je me porte une réelle estime, je trouve naturel de pratiquer l'intégrité.

Il est également important de noter que si j'ai exercé mon intégrité régulièrement, toute malhonnêteté de ma part me perturbera au point que je ne penserai qu'à retrouver ma propreté morale.

Dès que l'on a saisi le sens des pratiques que j'ai décrites, on a le pouvoir de relever le niveau de notre estime personnelle.

Nous pouvons prendre comme comparaison l'effort physique. Si nous ne sommes pas en forme, l'effort physique sera pénible. Quand notre condition s'améliore, l'exercice devient plus facile et plus agréable. Mais nous avons dû tenir compte de notre condition initiale pour élaborer notre progression. Le renforcement de la confiance en soi suit le même principe.

Les pratiques que j'expose ici sont des guides parfaits. En examinant cette liste de pratiques destinées à renforcer l'estime de soi, le lecteur peut être amené à se dire qu'elle ressemble fort à un code moral. Il ne se tromperait pas. Les exigences de l'estime de soi sont celles de la vie même.

La pratique de l'intégrité personnelle est la sixième clé de la confiance en soi.

12

La philosophie de la confiance en soi

Ne faut-il accorder d'importance qu'aux pratiques ? Les convictions ne jouent-elles aucun rôle dans le renforcement de l'estime de soi ?

De fait, les convictions ont leur importance parce qu'elles engendrent actions et émotions. Elles constituent un facteur fondamental du développement de l'estime personnelle. Ce que l'on pense, ce que l'on croit, ce que l'on se dit influence ce que l'on ressent aussi bien que nos actions. En retour, le ressenti et l'action deviennent la représentation de l'individu.

Le premier chapitre de cette deuxième partie a été intitulé : « La confiance en soi en action » car les valeurs de la vie ne se manifestent qu'à travers l'action. Les croyances qui ne se réalisent pas n'ont aucune signification. Mais, en revanche, leur implication dans l'action qu'elles influencent doit être examinée.

Il y a les croyances qui engendrent les pratiques que j'ai décrites et il y a celles qui nous en éloignent. Quand je parle de « croyances » dans ce contexte, je parle de convictions solidement enracinées en nous. Je ne me réfère qu'à ce qui a le pouvoir d'être une émotion, une stimulation et un guide.

Nous ne sommes pas toujours conscients de nos croyances. Elles peuvent être implicites au point de nous échapper totalement alors qu'en même temps elles conduisent nos actions.

Elles représentent ce que l'on peut appeler « la philosophie de la confiance en soi », à savoir une interconnexion d'axiomes qui nous inspirent les actes renforçant le sens de notre efficacité et de notre valeur.

Je divise les croyances qui influent sur la confiance en soi en deux catégories : d'un côté, celles qui concernent le moi, de l'autre, celles qui concernent la réalité. Mais toutes sont liées de façon évidente à la confiance en soi.

Quelles sont les croyances concernant le moi qui renforcent l'estime personnelle ?

Sur un plan général

— J'ai le droit d'exister.

— Je m'accorde une grande valeur.

— J'ai le droit de prendre en considération mes besoins et mes désirs, et de les satisfaire.

— Je ne suis pas sur terre pour réaliser les rêves de quelqu'un d'autre. Ma vie m'appartient. (Cela est vrai pour tout être humain. Notre vie nous appartient. Personne n'est sur terre pour réaliser mes rêves.)

— Je n'appartiens à personne et personne ne m'appartient.

— Je suis digne d'amour.

— Je suis digne d'admiration.

— Je serai aimé et respecté par les gens que j'aime et que je respecte.

— Je dois être loyal et juste avec les autres qui doivent être loyaux et justes avec moi.

— Je mérite d'être traité avec courtoisie et respect.

— Si l'on me manque de courtoisie ou de respect, la faute en incombe à ceux qui se comportent de cette manière. Je ne suis atteint que si j'accepte ce comportement.

— Si quelqu'un que j'apprécie ne me manifeste pas le même sentiment, je peux éprouver de la déception ou même de la peine, mais je ne dois pas me sentir diminué.

— Aucun individu, aucun groupe ne peut me dicter ce que je dois penser de moi.

— Je fais confiance à mon esprit.

— Je vois ce que je vois et je sais ce que je sais.

— Il m'est plus bénéfique de me référer à la vérité que de me «donner raison» aux dépens des faits.

— Avec de la persévérance, je peux arriver à comprendre ce que j'ai besoin de comprendre.

— Si je persévère et si mes buts sont réalistes, je suis apte à les réaliser.

— Je suis apte à relever les défis essentiels de l'existence.

— Je suis digne d'être heureux.

— Je suis «assez»... (Cela ne signifie pas que je n'ai plus rien à apprendre, plus rien à développer, mais que je suis en droit de m'accepter, selon le processus dont nous avons parlé précédemment.)

— Je sais accepter la défaite.

— J'ai droit à l'erreur; c'est une façon d'apprendre. On peut se tromper sans se maudire.

— Je ne sacrifie pas mon jugement, je ne déguise pas mes convictions pour plaire et être approuvé.

— Ce n'est pas ce que «l'on» pense qui importe mais ce que je sais. Ce que je sais compte plus pour moi que le jugement erroné d'un autre.

— Personne n'a le droit de m'imposer des idées et des valeurs qui ne sont pas les miennes. De même, je n'ai nullement le droit d'imposer mes idées et mes valeurs aux autres.

— Si mes buts sont rationnels, je mérite de réussir ce que j'entreprends.

— Le bonheur et le succès sont les éléments d'une vie saine et non des aberrations temporaires de l'ordre des choses. C'est le désastre, la tragédie qui sont, comme la maladie, une aberration.

— Le développement personnel et la réalisation de ses potentialités sont des buts parfaitement recommandables.

— Le bonheur et l'épanouissement sont de nobles objectifs.

Vivre en pleine conscience

— Plus je suis conscient de ce que sont mes intérêts, mes valeurs, mes buts et plus ma vie s'en trouve facilitée.

— Je prends plaisir à me servir de mon esprit.

— Il m'est plus utile de corriger mes erreurs que de les nier.

— Il m'est plus utile d'être conscient de mes valeurs que de les ignorer, et de les analyser au lieu de les considérer comme des axiomes à ne jamais remettre en question.

— Je me dois de ne pas céder à la tentation de me cacher les faits déplaisants. J'ai besoin de dominer mes pulsions de fuite au lieu de les laisser me dominer.

— Si je comprends le contexte dans lequel je vis et j'agis, mes actions sont plus efficaces. Ce n'est jamais une perte de temps que d'essayer de comprendre mon environnement et le monde qui nous entoure.

— Je ne peux rester compétent qu'en augmentant mes connaissances. Apprendre doit être une manière de vivre.

— Mieux je me connais et me comprends, meilleure est la vie que je peux me créer. L'auto-analyse est essentielle pour la réussite de sa vie.

L'acceptation de soi

— Fondamentalement, je me suis favorable.

— Fondamentalement, je m'accepte.

— J'accepte la réalité de mes pensées, même lorsque je ne suis pas prêt à les assumer et que je n'ai aucune envie de les mettre en pratique. Je ne les renie ni ne les rejette.

— Je peux accepter mes sentiments, mes émotions sans nécessairement les aimer, les approuver. Je ne les renie ni ne les rejette.

— J'accepte que ce que je pense et ressens puisse exprimer ce que je suis, au moins momentanément. Je suis lié par des pensées, des sentiments, des actes que je ne peux approuver, mais je ne me cache pas leur réalité ni ne prétends qu'ils ne me représentent pas.

— J'accepte la réalité de mes problèmes, mais je ne considère pas pour autant qu'ils me définissent. Mes problèmes ne sont pas l'essentiel de ce que je suis. Peur, douleur, confusion, erreurs ne sont pas le noyau de mon être.

La responsabilité de soi

— Je suis responsable de mon existence.

— Je suis responsable de la réalisation de mes désirs.

— Je suis responsable de mes choix et de mes actes.

— Je suis responsable du niveau de conscience que j'apporte dans mon travail et dans mes autres activités.

— Je suis responsable du niveau de conscience que j'apporte dans mes relations avec les autres.

— Je suis responsable de la façon dont je me comporte avec les autres : collègues, associés, clients, époux, épouse, enfants, amis.

— Je suis responsable de la répartition de mon temps, selon les priorités que je me choisis.

— Je suis responsable du choix ou de l'acceptation des valeurs selon lesquelles je vis.

— Je suis responsable du renforcement de mon estime personnelle. Je suis seul responsable de l'estime que je peux me porter.

— J'accepte mon unicité, c'est-à-dire le fait que je sois le seul à pouvoir réussir ma vie ou assumer une enfance difficile. Il y a des situations particulières où l'on peut éventuellement m'aider, mais personne n'est fondamentalement responsable de ce qui m'appartient. Qui pourrait respirer à ma place, assurer les fonctions essentielles de mon existence, telles que l'expérience de ma compétence ou du respect de moi-même ?

— Le besoin de responsabilité personnelle est naturel.

L'affirmation de soi

— J'ai le droit de m'exprimer dans un contexte qui me le permet.

— J'ai le droit de défendre mes convictions.

— J'ai le droit d'accorder de l'importance à mes valeurs et à mes sentiments.

— Je vois mieux les autres si je comprends ce que je suis.

Vivre avec un but

— Personne d'autre que moi ne peut choisir à ma place mes buts et mes objectifs. Personne n'est apte à déterminer ma trajectoire personnelle.

— Si je veux réussir, je dois faire ce qu'il faut pour y parvenir. Il faut que j'élabore puis que je mette sur pied un plan d'action.

— Si je veux réussir, il me faut surveiller le résultat de mes actions.

— Je sers mes intérêts en restant réaliste, c'est-à-dire en analysant l'information et l'effet de feed-back qu'apporte la mise en application de mes croyances, et qui peuvent me permettre de continuer dans le bon sens.

— Je dois pratiquer l'autodiscipline non comme un « sacrifice » mais comme la condition naturelle de la réalisation de mes désirs.

L'intégrité personnelle

— Je dois faire ce que je dis.

— Je dois tenir mes promesses.

— Je dois honorer mes engagements.

— Je dois être juste, honnête, bienveillant et faire preuve de compassion envers les autres.

— Je dois me contraindre à une cohérence morale.

— Je dois m'efforcer à faire de ma vie l'image de ce que j'appelle le bien.

— Mon estime personnelle a plus de prix que la récompense passagère de sa trahison.

Les convictions attachées au réel qui soutiennent la confiance en soi

— Ce qui existe, existe. Un fait est un fait.

— S'aveugler ne permet pas de substituer le réel à l'irréel et vice versa.

— Le respect des faits réels (au moins tels que je les comprends) apporte des satisfactions.

— La survie et le bien-être dépendent de l'exercice judicieux de la conscience. Eviter la responsabilité de la conscience est un comportement inadapté.

— En principe, la conscience est fiable, le savoir peut être acquis et la réalité connue.

— Les valeurs qui nourrissent et soutiennent la vie de l'individu et sa réussite sont supérieures aux valeurs qui les menacent.

— Tout être humain a droit à son développement individuel, lequel est une fin en soi. Aucun être n'appartient à une famille, à une communauté, à une Eglise, à un Etat, à une société ni à un univers. L'être humain n'est la propriété de personne.

— L'appartenance à une association d'adultes doit être choisie et volontaire.

— Personne ne doit se sacrifier pour les autres. Les autres ne doivent pas se sacrifier pour nous. Le sacrifice n'est pas un idéal moral.

— Les relations basées sur un échange de valeurs sont supérieures à celles basées sur l'idée de sacrifice d'un être pour un autre.

— Un monde dans lequel chacun endosse la responsabilité de ses choix, de ses actes et considère que les autres sont également responsables tourne plus rond qu'un monde où cette responsabilité est ignorée.

— Nier sa responsabilité personnelle dessert l'estime de soi et minimise l'estime que l'on peut porter aux autres.

— Rien n'est plus utile que ce qui est moral et rationnel.

Commentaire

J'ai déjà fait remarquer que les idées ne deviennent des convictions — ou croyances — qu'à partir du moment où l'expérience nous a convaincus de leur vérité et qu'elles se reflètent dans notre comportement.

La liste des convictions que je présente n'est pas exhaustive. Je ne doute pas qu'il y en ait d'autres qui jouent sur l'estime personnelle. J'ai retenu celles qui, à l'évidence, dirigent les six pratiques. Si elles font partie du vécu, elles tendent à développer la conscience, l'acceptation de soi, la responsabilisation, l'affirmation de soi, l'élaboration d'une stratégie pour atteindre un but et l'intégrité.

Il est clair que ces convictions ont à mes yeux une grande efficacité. Ce ne sont pas de simples postulats. Mais dans la mesure où je n'ai pas l'intention ici de les défendre en me lançant dans un plaidoyer rigoureux, je me contenterai d'observer qu'elles motivent puissamment les actions qui développent le bien-être psychologique. Dans les six pratiques qui sont les clés de la confiance en soi, elles ont une évidente fonction d'adaptation. Elles sont partie intégrante du processus de renforcement de la confiance en soi.

Valeur standard

Tandis que les six clés constituent un cadre de référence, ces convictions représentent les valeurs référentielles de l'éducation des enfants, de l'enseignement, de la politique des entreprises, des différents systèmes culturels et de l'activité des psychothérapeutes.

Je ne prétends pas que l'estime de soi puisse être le seul critère de valeur. Mais si notre but est de la renforcer, alors il est bon de savoir reconnaître ce qui risque de l'affecter.

Les pratiques et les convictions dont j'ai parlé sont liées aux facteurs «internes» qui soutiennent l'estime de soi. Nous allons maintenant analyser les facteurs «externes», c'est-à-dire ceux qui viennent de l'environnement.

Quels sont le rôle et la contribution des autres ? Quel est l'impact potentiel des parents, des enseignants, des chefs de service ou d'entreprise, des psychothérapeutes ? Et de la culture dans laquelle nous vivons ?

TROISIÈME PARTIE

Les influences extérieures: soi et les autres

13

Nourrir la confiance en soi chez l'enfant

Le but même de l'éducation parentale est de préparer l'enfant à devenir un adulte autonome. La vie commence dans une totale dépendance. Si l'éducation est réussie, l'enfant devient un être respectueux et responsable de lui-même, apte à relever les défis de l'existence. Le jeune adulte peut alors «prendre soin de lui-même», non seulement financièrement mais également intellectuellement et psychologiquement.

Le nouveau-né n'a pas le sens de son identité personnelle. Il n'a en aucune manière conscience de son être, de son unicité ainsi qu'on trouve cette conscience chez l'adulte. Aller vers le soi est la première tâche de l'homme. C'est également le premier défi à relever. A tout moment le processus peut être interrompu, bloqué ou dévié, et donner un être dont le développement sera fragmentaire, avec des aliénations ou des blocages. Il est facile de constater que la plupart des gens sont restés sur le bord de la route. Toutefois, l'objectif central de la maturation est une *évolution vers l'autonomie*.

Le vieil adage qui assure que les parents ont bien rempli leur rôle lorsqu'ils ont donné à leur enfant des racines (pour pousser) et des ailes (pour prendre son essor) est excellent. Un enfant a en effet besoin de bases solides et sécurisantes et de la confiance en lui-même qui lui permet un jour de partir. On ne grandit pas dans le vide mais dans un contexte social. Individuation et autonomie ne se développent que par — et à travers — les rencontres avec d'autres êtres humains. Les premières rencontres d'un enfant lui permettent de faire l'expérience de la sécurité qui favorise l'émergence du soi ou, au contraire, de la peur et de l'instabilité qui fracturent le soi au début de son développement. Plus tard, il fera l'expérience de l'acceptation et du respect ou du rejet et du manque d'estime. Il connaîtra soit un équilibre approprié entre protection et liberté, soit une surprotection infantilisante, soit un manque de protection contre lequel il n'a pas encore les moyens de se défendre. Ces expériences contribuent positivement ou négativement au développement du soi et de la confiance en soi.

Les antécédents de la confiance en soi

C'est dans le domaine des relations parents-enfant qu'ont été réalisées quelques-unes des meilleures études psychologiques concernant la confiance en soi. Prenons comme exemple l'ouvrage de référence de Stanley Coopersmith : *The Antecedents of Self-Esteem*.

Coopersmith a mis en évidence la non-corrélation significative entre l'estime de soi des enfants et des facteurs tels que la fortune de la famille, l'éducation, la région habitée, la classe sociale, la profession du père ou le fait que la mère reste à la maison. Seule est apparue comme un facteur significatif la qualité de la relation entre l'enfant et les adultes qui jouent un rôle important dans sa vie.

Il a constaté qu'à une haute estime de soi chez l'enfant sont associées cinq conditions :

1. L'enfant voit ses pensées, ses sentiments, sa personne totalement acceptés.

2. L'enfant évolue dans un contexte dont les limites sont clairement définies. Il ne jouit pas d'une « liberté » absolue et, par conséquent, fait l'expérience d'un sentiment de sécurité.

3. L'enfant fait l'expérience du respect de sa dignité d'être humain. Les parents n'ont recours ni à la violence ni à l'humiliation et ne ridiculisent jamais leur enfant. Ils prennent ses besoins et ses désirs en considération, même s'ils ne peuvent les assouvir dans l'immédiat. Ils savent négocier les règles familiales dans des limites soigneusement déterminées. En d'autres termes, l'autorité est positive, ce n'est pas de l'autoritarisme.

Les parents mettent beaucoup plus l'accent sur ce qu'ils attendent que sur les interdits, sur le positif beaucoup plus que sur le négatif.

Ils manifestent de l'intérêt pour les amitiés ou les études de leur enfant et sont généralement disponibles quand il a besoin de leur parler.

4. Les parents sont attachés à des principes et manifestent leur exigence quant à la conduite et à la réussite de l'enfant. Il n'y a pas de laisser-aller, mais ils se montrent, dans l'expression de leur exigence, respectueux, bienveillants.

5. Les parents sont les premiers à se tenir en haute estime. Ils offrent des exemples de compétence personnelle et de respect de soi.

Après avoir expliqué les antécédents de l'estime de soi, Coopersmith observe : « Il faut savoir qu'il n'existe pratiquement aucun schéma de comportement parental qui soit commun à tous les parents dont les enfants possèdent une haute estime d'eux-mêmes. »

Cette dernière observation nous conforte dans l'idée que l'attitude parentale n'est pas le seul élément déterminant dans le développement psychologique de l'enfant. Il nous reste en effet le pouvoir de choisir, et nos choix entraînent des conséquences qui nous marquent aussi et déterminent le niveau de notre estime personnelle.

Dire que les parents peuvent faciliter ou freiner le développement d'une saine estime personnelle chez l'enfant, c'est affirmer qu'ils peuvent influer sur l'apprentissage des six clés que l'enfant doit intégrer dans sa vie.

Des bases sécurisantes

La vie commençant par un état de totale dépendance, l'enfant devrait au moins trouver dans le comportement de ses parents des effets sécurisants, rassurants. Je parle de la satisfaction des besoins physiologiques comme de la protection contre les éléments, entre autres choses. Cela suppose la création d'un environnement dans lequel l'enfant se sent à l'abri, protégé.

Dans ce contexte, le processus de la séparation et de l'individuation peut se faire naturellement. L'esprit qui apprend à se faire confiance apprend également une autonomie progressive. Il faut un encadrement rassurant pour se développer.

Si l'enfant apprend à avoir confiance dans d'autres êtres humains, il commence sa vie en croyant à la bienveillance et développera ses rapports humains à partir de cette base.

Bien entendu, le besoin de protection et de sécurité ne se limite pas à l'enfance. Une adolescence peut être profondément perturbée par une vie familiale qui provoque chaos et anxiété.

J'ai souvent observé chez des adultes les effets à long terme du traumatisme dû à l'absence d'un sentiment de sécurité. L'enfant a été terrorisé par les adultes. Certains patients ont des réactions de peur et d'anxiété qui semblent venir du fond de leur psyché où elles se sont ancrées dès les premiers mois de la vie. Ces personnes affirment d'ailleurs qu'elles ont toujours eu en elles un sentiment de terreur fondamentale.

Mis à part la possibilité d'un traumatisme à la naissance, deux facteurs sont à considérer. D'abord, l'environnement et la façon dont l'enfant a été traité par ses parents. Vient ensuite la question d'une disposition innée qui entraîne une sensibilité plus ou moins grande à l'insécurité. C'est un seuil de tolérance variable qui fait que peur, terreur, anxiété apparaissent plus ou moins vite chez des enfants vivant dans un contexte identique. Donc ce qui peut traumatiser les uns ne traumatisera pas les autres.

La terreur peut être inspirée par un père violent, une mère instable, lunatique, cyclique, tout autre membre de la famille proche dont les réprimandes font naître des images de torture. L'enfant ne peut échapper à cette terreur qui le plonge dans un sentiment de détresse et d'impuissance.

Infirmière de trente-huit ans, Sonia ne supportait pas de m'entendre élever un tant soit peu la voix — ce qu'il m'arrivait de faire sans y prendre garde —, surtout lorsque je changeais de position dans mon fauteuil. Elle m'a expliqué que ses premiers souvenirs étaient ceux de disputes entre ses parents tandis qu'elle criait en vain dans son berceau. Elle avait la certitude quasi viscérale que le monde n'était qu'hostilité et danger. Pratiquement tous ses choix et ses actes étaient dictés par la peur, ce qui portait évidemment atteinte à son estime personnelle.

Professeur de philosophie, Edgar se revoit, dans ses plus anciens souvenirs, debout sur le lit pendant que son père — médecin respecté — lui infligeait des coups de lanière de cuir. « Mes cris ne l'arrêtaient jamais. S'il avait voulu me tuer, je n'aurais rien pu faire. Ce sentiment d'impuissance ne m'a jamais quitté. A trente-quatre ans, je l'éprouve encore lorsque se présente un danger. J'ai toujours eu peur. Je ne m'imagine pas sans cette peur. »

Plus la peur est forte et éprouvée de bonne heure, plus il sera difficile d'acquérir une solide et saine estime de soi.

Nourrir par le contact physique

Nous savons aujourd'hui que le contact physique est essentiel dans le développement de l'enfant. En l'absence de ce contact, l'enfant peut mourir, même si les autres besoins sont satisfaits.

Le contact physique envoie au cerveau de l'enfant des stimulations qui l'aident à se développer. Il traduit l'amour, la tendresse, le réconfort. A travers lui nous établissons les liens humains. Des études ont montré que le massage, par exemple, influe sur la santé. Ce que savent, instinctivement, les parents non occidentaux qui le pratiquent couramment sur les nouveau-nés. L'Occident porte la marque du christianisme et de ses interdits charnels.

Caresses et massages sont d'excellents moyens d'exprimer l'amour. Bien avant qu'un enfant soit en mesure de comprendre les mots, il comprend le langage tactile. Les déclarations d'amour sans contact physique ne sont guère convaincantes. Nous voulons nous sentir aimés, nous voulons que l'on nous accorde de la valeur, nous voulons être serrés contre d'autres corps. Nous ne sommes pas des abstractions mais des présences charnelles.

Les enfants qui n'ont pas beaucoup été cajolés ont en eux un manque qui peut rarement être comblé. C'est un trou noir dans leur image d'eux-mêmes. « Pourquoi ma mère éprouvait-elle de la réticence — voire de la répugnance — devant les contacts physiques ? » Question qui, en vérité, signifie : « Pourquoi ne m'aimait-elle pas suffisamment pour me serrer contre elle ? » Ou, parfois : « Si mes propres parents ne voulaient pas me toucher, comment pourrais-je espérer que quelqu'un d'autre en ait le désir ? »

La douleur de cette privation est difficile à porter. Habituellement, elle est étouffée, refoulée. La conscience se crispe, le psychisme est anesthésié : c'est une stratégie de survie qui rend l'existence tolérable et qui peut durer toute une vie.

Nous voyons généralement deux réactions différentes à la privation de contacts physiques. Si au premier abord elles peuvent paraître opposées, elles sont en fait deux expressions d'une même aliénation et sont aussi préjudiciables l'une que l'autre à l'estime de soi. D'un côté, on peut observer un désir d'éviter les contacts intimes qui traduit un sentiment de peur et une dévalorisation de soi ainsi qu'une difficulté à s'affirmer. De l'autre, une promiscuité sexuelle compulsive, un effort inconscient de panser la blessure de la privation, mais d'une manière qui humilie sans rien résoudre et qui affecte l'intégrité et le respect de soi. Ces deux attitudes ne permettent pas des contacts humains authentiques.

L'amour

Lorsque l'enfant est aimé, il intériorise ce sentiment et se sent digne d'amour. L'amour s'exprime à travers les mots, les actes nourriciers, la joie et le plaisir que nous inspire la seule présence de l'enfant.

Un parent conscient sait manifester de la colère ou de la déception par amour. Il sait punir sans attitude de rejet. La valeur humaine de l'enfant n'est pas remise en cause.

L'amour n'est pas crédible quand il est soumis à conditions. Malheureusement, bien souvent, l'amour est réservé à celui qui fait ce que l'on attend de lui. Il doit être mérité. Mais tant que l'enfant n'est pas «à la hauteur» de ce qu'on espère de lui, il a tout le loisir de se sentir diminué et, pourquoi pas, «en dessous de tout». Comment l'enfant qui reçoit ce genre de message pourrait-il se sentir aimé?

L'acceptation

L'enfant dont on respecte les pensées et les sentiments intériorise cette acceptation qui le prépare à l'acceptation de lui-même. L'acceptation ne signifie pas l'accord (qui n'est pas toujours possible), mais l'écoute, l'attention, la discussion, enfin tout ce qui est le contraire du rejet.

Si un enfant s'entend répéter qu'il ne doit pas ressentir ceci ou cela, il est encouragé à nier et à désavouer ses sentiments, ses émotions, dans le simple but de contenter ses parents. Si les expressions naturelles de la peur, de l'exaltation, de la colère, de la joie, de la sexualité, de l'impatience entraînent la condamnation ou le dégoût des parents, l'enfant risque de désavouer et de rejeter tout ce qui en lui tendait vers l'amour, la confiance en soi. On ne favorise pas le développement d'un enfant en faisant du rejet de soi-même le prix de notre amour.

En revanche, rien ne lui sera plus utile que de sentir sa nature, son tempérament, ses intérêts, ses aspirations acceptés, à défaut au moins d'être partagés.

Un parent sportif peut avoir un enfant qui ne l'est pas, ou inversement. Toutes les oppositions sont concevables. Mais l'important est que la différence soit acceptée. A cette seule condition l'estime de soi se développera.

Le respect

L'enfant que les adultes respectent apprendra le respect de lui-même. Respecter un enfant, c'est lui manifester la même courtoisie qu'aux adultes. Spécialiste de la psychologie de l'enfant, Haim Ginott faisait volontiers remarquer que si un ami qui vient nous rendre visite renverse son verre par mégarde, on ne lui lance pas: «Oh, quel cochon! Comment tu as fait ça?» Pourtant, cet ami a moins d'importance pour nous que notre enfant. Ne serait-il pas plus avisé de dire à l'enfant: «Tu as renversé ton verre. Tu devrais aller chercher une éponge dans la cuisine pour essuyer la table » ?

Je me souviens d'un patient qui m'a dit un jour : « Mon père a toujours été plus courtois avec les contrôleurs de bus qu'avec moi. » « S'il te plaît » et « Merci » traduisent la dignité de la personne qui parle et celle de la personne qui écoute.

Dans une maison où tout le monde se manifeste une courtoisie naturelle, l'enfant s'imprègne de principes qui s'appliquent aussi bien à lui-même qu'aux autres.

Être vu

Ce que j'ai appelé dans *The Psychology of Romantic Love* la visibilité psychologique est un besoin que nous partageons tous. Elle joue un rôle primordial dans le développement de la confiance en soi. J'aimerais en indiquer les aspects qui transparaissent dans la relation parents-enfant. Mais je commencerai par quelques commentaires d'ordre général.

Si je dis ou fais quelque chose et que votre réaction me paraît correspondre à mon comportement, je me sens vu et compris par vous. Je me sens visible. Par exemple : j'exprime de la joie et vous la partagez ; j'exprime de la tristesse et vous voulez me réconforter ; je me sens fier et vous avez un sourire admiratif.

Je n'ai pas besoin que vous soyez d'accord avec moi pour me sentir visible. Nous pouvons avoir une discussion politique ou philosophique et ne pas partager les mêmes convictions, mais si nous manifestons de la compréhension l'un pour l'autre, si ni l'un ni l'autre n'est aveuglé par son propre point de vue, nous prenons plaisir à discuter ensemble.

Nous nous sentons dans une réalité commune, un univers semblable, métaphoriquement parlant. Dans le cas contraire, nous avons l'impression d'être dans deux mondes différents. Il ne peut y avoir d'interactions humaines satisfaisantes sans le partage d'une même réalité.

Le désir de visibilité est le désir d'une forme d'objectivité. De ma personne, je n'ai pas de perception objective. Je ne me vois que de l'intérieur. Je n'ai qu'une vision privée de moi-même. Mais si la personne qui est en face de moi a des réactions qui correspondent à mes perceptions internes, elle devient un miroir pour moi et me permet ainsi d'expérimenter l'objectivité de ma personne. Je me reflète dans ses réactions.

Dès le commencement de la vie, nous recevons des autres êtres humains un certain nombre d'informations. Sans cette interaction, nous ne pouvons survivre. Tout au long de notre vie, nous rencontrons des gens qui nous permettront de nous sentir visibles.

Un enfant éprouve un besoin naturel d'être vu, écouté, compris et de provoquer une réaction appropriée. Pour l'être en formation, ce besoin est particulièrement urgent. C'est pourquoi un enfant surveille la réaction de ses parents dès qu'il vient d'agir. S'il est puni ou sermonné alors qu'il est content de lui, il fera une expérience traumatisante et se sentira désorienté.

Les adultes avec lesquels je travaille me prouvent trop souvent que ce genre d'expérience douloureuse vécue pendant l'enfance a fortement marqué leur développement et entretient chez eux un sentiment d'insécurité qui perturbe leurs relations interpersonnelles.

Voici quelques témoignages à partir du début de phrase suivant :

Si j'avais senti que mes parents me voyaient vraiment...

— ... je ne me sentirais pas aussi étranger aux autres aujourd'hui.

— ... j'aurais la sensation d'appartenir à la race humaine.

— ... je me sentirais en sécurité.

— ... je chercherais à mieux me connaître.

— ... je me sentirais aimé.

— ... je serais optimiste.

— ... je saurais que j'ai une famille.

— ... je me sentirais lié aux autres.

— ... je serais plus équilibré.

— ... je me comprendrais mieux aujourd'hui.

— ... je me souviendrais d'avoir eu un port d'attache.

— ... je saurais ce que veut dire appartenir à une famille.

Si un enfant dit à sa mère avec un air de dépit : « On ne m'a pas donné de rôle dans la pièce qu'on joue à l'école », et qu'elle réponde : « Tu dois être déçu », l'enfant sait qu'il est compris. Mais que ressent-il si sa mère lui lance : « Qu'est-ce que tu t'imagines ? Qu'on obtient toujours ce qu'on veut dans la vie ? »

Si un enfant rentre chez lui, tout joyeux et excité, et que sa mère sourie en lui disant : « Tu es heureux aujourd'hui », il sent que sa mère voit ce qu'il éprouve. Mais que ressentirait-il si elle lui criait : « Arrête de faire tant de bruit ! Tu crois que tu es seul dans cette maison ? Qu'est-ce qui te prend ? »

Si un enfant entreprend de construire une cabane dans un arbre du jardin et que son père lui dise, admiratif : «C'est pas facile, ce que tu fais, mais je constate que tu ne te décourages pas», l'enfant sent que son père voit les efforts qu'il fait. Mais qu'éprouvera-t-il si son père lui dit : «Bon sang, tu te débrouilles toujours aussi mal!»

Si, au cours d'une promenade, un enfant pose à son père une foule de questions sur ce qui les entoure, et si le père remarque : «Tu es très observateur», l'enfant sait qu'il est visible. Mais si le père lui répond : «Tu ne pourrais pas te taire un peu?», que ressent-il?

Psychologues et éducateurs qui se penchent sur les éléments qui, pendant l'enfance, renforcent l'estime de soi, insistent sur la nécessité de procurer à l'enfant le sens de son unicité et en même temps de son appartenance à une famille, à un milieu (autrement dit des racines). Ces deux buts ne peuvent être atteints que si l'enfant est entouré de compréhension.

Notons que comprendre ne signifie pas flatter. Observer le mal que se donne un enfant pour faire ses devoirs et remarquer : «Tu as des difficultés avec les maths, n'est-ce pas?» ne ressemble en rien à un compliment particulier. De même si l'on dit : «Tu as l'air contrarié. Tu veux qu'on en parle?» ou : «Je sais que tu n'aimes pas aller chez le dentiste» ou encore : «J'ai l'impression que la chimie te plaît», on ne flatte pas l'enfant. Mais de telles remarques lui permettent de se sentir réellement pris en considération.

Le rôle de l'adulte en fonction de l'âge de l'enfant

Que l'enfant ait besoin de relations nourricières est une évidence. Ce qui peut, en revanche, paraître moins évident, c'est la nécessité pour l'adulte d'adapter ses attitudes à l'âge de l'enfant, en fonction de son niveau de développement.

On ne s'occupe pas d'un enfant de six ans comme d'un bébé de trois mois. Il faut habiller le bébé tandis que l'enfant de six ans s'habille seul. Ce qu'on lui donne à cet âge risque de contrarier l'apprentissage de son autonomie dix ans plus tard. S'il est bon de répondre directement à la question d'un enfant de six ans, il peut être recommandé de conseiller à un adolescent de réfléchir par lui-même ou de lire un livre sur le sujet qui le préoccupe.

Je me souviens d'une femme de vingt-six ans qui était en plein désarroi car son mari l'avait abandonnée. Pendant les dix-neuf premières années de sa vie, sa mère avait acheté ses robes pour elle. Lorsque, à dix-neuf ans, elle s'est mariée, son mari a pris la relève, achetant aussi la nourriture et tout ce qui concernait la maison. Sur le plan émotionnel, elle se sentait une véritable enfant, avec le niveau d'autonomie d'une enfant. L'idée de faire des choix, de prendre des décisions la terrifiait.

Si l'action parentale vise à encourager l'indépendance de l'enfant, l'un des meilleurs moyens de parvenir à ce but est d'offrir à l'enfant des choix en accord avec le niveau de sa progression. Si une mère tient à ce que sa fille de cinq ans porte un sweater, elle peut au moins lui en proposer deux en lui demandant de choisir l'un ou l'autre. Certains enfants ont tendance à s'en remettre à l'avis de l'adulte. Pourquoi ne pas leur proposer de donner d'abord leur propre avis ?

Les éloges et la critique

Les parents soucieux de développer l'estime personnelle de leurs enfants pensent parfois que les couvrir d'éloges est le meilleur moyen d'y parvenir. Mais les éloges inappropriés sont aussi pernicieux que la critique inadéquate.

Voici un extrait de *Teacher and Child* de Haim Ginott :

« En psychothérapie, on ne dit jamais à un enfant : "Tu es un bon petit garçon." "Tu as très bien réussi ton travail." "Continue comme ça." Ce type de jugement est à éviter. Pourquoi ? Parce qu'il n'aide pas l'enfant. Il suscite de l'anxiété, invite à la dépendance et met l'enfant sur la défensive, au lieu d'induire la confiance en soi, l'initiative personnelle et le contrôle de soi. Notre jugement fait peser sur l'enfant le poids d'une évaluation qui contrarie la motivation et l'évaluation personnelle, donc qui ne lui permet pas d'être lui-même. »

Si nous formulons ce que nous apprécions dans les actions et les réussites d'un enfant, nous restons descriptifs et laissons à l'enfant le soin d'évaluer ce qu'il a fait. Ginott offre de ce processus les exemples suivants :

« Marcia, une fillette de douze ans, aide son professeur à ranger la bibliothèque de la classe. Le professeur évite les compliments tels que : "Tu as fait un bon travail. Tu es consciencieuse. Tu es une bonne bibliothécaire." Elle préfère décrire le travail de Marcia : "Les livres sont bien rangés maintenant. Les enfants trouveront facilement ce qu'ils cherchent. Ce n'était pas évident de ranger tout ça. Mais tu l'as fait et je t'en remercie." Marcia voit son travail reconnu mais il lui reste à conclure d'elle-même : "Mon professeur apprécie mon travail. J'ai réussi ce qu'elle m'avait demandé. J'ai bien travaillé."

» Ruben a sept ans. Il a du mal à écrire en suivant une ligne droite. Mais il s'applique et finit par remplir toute une page d'une écriture régulière. Le professeur note sur sa copie : "Les lettres sont bien alignées. C'est un plaisir de lire cette page." Quand les copies sont rendues aux élèves, Ruben lit avec empressement les appréciations de l'enseignant. Soudain, le professeur entend un bruit de baiser. C'est Ruben qui embrasse sa copie avant de s'écrier : "Je sais écrire proprement !"

» Phyllis a dix ans. Elle compose un poème qui décrit sa réaction devant la première neige de l'hiver. Son professeur lui dit : "Je retrouve dans ton poème mes propres impressions. J'ai beaucoup aimé qu'elles aient été exprimées en termes si poétiques." La jeune poétesse sourit, et expliquera à une camarade de classe : "Mme A. a vraiment aimé mon poème. Elle pense qu'il est formidable." »

Plus les éloges sont spécifiques, plus ils ont de sens pour l'enfant. Leur généralisation crée une abstraction qui laisse l'enfant perplexe. Il ne sait pas pour quelle raison exacte il est complimenté. On ne l'aide pas de cette manière.

Les éloges ne doivent pas être dithyrambiques si l'on ne veut pas que l'enfant ressente lui-même une disproportion qui l'angoissera, le désorientera. Ce problème est évité par la simple description de l'action, accompagnée d'une appréciation qui se garde d'évaluations irréalistes.

Si nous voulons favoriser l'autonomie de l'enfant, laissons-lui l'espace mental nécessaire à sa propre évaluation. Evitons-lui la pression de nos jugements. Aidons-le à acquérir son indépendance.

Si nous réagissons positivement et avec respect aux efforts d'expression de l'enfant, nous encourageons l'affirmation de soi. Quand nous reconnaissons et apprécions la sincérité, nous encourageons l'intégrité. Ne laissons pas passer une bonne action sans exprimer notre satisfaction, mais laissons l'enfant tirer ses propres conclusions. C'est d'abord ainsi qu'on l'aide à progresser.

La critique doit concerner le comportement de l'enfant, jamais sa personne. Le principe est le suivant : l'on décrit l'acte (battre un frère, manquer à une promesse), l'on décrit nos sentiments à ce sujet (colère, déception), puis ce que l'on attend (si une réparation est possible), mais en aucun cas on n'accuse l'enfant «en bloc», ce qui équivaudrait à un assassinat[1].

Lorsque je parle de la description de nos sentiments, je pense à des phrases de ce genre : «Je suis déçu», «Je suis en colère». Il ne s'agit pas de s'écrier : «Tu es l'enfant le plus malfaisant de la terre!», ce qui n'est pas une description d'un sentiment mais un jugement.

Agresser l'estime personnelle d'un enfant n'engendre rien de bon. Ce n'est pas en mettant en cause sa valeur, sa moralité, son caractère, ses intentions, que l'on suscitera une conduite meilleure. Personne ne s'est jamais amélioré en s'entendant qualifier d'être malfaisant, nul, stupide... (Ni en se voyant comparer à quelqu'un que l'on a toujours critiqué.) Porter atteinte à l'estime personnelle de l'enfant conduit à une répétition du comportement que l'on dénonce. «Puisque je suis mauvais, je ne peux faire que de mauvaises choses. »

Parmi les adultes qui viennent me voir, nombreux sont ceux qui se plaignent d'entendre encore la voix de leurs parents les qualifiant de «mauvais», «malfaisants», «stupides», «nuls». Souvent leur combat consiste à prouver le contraire. Mais il est toujours difficile de lutter contre une force engendrée par des jugements négatifs et qui continue, au-delà de l'enfance, à vous tirer vers le bas.

Lorsque l'on parvient à éduquer un enfant sans attenter à sa dignité, alors l'on maîtrise l'un des aspects essentiels du rôle parental.

Les exigences des parents

Ce n'est pas rendre service à l'enfant que de ne rien attendre de lui. Mais ce que l'on peut attendre d'un enfant doit être en rapport avec les étapes de sa progression, son contexte et ses besoins. Il ne s'agit pas de l'écraser en exigeant l'impossible. Il ne s'agit pas non plus de croire qu'il suffit de laisser son instinct le guider.

L'enfant manifeste clairement le désir de savoir ce que l'on attend de lui et se sent désorienté si la réponse est : « Rien. »

Comment réagir aux erreurs de l'enfant

La façon dont les parents réagissent aux erreurs de leurs enfants peut mettre en danger l'estime de soi.

L'enfant apprend à marcher à travers une série de mouvements maladroits auxquels succèdent peu à peu des mouvements adaptés. Les erreurs font partie du processus de l'apprentissage.

Si l'on punit l'enfant qui fait une erreur, si on le ridiculise, l'humilie, si on lui dit : « Laisse-moi donc faire ! », il n'est pas libre de se battre pour apprendre. C'est un processus naturel de développement qui est saboté. Il lui devient plus important d'éviter les erreurs que d'explorer et d'apprendre.

S'il ne se sent pas accepté par ses parents, il aura tendance à se rejeter lui-même quand il commet une erreur. La conscience s'aveugle, l'acceptation de soi est étouffée, la responsabilisation et l'affirmation de soi sont bridées.

Dans un contexte favorable, l'enfant tire naturellement, spontanément, les leçons de ses erreurs. Il peut être parfois utile de s'informer — et non de prendre un ton critique : « Qu'as-tu appris ? Referas-tu exactement la même chose la prochaine fois ? » Il est recommandé d'encourager l'enfant à trouver lui-même des solutions.

Voici les réponses typiques d'adultes ayant souffert de brimades dans leur enfance.

Quand ma mère me voyait faire une bêtise...
— ... elle s'énervait.
— ... elle m'expliquait que j'étais nul.
— ... elle m'appelait gros bébé.

— ... elle se mettait en colère et me disait : « Regarde ce qu'il faut faire ! »
— ... elle riait et prenait un air dédaigneux.
— ... elle appelait mon père.

Quand mon père me voyait faire une bêtise...
— ... il se mettait en colère.
— ... il me sermonnait.
— ... il jurait.
— ... il me comparait à mon frère aîné.
— ... il devenait méprisant.
— ... il se lançait dans un sermon d'une demi-heure.
— ... il me vantait ses qualités.
— ... il disait : « Tu es bien le fils de ta mère. »
— ... il préférait sortir de la pièce.

Quand je constatais que je faisais une bêtise...
— ... je me traitais de stupide.
— ... je me traitais de maladroit.
— ... je me disais que j'étais nul.
— ... je prenais peur.
— ... je redoutais qu'on s'en aperçoive.
— ... je me disais que ce n'était plus la peine d'essayer.
— ... je me disais que c'était impardonnable.
— ... je me trouvais nul.

Si l'on m'avait dit que c'était normal de faire des erreurs...
— ... je serais une personne différente.
— ... je ne me tromperais pas si souvent.
— ... je n'aurais pas peur d'essayer encore.
— ... je ne serais pas si dur avec moi-même.
— ... je serais plus ouvert.
— ... je serais plus aventureux.
— ... je ferais plus de choses.

Ce que je me dis, c'est que...

— ... je me fais ce que mes parents me faisaient autrefois.

— ... mes parents sont encore dans ma tête.

— ... je n'ai pas plus de compassion à mon égard qu'en avait mon père.

— ... je me réprimande plus que ne le faisait ma mère.

— ... si je ne peux pas me tromper, je ne peux pas grandir.

— ... je me durcis et me braque.

— ... mes erreurs sont dévastatrices pour mon estime personnelle.

Si j'avais le courage de m'autoriser à faire des erreurs...

— ... je n'en ferais pas autant.

— ... je serais attentif mais plus détendu.

— ... je pourrais prendre plaisir à mon travail.

— ... je me méfierais moins des idées qui me viennent à l'esprit.

— ... j'aurais plus d'idées.

— ... je serais plus créatif.

— ... je serais plus heureux.

— ... je serais plus responsable.

Si je tolérais mieux mes erreurs...

— ... je ne me sentirais pas condamné à l'échec et je renouvellerais mes tentatives.

— ... je donnerais plus de moi-même.

— ... je m'aimerais plus.

— ... je ne serais pas déprimé.

— ... je serais plus conscient.

— ... je n'aurais pas tant de peurs à combattre.

— ... je serais un homme et non le petit garçon de mes parents.

Parce que j'apprends à modifier mon attitude devant mes erreurs...

— ... je me sens plus détendu.

— ... mon travail va s'améliorer.

— ... je pense que je vais pouvoir me lancer dans des directions nouvelles.

— ... je vais abandonner un vieux script.

— ... je me prendrai mieux en charge.

— ... je sens que ça va être difficile.

— ... je vais devoir me dire que je ne deviens pas complaisant.

— ... je prévois beaucoup d'essais avant d'arriver à ce que je veux.

— ... je me dis que ce sera une nouvelle habitude à prendre.

— ... je me sens plein d'espoir.

— ... j'attends des résultats avec impatience.

L'enfant a besoin de cohérence

La première chose qu'il faut savoir, c'est que les enfants ont besoin de comprendre le résultat de leurs expériences. En fait, ils ont besoin de savoir que l'univers est rationnel et que l'existence humaine a un sens et une stabilité. A partir de là, ils peuvent développer le sens de leur efficacité.

L'enfant a besoin que les adultes disent ce qu'ils pensent et pensent ce qu'ils disent. Cette attitude rationnelle implique des règles compréhensibles, cohérentes et justes. Elle signifie que l'on ne va pas punir l'enfant pour un comportement que l'on avait laissé passer ou, pire, récompensé la veille. Elle exige des parents des réactions émotionnelles cohérentes et prévisibles et non des accès d'anxiété, de colère ou des moments d'euphorie dont les causes échappent à l'enfant. Elle signifie l'accord de la parole et de l'acte chez les parents qui savent également admettre leurs erreurs et s'excuser s'ils estiment avoir été injustes ou déraisonnables.

L'enfant a besoin de structures

J'entends par « structures » les règles, implicites ou explicites, qui fixent dans une famille la limite de ce qui est permis, acceptable, tout en respectant les besoins de l'enfant.

Les parents expliquent au lieu de commander, s'abstiennent de terroriser l'enfant pour faire appel à sa confiance, favorisent l'expression de soi, en se référant aux valeurs que l'on associe à l'individualité et à l'autonomie. Ils ont des standards qui, loin d'intimider, incitent à progresser.

L'enfant a besoin de limites, et leur inexistence l'angoisse. C'est l'une des raisons qui le poussent à se frotter aux interdits : il veut s'assurer que les limites existent, « qu'il y a un pilote dans l'avion ».

Les parents permissifs font de leur enfant un être profondément anxieux. Je parle des parents qui démissionnent littéralement, traitent tous les membres de la famille sur un plan d'égalité illusoire, n'enseignent aucune valeur et refusent de se référer à des critères qui risquent selon eux d'être trop personnels, donc défavorables au développement de la personnalité de l'enfant. Un jour, une patiente m'a dit : « Savez-vous à quel point c'est terrifiant de grandir dans une famille où personne ne semble avoir la notion de ce qui est vrai et juste ? »

Quand l'enfant peut s'appuyer sur des valeurs et des principes rationnels, son estime personnelle se développe.

Les mauvais traitements infligés aux enfants

Lorsque l'on parle de mauvais traitements infligés aux enfants, on pense généralement à la violence physique ou sexuelle. C'est évidemment une expérience catastrophique pour l'estime personnelle de l'enfant. C'est le traumatisme de l'impuissance totale, le sentiment d'être dépossédé de son corps et celui d'une incapacité à se défendre qui peut durer toute la vie.

Toutefois, on peut encore parler de mauvais traitements lorsque les parents:

— font comprendre à l'enfant qu'il n'est pas à la hauteur en lui disant: «Tu n'es pas assez... ceci ou cela.»

— blâment l'enfant pour avoir exprimé des sentiments «inacceptables».

— ridiculisent ou humilient l'enfant.

— font comprendre à l'enfant que ses sentiments et ses pensées n'ont ni importance ni valeur.

— essaient d'exercer sur l'enfant un contrôle qui passe par la honte ou la culpabilisation.

— surprotègent l'enfant et, par conséquent, bloquent l'apprentissage normal et le développement de sa confiance en lui-même.

— ne protègent pas suffisamment l'enfant et, par conséquent, bloquent le développement normal de l'ego.

— nient la réalité de la perception de l'enfant et donc l'encouragent implicitement à douter du fonctionnement de son esprit.

— terrorisent l'enfant en le menaçant de violences physiques, ce qui a pour effet de lui inculquer un sentiment de frayeur dont il peut ne jamais se défaire.

— enseignent à l'enfant qu'il est, par nature, mauvais, condamné au péché, sans valeur.

Dans chacun de ces cas, les besoins fondamentaux de l'enfant ne sont pas satisfaits et une profonde souffrance apparaît. Et c'est ainsi que se déclenche un processus d'autodestruction qui fait la tragédie d'une vie.

Les urgences

Lorsque l'on écoute des adultes, on peut facilement discerner les carences dont ils ont souffert au cours de leur enfance. Puis, en extrapolant à partir des blessures constatées, on arrive à mieux appréhender les moyens de prévention.

Voici une série de questions destinées à faciliter l'exploration de ce qui génère une estime de soi défaillante.

1. Lorsque vous étiez enfant, vos parents ont-ils suscité chez vous l'impression que vous viviez dans un monde rationnel, prévisible, intelligible ? Ou dans un monde fait de contradictions, déroutant, incompréhensible ? *Avez-vous eu le sentiment que les faits évidents étaient reconnus comme tels et respectés ou qu'ils étaient au contraire ignorés ou niés ?*

2. Vous a-t-on appris l'importance de la pensée et de l'intelligence ? Vos parents vous ont-ils stimulé intellectuellement et fait comprendre qu'utiliser votre esprit peut représenter une aventure exaltante? *Accordait-on une valeur à la conscience?*

3. Vous a-t-on encouragé à une pensée indépendante et au développement de votre esprit critique? Ou vous a-t-on encouragé à la docilité? (Questions supplémentaires: Vos parents vous ont-ils fait comprendre qu'il était plus important de se conformer à l'avis général que de chercher la vérité? Quand vos parents vous demandaient de faire quelque chose, en appelaient-ils à votre compréhension en vous expliquant leur demande lorsque cela était possible et adéquat? Ou se contentaient-ils de dire: «Tu le fais parce que je te l'ai demandé.» *Vous a-t-on poussé à la soumission ou à la responsabilisation?*

4. Vous sentiez-vous libre de vous exprimer ouvertement sans craindre d'être puni? *L'expression et l'affirmation de soi entraînaient-elles des risques?*

5. Vos parents manifestaient-ils leur désapprobation lorsque vous exprimiez vos pensées, vos désirs, en vous taquinant, avec humour ou avec sarcasme? *Vous a-t-on appris à associer expression de soi et humiliation?*

6. Vos parents vous ont-ils traité avec respect? (Questions supplémentaires: Prenaient-ils en considération vos idées, vos besoins, vos sentiments? Votre dignité d'être humain était-elle reconnue? Ecoutait-on avec sérieux ce que vous exprimiez? Traitait-on avec respect vos goûts, vos aversions? Vos désirs étaient-ils pris en considération?) *Vous a-t-on implicitement encouragé à vous respecter?*

7. Aviez-vous la sensation que vos parents vous voyaient et vous comprenaient? D'être pour eux une réalité? (Questions supplémentaires: Aviez-vous l'impression d'un réel effort de compréhension de la part de vos parents? Sembliez-vous les intéresser profondément? Pouviez-vous leur parler de choses importantes et susciter leur intérêt et leur compréhension?) *Y avait-il une cohérence entre l'image que vous aviez de vous et celle que vous renvoyaient vos parents?*

8. Vous sentiez-vous aimé et estimé par vos parents, parce qu'ils voyaient en vous une source de plaisir? Ou aviez-vous l'impression d'être pour eux un fardeau? Vous sentiez-vous haï? Ou simplement un objet d'indifférence? *Vous a-t-on implicitement permis de vous sentir digne d'amour?*

9. Vos parents étaient-ils loyaux et équitables avec vous? (Questions supplémentaires: Vos parents avaient-ils recours à des menaces pour contrôler votre comportement — menaces de punition immédiate, de châtiments divins? Admettaient-ils leurs erreurs?) *Aviez-vous l'impression de vivre dans un environnement rationnel, juste et non déstabilisant?*

10. Vos parents pratiquaient-ils les châtiments corporels? *Suscitaient-ils la peur, la terreur en vous pour vous manipuler et vous contrôler?*

11. Vos parents vous faisaient-ils comprendre qu'ils croyaient en votre compétence et en votre bonté fondamentales? Ou qu'ils vous considéraient comme irrémédiablement mauvais, dépourvu de toute qualité? *Aviez-vous le sentiment que vos parents étaient de votre côté,* *décidés à ce que vous donniez le meilleur de vous-même ?*

12. Vos parents vous donnaient-ils l'impression de croire à vos possibilités intellectuelles et créatives ? Ou vous suggéraient-ils que vous étiez médiocre, stupide, incompétent ? *Aviez-vous la sensation que vos capacités étaient appréciées ?*

13. Vos parents tenaient-ils compte de vos connaissances, de vos intérêts, de vos besoins ? Ou étiez-vous confronté à des attentes et à des demandes qui dépassaient vos possibilités ? *Vous a-t-on encouragé à mettre en avant vos besoins et vos désirs ?*

14. Le comportement de vos parents a-t-il engendré en vous un sentiment de culpabilité ? *Vous a-t-on implicitement (ou explicitement) poussé à estimer que vous étiez mauvais ?*

15. Le comportement de vos parents a-t-il engendré en vous de la peur ? *Vous a-t-on incité à éviter la souffrance et la désapprobation ?*

16. Vos parents respectaient-ils votre intellect et votre corps ? *Votre dignité et vos droits étaient-ils respectés ?*

17. Vos parents vous faisaient-ils comprendre que vous deviez penser du bien de vous-même, autrement dit vous porter de l'estime ? Ou vous incitait-on à vous dévaloriser, à vous « montrer humble » ? *L'estime de soi était-elle valorisée dans votre famille ?*

18. Vos parents pensaient-ils qu'il est important de chercher à faire quelque chose de sa vie ? (Questions supplémentaires : Vos parents vous faisaient-ils comprendre que l'être humain peut réaliser de grandes choses et qu'ils vous en croyaient tout spécialement capable? Vos parents vous donnaient-ils l'impression que la vie peut être une aventure exaltante?) *Vous a-t-on donné de la vie une vision positive?*

19. Vos parents vous ont-ils insufflé la peur du monde et des autres? *Vous a-t-on donné le sentiment que la malveillance règne dans le monde?*

20. Vous a-t-on encouragé à exprimer vos émotions et vos désirs? Ou le comportement de vos parents et leur conduite envers vous vous ont-ils persuadé qu'il valait mieux taire ses sentiments? *L'honnêteté émotionnelle, l'expression de soi, l'acceptation de soi ont-elles été favorisées?*

21. Vos parents vous ont-ils appris à tirer des leçons de vos erreurs? *Vous a-t-on encouragé à surmonter des obstacles et à acquérir des connaissances nouvelles sans crainte de faire des erreurs?*

22. Vos parents vous ont-ils encouragé à vivre en harmonie avec votre corps et votre sexualité? La sexualité, le corps étaient-ils des sujets tabous? *Vous êtes-vous senti encouragé à adopter une attitude positive et vivifiante envers votre bien-être et le développement de votre sexualité?*

23. Est-ce que la façon dont vos parents vous traitaient vous a incité à développer le sens de votre masculinité (ou féminité)? Ou à le négliger? *Vous a-t-on fait comprendre que la cons-*

cience des différences entre les deux sexes est importante ?

24. Vos parents vous ont-ils poussé à vous dire que votre vie n'appartient qu'à vous ? (Question supplémentaire : Vous a-t-on traité comme un être qui s'appartenait ?) *Vous a-t-on incité à comprendre que vous n'étiez pas sur terre pour réaliser les rêves des autres ?*

Le rôle parental, véhicule de l'évolution personnelle

Dans un précédent chapitre, j'ai passé brièvement en revue les idées et les convictions qui ont le plus grand impact bénéfique sur l'estime de soi.

Cependant, idées et valeurs sont d'autant plus efficaces qu'elles sont enracinées dans l'être profond des parents. On enseigne ce que l'on est.

Les véhicules du développement personnel sont nombreux. Il y a, par exemple, le travail, le mariage, l'éducation des enfants. Il nous est possible d'appliquer dans notre domaine professionnel les principes sur lesquels se construit l'estime de soi. Il en résultera un renforcement de notre efficacité et, en même temps, de notre estime personnelle. Nous pouvons également appliquer ces principes à notre mariage. Et il nous est aussi possible de les assimiler, de les faire nôtres et de les appliquer à nos relations avec nos enfants.

Il ne s'agit pas de nous prétendre «parfaits» mais de vivre — avec l'imperfection inhérente à la vie — ces principes au quotidien. L'estime personnelle de chacun en bénéficiera.

Pour améliorer nos rapports avec nos enfants, que ferions-nous différemment ?

Si nous choisissions de mieux nous accepter, que ferions-nous ainsi comprendre à nos enfants au sujet de l'acceptation de soi ?

Si nous nous investissions personnellement dans notre rôle parental (au lieu de nous en prendre trop facilement à nos enfants ou à notre conjoint[e]), quel exemple donnerions-nous ?

Si nous nous affirmions avec plus de sûreté, plus d'authenticité, nos enfants comprendraient-ils mieux ce qu'est l'authenticité ?

Si nous nous fixions plus souvent des objectifs clairement définis, qu'apprendraient nos enfants des orientations et des buts qui structurent une vie ?

Si nous agissions avec plus d'intégrité, quels seraient les bénéfices pour nos enfants ?

Et si nous faisions tout cela, quels seraient nos bénéfices personnels ?

Pour cette dernière question, la réponse est simple : en nourrissant et en renforçant l'estime personnelle de nos enfants, nous nourrissons et renforçons la nôtre.

14

La confiance en soi
et l'école

Pour beaucoup d'enfants, l'école représente
une « seconde chance », l'occasion de se forger
une meilleure image d'eux-mêmes et de la vie que
celle que leur offre leur famille. L'action de l'enseignant est bénéfique s'il traite avec respect des
garçons et des filles qui viennent d'un foyer où le
respect n'existe pas. S'il refuse d'admettre l'image
négative qu'un enfant a de lui-même et s'efforce
de lui inculquer la certitude de ses capacités, il
est en mesure de sauver une vie. Un jour, un
patient m'a dit : « C'est à l'école primaire qu'on
m'a fait comprendre qu'il y avait sur terre
d'autres gens que ma famille. »

Mais pour certains enfants, l'école est un cul-
de-sac où sévissent des enseignants qui manquent
d'estime d'eux-mêmes ou de formation pédago-
gique. Ceux-là ne sont pas source de libération
mais d'humiliation. Ils ne parlent pas le langage
de la courtoisie et du respect mais celui du sarcasme et de la dévalorisation. Ils flattent un élève
aux dépens d'un autre. Ne sachant maîtriser leur
impatience, ils accentuent chez l'enfant la peur
de l'échec. Leur sens de la discipline ne s'ex-

prime que par des menaces. Ils motivent l'élève en suscitant la peur, non en valorisant le travail scolaire. Qui n'a rencontré au moins un enseignant de ce genre au cours de sa scolarité ?

Mais, dans leur grande majorité, les enseignants cherchent à avoir une action positive sur les jeunes esprits qui leur sont confiés. Le mal n'est généralement pas intentionnel. Et, aujourd'hui, la plupart sont parfaitement conscients que c'est un avantage de croire en ses capacités et d'avoir la certitude que l'on possède un réel potentiel.

C'est évidemment dans l'enseignement que l'on a manifesté le plus d'intérêt pour le développement de la confiance en soi. Mais ce qui nourrit l'estime de soi dans une classe n'est pas toujours flagrant. On se méprend lorsque l'on applaudit à la moindre réussite de l'enfant, privilégie l'intention au lieu de la réalisation, distribue des médailles pour un oui, pour un non.

J'illustrerai mon propos en citant un article paru dans le *Time* du 5 février 1990 :

« Le même test de mathématiques a été utilisé l'année dernière auprès d'élèves de treize ans dans six pays différents. Ce sont les Coréens qui ont le mieux réussi, les Américains le moins bien, derrière les Espagnols, les Irlandais et les Canadiens. Mais le plus étonnant est que les triangles et les équations s'accompagnaient de la phrase : "Je suis bon en mathématiques", qu'il fallait approuver ou rejeter, et qu'à ce petit jeu les Américains ont répondu positivement à 68 %.

» A défaut de connaître les mathématiques, les écoliers américains ont visiblement bénéficié du principe qui veut qu'aujourd'hui il faut inculquer aux élèves l'art de se sentir bien dans leur peau. »

J'insiste donc sur le fait que la confiance en soi

est basée sur la réalité, et les personnes qui se portent une saine estime sont celles qui savent évaluer avec objectivité leurs capacités et leurs réussites.

Néanmoins, un élève qui réussit médiocrement ne doit pas pour autant se mépriser. L'échec scolaire a plusieurs causes. Mais, en aucun cas, l'estime personnelle d'un élève ne peut rationnellement se fonder sur l'illusion de réussir quand en fait il échoue.

Ce n'est pas en répétant tous les jours : « Je suis exceptionnel » qu'on acquiert la confiance en soi. Souvenons-nous que l'estime de soi est liée à *ce qui est volontairement choisi*, et non, par exemple, à des privilèges héréditaires, à la race, à la couleur de notre peau.

D'un autre côté, le principe de l'acceptation de soi peut avoir ici des implications importantes. Des élèves venant de pays étrangers, mais qui sont avides d'intégration, risquent de rejeter leur contexte ethnique. Il est, dans ce cas, recommandable de les aider à apprécier l'unicité de leur race, de leur culture, de leur rappeler qu'ils ont une histoire qu'ils ne peuvent ignorer et qu'ils ne doivent pas rougir de leurs origines.

Aujourd'hui, le problème du développement de l'estime de soi à l'école est d'autant plus important que bien des enfants connaissent une détresse émotionnelle qui les empêche de se concentrer sur leurs études. Robert Reasoner, ancien directeur de la *Moreland School District*, en Californie, a écrit :

« 68 % des enfants scolarisés en Californie ont des parents qui travaillent, ce qui signifie qu'ils passent peu de temps avec eux. Plus de 50 % des élèves ont déjà subi un bouleversement familial : séparation, divorce, remariage. Dans plusieurs régions, 68 % des élèves de l'enseignement supérieur sont séparés de l'un de leurs parents biologiques. 24 % sont nés hors mariage et n'ont pas connu leur père. 24 % sont nés de mères qui se droguaient. En Californie, 25 % subiront des sévices physiques ou sexuels avant de terminer leurs études supérieures. 25 % viennent de familles ayant des problèmes de drogue ou d'alcool. 30 % vivent dans des conditions de précarité anormale. 15 % sont des émigrés récents qui ne sont pas encore habitués à une nouvelle culture et à une nouvelle langue. Tandis qu'en 1890 90 % des enfants avaient leurs grands-parents auprès d'eux, et en 1950, 40 %, aujourd'hui ils ne sont plus que 7 %, d'où un affaiblissement considérable du soutien familial. En ce qui concerne la vie émotionnelle des jeunes, les chiffres sont évidemment tout aussi inquiétants. 30 à 50 % pensent au suicide. 15 % essaieront de se tuer. 41 % boivent pour s'enivrer toutes les deux ou trois semaines. 10 % des filles seront enceintes avant la fin de leurs études supérieures. 30 % des garçons et des filles abandonneront leurs études à dix-huit ans[1]... »

On ne peut attendre de l'école une solution à tous les problèmes de l'élève. Cependant, les bonnes écoles — c'est-à-dire les bons enseignants — peuvent créer une énorme différence. Mais qu'est-ce qu'un bon enseignant ?

Les buts de l'éducation

Le but de l'école est-il de former de bons citoyens ? Dans cette perspective, l'accent est mis non sur l'autonomie et la pensée indépendante mais sur l'apprentissage d'un savoir commun, la mémorisation des «règles» de la société et l'obéissance à l'autorité.

Je me souviens très bien de mes expériences scolaires, dans les années 30 et 40. On nous demandait avant tout de savoir rester silencieux et immobiles pendant de longs moments et de marcher en rang quand on se déplaçait d'une salle à l'autre. L'école n'était pas un lieu où l'on apprenait la pensée indépendante, où l'on vous incitait à vous affirmer et à développer votre autonomie. C'était un lieu où il fallait se conformer à un système créé bien avant nous, par des gens que l'on ne connaissait pas, et qu'on appelait «le monde» ou «la société» ou encore «la façon de vivre dans notre pays». Et cette «façon de vivre», il n'était pas question de la discuter.

Nombreux sont les brillants esprits qui ont parlé de leurs expériences scolaires déconcertantes, de leur ennui à l'école, du manque de stimulation intellectuelle et psychologique. Pour eux, l'école ne se chargeait pas de produire des êtres autonomes mais de «bons citoyens», selon des critères assurément contestables.

«L'enseignement, a écrit Carl Rogers dans *On Becoming a Person**, tend à favoriser le conformisme, les stéréotypes, les têtes bien pleines plutôt que la pensée originale et créative.»

Aujourd'hui, il semble que cette orientation soit en train de changer car le monde du travail a changé.

Autrefois, lorsque l'industrie reposait en grande partie sur un travail répétitif qui demandait un minimum de réflexion, la soumission avait au moins un sens fonctionnel. Actuellement, ce n'est

* *Le Développement de la personne*, Dunod, 1988.

plus du tout ce que recherche un chef d'entreprise. Pédagogue exceptionnelle et spécialiste de l'enseignement technologique, Jane Bluestein observe dans *21ˢᵗ Century Discipline* : « Il est prouvé que les enfants trop obéissants courent le risque de s'adapter difficilement au monde du travail actuel[2]. » Aujourd'hui, on privilégie l'initiative et la responsabilité de soi parce que c'est ce qu'exige une économie sans cesse en mutation et foncièrement compétitive.

Si l'école doit préparer l'enfant à une adaptation au monde moderne, elle ne peut limiter ses programmes à l'acquisition d'un ensemble de connaissances qu'il s'agira simplement de « recracher » le jour des examens. Son but doit être d'apprendre aux enfants à penser, à raisonner, à être créatifs et à acquérir les mécanismes d'apprentissage qui leur permettront d'étudier toute leur vie.

Le développement de l'estime de soi doit donc être l'une des priorités du système scolaire pour préparer nos enfants à un monde dans lequel l'esprit est un capital de base.

Si le véritable but de l'enseignement est de fournir aux élèves une méthode qui leur permettra d'être compétents dans le monde moderne, alors rien n'est plus important que de leur enseigner l'art de la pensée critique. Et si l'estime de soi est synonyme de confiance dans notre aptitude à confronter les difficultés de la vie, n'est-il pas essentiel d'apprendre à utiliser notre esprit ?

Enseignants et réformateurs des programmes scolaires doivent se poser la question : Est-ce que je contribue à faire de mes élèves des êtres humains capables de penser par eux-mêmes, d'innover, de créer ?

L'estime que se porte l'enseignant

Les professeurs qui éprouvent peu d'estime pour eux-mêmes ont tendance à être plus impatients, à faire preuve d'autoritarisme et à punir plus facilement. Ils se focalisent sur les faiblesses de l'élève, inspirent de la peur et poussent l'élève à être en permanence sur la défensive. Ils encouragent la dépendance.

Ils accordent trop d'importance aux opinions des autres qui leur semblent seuls juges de l'estime qu'ils peuvent s'accorder. Dans cet état d'esprit, il leur est évidemment difficile d'apprendre à des élèves que la confiance en soi est une affaire personnelle. Ils aiment susciter l'obéissance et encouragent le respect de la conformité à coups d'approbation ou de désapprobation puisqu'ils se sont eux-mêmes soumis à cette méthode.

De plus, ces enseignants qui ont une piètre estime d'eux-mêmes sont souvent des professeurs insatisfaits.

Les enfants observent leurs enseignants, en partie pour apprendre comment doivent se conduire les adultes. La loyauté attirera la loyauté, la compassion sera un exemple à suivre. Et s'ils voient se manifester l'estime personnelle de leur professeur, ils se diront que c'est une valeur à adopter.

De plus, comme le remarque Robert Reasoner :

« Les enseignants qui se tiennent en haute estime sont plus aptes à aider au développement des enfants en ce sens qu'ils ne se contentent pas de distribuer des conseils ou de nier les problèmes quand ils existent. Ils savent donner à leurs élèves confiance en eux. Ils basent leur enseignement sur la compréhension, la coopération et le respect mutuel. Cette relation positive permet aux enfants d'apprendre à se faire confiance, à conforter cette confiance et à agir en êtres indépendants[3]. »

Ce que les enseignants, les parents, les psychothérapeutes compétents ont en commun, c'est leur confiance dans le potentiel des personnes dont ils s'occupent, à laquelle s'ajoute la capacité de transmettre cette confiance, de l'insuffler à ces personnes à travers leur relation. « J'avais toujours été mauvais, m'a dit un jour un patient, et j'étais persuadé que je ne pouvais pas m'améliorer jusqu'au moment où un professeur a refusé de me croire. Elle disait qu'elle savait que je pouvais être bon et sa certitude était si forte que je ne lui ai pas résisté. » Donner ce genre d'impulsion à un élève n'est pas dans les cordes d'un enseignant qui croit très peu en lui-même.

Le plus grand cadeau que l'on puisse faire à un élève est de l'aider à croire en lui. (Par exemple, en faisant remarquer qu'il existe des possibilités que l'élève n'a pas vues, en proposant des étapes qui soient à sa portée, ce qui lui permet d'avancer progressivement, de se construire peu à peu au lieu de se croire au bord du gouffre.)

Ce que l'on peut attendre des élèves

Donner à l'enfant le sentiment d'être accepté ne signifie pas, comme je l'ai déjà dit, qu'il faille lui donner l'impression que l'on « n'attend rien de lui ». Les enseignants veulent que l'enfant donne le meilleur de lui-même et ils doivent le lui faire comprendre.

Quand le professeur sait persuader l'élève qu'il peut maîtriser un sujet et qu'il ne demande qu'à l'aider à y parvenir, l'enfant se sent encouragé, soutenu.

La classe où l'on désire que chacun donne le meilleur de lui-même est celle qui développe à la fois l'apprentissage et la confiance en soi.

L'environnement scolaire

Après avoir mis en évidence l'importance du développement de la confiance en soi chez l'élève, puis celle de l'estime personnelle de l'enseignant, j'insisterai maintenant sur une troisième composante majeure d'un système éducatif bien compris : l'environnement scolaire. Je veux parler de la façon dont l'enfant est traité par le maître et de ce qu'il perçoit des rapports entre l'enseignant et les autres élèves.

1. *La dignité de l'enfant.* Il est pénible pour l'enfant de ne pas être pris au sérieux par les adultes. Le rembarrer ou lui dire qu'il est « mignon » sont deux formes de non-respect. La plupart des enfants ne sont pas habitués à voir leur dignité d'êtres humains respectée. Dans ces conditions, si un enseignant traite ses élèves avec courtoisie et respect, il envoie à la classe un signal qui signifie : Vous êtes dans un environnement où l'on applique des règles qui sont peut-être différentes de celles que vous connaissez. Dans cet univers, votre dignité et vos sentiments sont respectés. C'est ainsi qu'un professeur commence à créer un environnement qui nourrit l'estime de soi.

Je me souviens d'un incident survenu il y a plusieurs années alors que je m'adressais aux élèves d'un établissement qui n'ouvrait ses portes qu'aux enfants surdoués. Les invitant à m'expliquer ce que représentait pour eux l'étiquette : «enfant sur-doué», j'ai soulevé des commentaires enthousiastes qui ne les ont cependant pas empêchés de parler de certains désavantages. Il y avait ceux qui se sentaient mal à l'aise dans le rôle d'«enfant sur-doué» qu'on leur faisait jouer. D'autres parlèrent des espoirs que leurs parents fondaient sur eux et qui ne correspondaient pas nécessairement à leurs désirs. Dans l'ensemble, ils ont aussi exprimé leur besoin d'être considérés comme «des êtres humains normaux». Ils ont également parlé des adultes qui les aimaient sans toujours les prendre au sérieux. Des enseignants, le psychologue scolaire et le professeur principal étaient également présents. A la fin de la discussion, le professeur principal est venu demander quelque chose à un élève. Celui-ci était en train de répondre lorsque le psychologue s'est approché pour parler au professeur, lequel s'est détourné de l'élève qui a dû s'interrompre au beau milieu d'une phrase. Le garçon m'a regardé, a eu un geste d'impuissance comme pour me dire : «Voilà où on en est avec les adultes ! Ils n'ont toujours pas compris.» Je lui ai souri en imitant son geste, ce qui était une façon de lui répondre : «Eh oui, que faire ?» Si le professeur avait été en conversation avec un adulte, le psychologue n'aurait pas interrompu cette personne sans un mot d'excuse et le professeur ne se serait pas retourné, à moins de vouloir donner un exemple de flagrante discourtoisie. Pourquoi ce genre d'attitude semble-t-il acceptable avec un enfant ? Faudrait-il en conclure que le respect est réservé aux personnes plus âgées ?

2. *La justice dans la classe.* Les enfants sont particulièrement sensibles aux problèmes d'équité. S'ils constatent que les mêmes règles s'appliquent à tout le monde, que leur professeur ne fait pas de différence entre un garçon et une fille, un Blanc, un Latino-Américain, un Noir, un Asiatique, ils enregistrent la bonne leçon et éprouvent un sentiment de protection et de sécurité. A l'inverse, le favoritisme empoisonne l'atmosphère d'une classe, en engendrant des sentiments d'isolement, de rejet et en persuadant l'enfant qu'il n'est pas adapté au monde dans lequel il vit. Les préférences de l'enseignant sont inévitables mais il doit savoir les dissimuler.

3. *L'appréciation de soi.* La conscience de soi est favorisée si le professeur sait provoquer un effet de feed-back adéquat. S'il décrit ce qu'il voit au lieu de juger, il aide l'enfant à se voir lui-même. S'il souligne les points forts de l'élève, il encourage l'appréciation de soi.

Malheureusement, les enseignants ont souvent tendance à se focaliser sur les faiblesses plutôt que sur les points forts. Johnny réussit bien en anglais, mal en mathématiques, et l'on insiste sur les résultats négatifs. Il faut certes mettre l'accent sur l'effort à fournir, mais ce n'est pas une raison pour traiter comme négligeable la réussite en anglais, ce qui revient à décourager la persistance de l'effort dans ce domaine. Si l'on convoque les parents quand les résultats sont mauvais, pourquoi ne pas faire de même quand ils sont satisfaisants ? Il y a toujours un plus à espérer.

Non content d'insister sur les faiblesses de Johnny, l'enseignant peut le faire d'une façon méprisante : « Tu n'arriveras jamais à rien si tu n'es pas capable d'apprendre ceci ou cela... Qu'est-ce que tu as dans la tête ? » Mais s'il a l'intelligence de lui conseiller de se concentrer temporairement sur une difficulté particulière en lui disant : « Fais porter tes efforts là-dessus et après on verra », il offre une progression dans l'apprentissage.

Parfois, l'enfant n'est pas pleinement conscient de ses atouts. C'est à l'enseignant de les lui faire découvrir. Chaque enfant à des aptitudes en lui. L'enseignant doit jouer le rôle d'un chercheur d'or.

4. *L'attention.* Tous les enfants ont besoin d'attention, et certains plus que d'autres. Il existe un type d'élèves qui travaillent extrêmement bien, mais ils sont timides, silencieux et restent dans leur coin. L'enseignant doit les tirer de leur réserve aussi souvent qu'il le faut. « Claire, quelle est ton opinion à ce sujet ? » ou : « Qu'en penses-tu, Charles ? » Il peut être utile de leur demander d'aider un autre élève. Selon l'éducateur Kenneth Miller, « la stimulation entre élèves est l'une des meilleures choses qu'offre l'école d'aujourd'hui[4] ».

C'est un message dont tous les enfants ont besoin, et qu'ils méritent. Il faut avant toute chose qu'ils comprennent que ce qu'ils pensent et ressentent a de l'importance. Bien des enfants attendent ce message de la part des adultes pendant des années et ne le reçoivent jamais.

5. *La discipline.* Il n'y a pas de classe sans règles à respecter si l'on veut que l'apprentissage progresse. Ces règles peuvent être imposées par le maître ou expliquées. Jane Bluestein écrit :

« Lorsque nous demandons à nos élèves de faire quelque chose, nous avons généralement une raison réelle, logique, intrinsèque qui nous permet de ne pas nous arrêter au : "Vous faites comme ça parce que je vous le demande !" Si nous expliquons qu'il ne faut pas faire de bruit pour ne pas déranger les autres, qu'il faut mettre le capuchon sur le feutre pour qu'il ne sèche pas, nous sollicitons l'engagement et la coopération de chacun, y compris des éléments rebelles[5]. »

Il y a deux questions possibles pour un enseignant : Comment puis-je réussir à *faire* faire aux élèves ce qui doit être fait ? ou : Comment puis-je les inciter à *vouloir* faire ce qui doit être fait ? La première orientation implique des rapports antagonistes et suscite, au mieux, l'obéissance tout en encourageant la dépendance. La seconde est empreinte de bienveillance et conduit à la coopération tout en favorisant la responsabilisation. La première peut être douloureuse. La seconde offre des valeurs et également un pouvoir — de choix, de participation. Quant au choix de l'enseignant, il dépend essentiellement de l'idée qu'il se fait de sa force de persuasion.

Les problèmes de discipline viennent souvent de ce que l'enfant a déjà chez lui une expérience de la discipline qu'il refuse de retrouver à l'école. Ce refus peut se manifester par de la colère, ce qui est une façon d'aller au-devant de ce qu'il « sait » lui être réservé.

Si une piètre estime de soi induit chez certains enseignants un comportement rigide, punitif, voire sadique, elle peut, chez d'autres, induire une permissivité déliquescente qui débouche sur l'anarchie complète dans la classe. Compassion et respect n'impliquent pas une absence de fermeté. Capituler devant les éléments perturbateurs, c'est abdiquer ses responsabilités d'enseignant. Les professeurs compétents reconnaissent qu'il faut savoir établir les critères d'un comportement acceptable. Mais ils comprennent aussi que la fermeté ne se traduit pas par des insultes ou des réactions qui visent à dévaloriser les élèves. Un bon professeur se signale par la maîtrise des problèmes de discipline.

Il faut parfois de l'imagination pour atteindre les buts visés. Les difficultés ne se résolvent pas avec une liste de stratégies qui permettraient de les parer systématiquement. Je connais une enseignante qui a résolu un problème de discipline en demandant au garçon le plus agité de la classe de bien vouloir l'aider à instaurer l'ordre en exerçant son autorité naturelle sur certains élèves. Cela s'est évidemment passé après la classe. Le garçon est resté perplexe. Mais l'idée a fait son chemin, le calme a régné et le garçon s'est senti très fier de lui-même.

Comprendre les émotions

L'éducation ne concerne pas seulement la pensée mais aussi les sentiments.

Malheureusement, bien des parents incitent implicitement leurs enfants à réprimer leurs sentiments et leurs émotions, du moins ceux qui les dérangent. «Arrête de pleurer ou tu vas vraiment pleurer pour quelque chose!» «Ose te mettre en colère!» «Cesse d'avoir peur! On va te prendre pour une poule mouillée.» «Une jeune fille comme il faut n'a pas ce genre de sentiment!» «Ne t'excite pas comme ça! Qu'est-ce qui te prend?»

Des parents inhibés et froids ont souvent des enfants à leur image. Cette ressemblance est le produit d'une communication verbale mais aussi du comportement parental qui signale à l'enfant ce qui est «convenable», «approprié», «socialement acceptable».

De plus, les parents qui adhèrent à certains préceptes religieux risquent d'inculquer à l'enfant des notions de « mauvaises pensées » ou de « sentiments pervers ». « C'est un péché d'éprouver de pareils sentiments ! » L'enfant apprend ainsi la terreur morale.

Une émotion est à la fois un événement mental et physique. C'est un automatisme psychologique qui répond, mentalement et physiologiquement, à l'appréciation subconsciente d'une perception. On sent que l'on est en présence de quelque chose qui nous est bénéfique ou préjudiciable. L'émotion reflète un jugement de valeur.

Quand on cesse de reconnaître ses émotions, on cesse de comprendre le sens de ses expériences. On peut inciter un enfant à croire que ses émotions sont potentiellement dangereuses, qu'il est parfois nécessaire de les nier, de refuser de les reconnaître. On peut lui apprendre à désavouer des émotions dont il cessera d'avoir conscience. Ce sera une faille sur le plan psychologique tandis que, sur le plan physique, il respirera mal, se crispera.

Je ne prétends pas que les parents soient la seule source répressive. Il arrive que, de luimême, l'enfant apprenne, afin de protéger son équilibre, à désavouer certains sentiments. Toutefois, il est indéniable que trop de parents encouragent la répression émotionnelle en en faisant la condition tacite de leur approbation.

En grandissant, l'enfant peut réprimer de plus en plus de sentiments, se brimer avec application dans le seul but d'être accepté, aimé. Il répudie une grande part de lui-même pour survivre, sans pouvoir mesurer les conséquences à long terme de cette stratégie.

Un enseignant a la possibilité d'apprendre aux enfants le respect rationnel de leurs sentiments tout en leur faisant prendre conscience du fait que l'on peut accepter un sentiment, une émotion tout en ne perdant pas la maîtrise de soi.

Il est possible d'apprendre à reconnaître sa peur. Nous pouvons reconnaître notre colère, en parler et éviter l'empoignade ; admettre que nous avons été blessants et ne pas feindre l'indifférence ; observer notre impatience, notre excitation et refréner l'envie d'aller jouer avant d'avoir terminé un travail ; reconnaître nos désirs sexuels, les accepter mais ne pas y céder n'importe comment ; reconnaître et accepter nos émotions sans perdre la tête. Nous pouvons apprendre à nous demander : Qu'essaient de me dire mes sentiments ? Qu'ai-je besoin de prendre en considération ? A quoi devrais-je penser ?

Nous pouvons apprendre que nous sommes responsables du choix de nos actes, mais que les sentiments en tant que tels ne sont ni moraux ni immoraux, ils *sont*, tout simplement.

Dans les écoles du futur, nul n'achèvera ses études secondaires sans avoir eu connaissance de ces idées. Elles feront partie intégrante de l'éducation de chacun parce qu'elles jouent un rôle capital dans la construction d'une vie décente.

Il est inutile de préciser que si un professeur souhaite enseigner l'acceptation de soi, il doit d'abord accepter sans réticence les sentiments de ses élèves et créer un environnement dans lequel cette acceptation est ressentie par tous.

J'ai déjà insisté sur ce point lorsque je décrivais le rôle parental. En fait, tous les principes identifiés dans le chapitre précédent s'appliquent également à celui-ci. Par exemple, il faut amener l'enfant à corriger ses erreurs sans lui faire honte. Pour des raisons qui me semblent limpides, la réaction du professeur devant l'erreur peut avoir un impact sur toute la vie de l'élève.

Les relations interpersonnelles

Apprendre l'art des relations interpersonnelles est également l'un des buts de l'enseignement. L'estime de soi traduit la confiance que nous avons dans notre aptitude à avoir des relations avec les autres êtres humains. Aujourd'hui, 95 % des gens travaillent au sein d'une entreprise, donc entourés de collègues. S'il leur manque la sécurité et l'aptitude nécessaires à une vie de groupe, ils ne sont généralement pas très compétents dans leur travail. Lorsque l'on fait la liste des quatre ou cinq atouts essentiels pour réussir dans une entreprise, on mentionne généralement l'aptitude à la coopération. Certes, on ne peut nier que certaines personnes peu coopérantes réussissent bien, mais l'inaptitude à la coopération est toujours une difficulté supplémentaire.

Nous savons beaucoup de choses au sujet de la compétence dans les interactions humaines, et ces connaissances doivent faire partie de l'éducation des jeunes.

Nous savons, par exemple, que les meilleures relations reposent sur le respect de soi et celui de l'autre ; que les négociations dont le bénéfice est mutuel, où chacun y gagne, sont supérieures à celles où il y a un gagnant et un perdant (un thème qui se rencontre d'ailleurs de plus en plus dans la littérature spécialisée) ; que traiter des affaires avec équité et loyauté procure la sécurité qui permet d'être plus convaincant ; que la bienveillance, la compassion, l'entraide — sans qu'il soit question de se sacrifier — servent les intérêts de chacun. Nous savons aussi que les personnes qui respectent leurs engagements incitent à la confiance et à la coopération. Nous savons que les gagnants cherchent toujours des solutions tandis que les perdants s'en prennent aux autres; que l'aptitude à la communication verbale et écrite est très importante, en particulier dans le domaine professionnel, et qu'elle est en fait l'un des facteurs déterminants pour réussir dans une carrière; que l'écoute, des réactions appropriées et l'empathie jouent également des rôles essentiels dans les relations interpersonnelles. Nous savons que la pratique individuelle de la responsabilité et la volonté d'endosser les conséquences de ses actes peuvent apporter à une équipe une synergie toute particulière. Nous savons qu'une affirmation de soi appropriée ne peut que renforcer les efforts d'une équipe tandis que la peur de s'affirmer risque de les saboter.

En apprenant aux élèves à devenir efficaces dans les relations interpersonnelles, nous poursuivons deux buts : d'une part, nourrir l'estime de soi et, d'autre part, permettre l'acquisition d'une compétence que la vie même nous réclame.

Compétence et aptitudes

A l'évidence, développer l'estime personnelle d'un enfant demande de la part de l'enseignant des marques de respect, de bienveillance destinées à soutenir l'apprentissage de connaissances essentielles et d'un savoir-faire vital.

Bien entendu, tous les enfants n'arrivent pas à l'école avec les mêmes aptitudes. Un professeur doit savoir que l'enfant ne progressera qu'en s'appuyant sur ses forces. En conséquence, l'enseignant favorise le développement de la compétence (et de l'estime de soi) en donnant à l'élève des tâches adaptées à son niveau, donc en lui permettant de réussir et de prendre confiance en

lui au lieu de l'accabler avec des difficultés inso-
lubles pour son âge.

La maîtrise des défis nouveaux est une expérience essentielle pour l'estime de soi. L'art du
professeur consiste à savoir doser les difficultés
afin de ne pas décourager l'élève.

Le système de notation

Le classement des élèves est l'une des pratiques
les plus regrettables de l'école actuelle. Il crée une
rivalité entre les enfants et fournit une bonne raison aux meilleurs d'entre eux pour souhaiter se
fondre dans la masse, nager dans la médiocrité
au lieu de représenter un danger pour leurs
camarades en se distinguant. Il est évidemment
nécessaire de pouvoir mesurer les progrès. Je ne
critique pas la notation en tant que telle, mais il
faut qu'elle soit objective.

Si je suis incapable de rédiger un essai de deux
pages sans faire une demi-douzaine de fautes
grammaticales, le fait que le reste de la classe
fasse deux fois plus d'erreurs ne me transforme
pas en élève bon en langue. Pour progresser et
apprendre ce qu'il m'est nécessaire de savoir, j'ai
besoin de critères de compétence raisonnables. Il
revient aux éducateurs de les déterminer. C'est
manifester un manque de responsabilité que de
s'en remettre au système de notation officiel.

L'individualité de l'intelligence

Autrefois, l'on croyait qu'une seule et même
méthode d'enseignement pouvait convenir à tout
le monde. Aujourd'hui l'on sait que chacun a sa

façon d'apprendre. Le meilleur des enseignements est celui qui s'adapte aux besoins individuels[6].

Je citerai Howard Gardner, un pionnier de la science cognitive :

« Chaque personne possède un mélange unique d'intelligences, de moyens de compréhension — à travers le langage, la logique, les mathématiques, la musique, le physique (l'usage du corps pour résoudre des problèmes ou accomplir un acte), les données spatiales, la découverte des autres et de soi-même.

» Chacun a également son style d'apprentissage. Certains réagiront mieux à l'information visuelle, d'autres au langage (lecture, cours, conférences), d'autres encore auront besoin du toucher ou de l'engagement physique pour comprendre les choses.

» Une fois que nous avons cela bien en tête, il devient impossible d'enseigner comme si l'on s'adressait à des esprits identiques[7]. »

Des systèmes identifiant les trois ou quatre principaux styles d'apprentissage ont été développés. Ils induisent un maximum d'efficacité et l'on peut sans doute prédire que cette diversification du système d'enseignement sera d'une importance considérable pour l'estime personnelle des jeunes qui n'auront plus à se débattre dans un système qui leur imposait un style d'apprentissage qui n'était pas le leur.

Comparaisons entre l'étudiant soumis et l'étudiant responsable

Il suffit de comparer les résultats d'un enseignement traditionnel à ceux d'un apprentissage qui nourrit l'estime de soi pour en souligner les différences flagrantes. Ces résultats constituent les caractéristiques de l'étudiant soumis, d'une part, et de l'étudiant responsable, d'autre part. Ces différences nous aideront à comprendre les buts de la «nouvelle éducation». J'ai établi cette comparaison en me servant de l'étude de Jane Bluestein, *21st Century Discipline*.

L'élève soumis se caractérise par les traits suivants :

1. Il est motivé par des facteurs extérieurs tels que le besoin de plaire au représentant de l'autorité et d'obtenir une approbation extrinsèque.

2. Il obéit aux ordres.

3. Il est rassuré par l'autorité représentée par l'enseignant ; il manque d'initiative ; il attend de recevoir des ordres.

4. Son estime personnelle est définie extérieurement ; seule l'approbation le valorise.

5. Il ne fait pas le lien entre ses actes et leurs conséquences.

6. Il prend difficilement des décisions.

7. Il ressent généralement un sentiment d'impuissance et dépend de son professeur.

L'élève responsable se caractérise par les traits suivants :

1. Il est motivé par des facteurs internes tels que le besoin de faire des choix et d'expérimenter leurs conséquences.

2. Il fait des choix.

3. Il a moins besoin d'une représentation de l'autorité ; il prend des initiatives.

4. Son estime personnelle est définie intérieurement ; elle n'est dépendante ni de l'approbation ni de la désapprobation.

5. Il fait le lien entre ses actes et leurs conséquences.

6. Il prend facilement des décisions.

7. Il a le sens de son pouvoir et de son indépendance.

8. Il se réfère à un système de valeurs externe (habituellement celui d'une personne qui compte pour lui, qui a «une signification») qui peut ne pas lui convenir et même représenter un danger.

8. Il se réfère à un système de valeurs interne (ce qui est le meilleur ou le plus sûr pour lui) tout en se préoccupant des besoins et des valeurs des autres.

9. Il obéit; peut penser.

9. Il pense; peut obéir.

10. Il ne se fie pas à ses signaux internes et ne croit pas à son aptitude à agir dans son propre intérêt.

10. Il se fie à ses signaux internes et à son aptitude à agir selon son propre intérêt.

11. Il prédit difficilement les résultats ou les conséquences de ses actes.

11. Il prédit facilement les résultats ou les conséquences de ses actes.

12. Il comprend et exprime difficilement ses besoins personnels.

12. Il comprend et exprime assez facilement ses besoins personnels.

13. Il n'a qu'une aptitude limitée à satisfaire ses besoins sans se blesser ou blesser les autres.

13. Il est souvent capable de satisfaire ses besoins sans se blesser ou blesser les autres.

14. Il négocie difficilement.

14. Il négocie aisément.

15. Il est docile.

15. Il est coopérant.

16. Il se préoccupe avant tout d'éviter les sanctions.

16. Il se préoccupe de mener à bien sa tâche, d'expérimenter les résultats d'un choix positif.

17. Il peut faire l'expérience d'un conflit entre besoins internes et externes (ce que je veux contre ce que veut le professeur);

17. Il sait souvent résoudre le conflit entre des besoins internes et externes (ce que je veux contre ce que veut le profes-

peut faire l'expérience de la culpabilité ou de la rébellion.

seur); connaît peu la culpabilité ou la rébellion.

18. Il risque de ne choisir que ce qui lui permet d'éviter la désapprobation ou l'abandon (pour que ses amis l'aiment plus).

18. Il est capable de mal choisir pour faire l'expérience des conséquences qui en découlent et satisfaire sa curiosité.

Les implications morales

J'anticiperai l'une de mes conclusions en attirant l'attention sur l'un des aspects *moraux* du passage d'un idéal d'obéissance à un idéal de responsabilité.

Tandis que l'élève soumis se sacrifiera ou sacrifiera les autres (ce qui a été, dans diverses circonstances de l'histoire de l'humanité, l'attitude des gens soumis), l'élève responsable agira sans se sacrifier. C'est ce qu'exprime implicitement la philosophie du «je gagne - tu gagnes» qui, dans le meilleur des cas, pourrait déboucher sur un nouveau concept des relations humaines qui enlèverait toute valeur au sacrifice humain.

D'un côté, les enfants seraient moins facilement disposés à sacrifier les autres pour leur bénéfice. D'un autre côté, ils se laisseraient moins convaincre de se sacrifier sur l'autel de quelque prétendue valeur qui n'est rien de plus que le déguisement d'intérêts qui ne sont pas les leurs. Ils seraient, par exemple, beaucoup moins prêts à sacrifier leur vie personnelle pour le bien de l'entreprise (ou de la tribu) et à mourir (ou à tuer) en s'engageant dans une guerre déclenchée par des dirigeants politiques qui ne craignent pas d'insulter l'intelligence humaine.

L'élève soumis a appris à ne pas défier l'autorité. L'élève responsable est préparé à toutes les remises en question et, s'il le faut, à tous les défis. Comme nous le verrons dans le chapitre suivant, ces dispositions sont exactement celles que requiert aujourd'hui le marché du travail. Ou, d'un point de vue plus large, notre civilisation.

Le traitement réservé aux filles

Jusqu'ici j'ai parlé de la confiance en soi sans faire de distinction entre les sexes. Toutes mes recommandations concernent autant les filles que les garçons puisque je considère que les principes de base de la confiance en soi reflètent notre humanité et l'interpellent. Par exemple, vivre en pleine conscience est une même nécessité pour les deux sexes. Les six pratiques constituant les clés de la confiance en soi sont universelles, ne tiennent compte ni du sexe ni de la race — simplement de quelques variantes culturelles qui se retrouvent dans différentes formes d'expression, en particulier de l'expression de soi.

Néanmoins, une étude récente a révélé un décalage inquiétant entre le renforcement de l'estime de soi chez les garçons et chez les filles. L'AAUW (American Association of University Women) a, en 1990, réalisé une enquête nationale permettant d'analyser l'interaction entre l'éducation et l'estime de soi d'une part, et les aspirations professionnelles d'autre part chez des adolescents des deux sexes[8]. L'étude a porté sur trois mille élèves, du primaire à la fin du secondaire, répartis dans douze localités différentes, et a permis de constater, en premier lieu, que si garçons et filles trouvent que l'adolescence est une période difficile et, généralement, voient leur estime personnelle atteinte, ce sont les filles qui sont le plus déstabilisées.

Si, à huit, neuf ans, elles ont confiance en elles et savent s'affirmer, elles émergent souvent de l'adolescence avec une estime personnelle appauvrie, une vision limitée de leur avenir et une confiance en elles-mêmes fortement diminuée.

La différence entre garçons et filles est particulièrement prononcée dans le domaine des «choses à faire». Les filles pensent que leurs compétences se limitent à certaines activités. Les garçons s'estiment capables de faire beaucoup plus de choses, ce qui révèle une estime de soi plus assurée. (Etant une valeur de survie, la compétence doit être ressentie comme un signe de notre adaptation à la vie.)

En classe, les garçons parlent plus facilement que les filles et hésitent moins à entamer une discussion avec le professeur s'ils pensent qu'ils ont raison. Les filles sont donc, dans ce domaine, moins promptes à s'affirmer.

Cela n'est guère surprenant. La plupart des filles ont déjà appris à considérer l'intelligence et la compétence comme des valeurs secondaires, l'essentiel étant pour elles de se montrer accommodantes et agréables. Un garçon qui est le meilleur de sa classe ravit ses parents. Une fille ne rencontrera peut-être que de l'indifférence. Il ne s'agit pas d'être intelligente mais de se dénicher un mari. Je connais un frère et une sœur qui savent s'affirmer, s'exprimer et qui sont l'un et l'autre très beaux. On approuve constamment l'allant du garçon, on l'encourage et l'on semble à peine remarquer son physique. En revanche, la même attitude est pratiquement ignorée chez sa sœur dont on préfère vanter la beauté. (L'enquête de l'AAUW révèle que les filles mentionnent deux fois plus fréquemment que les garçons une caractéristique physique quand on leur demande ce qu'elles préfèrent chez elles. Les garçons, eux, mentionnent une aptitude, dans les mêmes proportions.)

L'énorme différence dans le degré d'estime que se portent garçons et filles est particulièrement flagrante pendant l'adolescence qui est la période où l'on se prépare à entrer dans le monde des adultes. Selon le rapport de l'AAUW :

« L'estime que se portent les garçons se traduit par des rêves de carrières importantes. Les garçons se démarquent des filles quand il s'agit d'aspirations professionnelles... Brimées par le rapport hommes-femmes, les filles ont plus de mal à rêver et démarrent dans la vie avec des aspirations professionnelles d'un niveau moins élevé que celles des garçons et se sentent moins sûres de leurs capacités. Elles diront plus facilement qu'elles ne sont pas "assez intelligentes" ou pas "assez bonnes" pour rêver d'entreprendre telle ou telle carrière. »

La question que l'on peut donc se poser ici est la suivante : Si on laisse de côté les considérations familiales et culturelles (qui jouent un rôle considérable), de quelle façon les enseignants peuvent-ils intervenir dans ce problème d'adolescentes ?

Les stéréotypes attachés à l'un ou à l'autre sexe n'épargnent pas les enseignants. Si notre culture considère qu'intelligence et réussite professionnelle comptent moins dans la vie d'une femme que dans celle d'un homme, les enseignants répercuteront cette différence dans leur comportement. S'ils s'attendent que les filles réussissent moins bien que les garçons, en général ou dans certaines matières (maths ou sciences, par exemple), il est à prévoir que cette attente se réalisera.

Si les maths et les sciences figurent en bonne place dans le rapport de l'AAUW, ce n'est évidemment pas par hasard. Les aptitudes que demandent ces disciplines sont celles que requièrent les professions en vogue.

« L'effet de l'école et de l'enseignant n'est jamais plus évident que dans l'enseignement des maths et des sciences. Il existe une relation très nette entre les maths, les sciences et l'estime personnelle de l'adolescent. C'est, pour les filles, la relation la plus forte lorsqu'elles commencent l'étude de ces matières, c'est-à-dire avant qu'on ait eu le temps de les persuader qu'elles ne sont pas faites pour ces enseignements. A l'école élémentaire, 81 % des filles aiment les maths. Elles ne sont plus que 61 % dans le supérieur et — ce qui est significatif — elles sont encore moins nombreuses à penser qu'elles sont bonnes en maths. »

Etant donné l'importance de ces matières, les femmes auraient tort de prétendre que ces sujets ne sont pas affaire de femmes et qu'en conséquence elles n'ont pas à y exceller particulièrement. Ne suffirait-il pas de persuader des enseignants que « la supériorité naturelle des femmes en maths » vient d'être démontrée pour qu'au cours des prochaines années les filles découvrent qu'elles peuvent exceller en maths et croient à un miracle ?

Pour l'enseignant, il s'agit de se débarrasser des préjugés attachés au sexe et qui génèrent des attentes différentes selon que l'élève est un garçon ou une fille. Cela permettrait, entre autres, d'aider tous les élèves équitablement et de leur donner la même confiance dans leur potentiel d'être humain, indépendamment de leur sexe.

Principes

Les frustrations, les pressions, les défis auxquels les enseignants font face quotidiennement donnent la mesure de leur estime personnelle, de leur énergie, de leur dévouement. Mais il leur faut être tout simplement héroïques pour sauvegarder tout au long de leur carrière la vision initiale d'un métier qui consiste à enflammer de jeunes esprits.

Il n'y a pas d'activité plus importante que celle-ci. Mais elle demande, pour être réussie, que l'enseignant personnifie (sans ambiguïté) ce qu'il désire communiquer.

Le professeur qui n'agit pas à un niveau de conscience approprié ne peut donner l'exemple de ce que signifie vivre consciemment.

Le professeur qui s'accepte mal est incapable d'apprendre à ses élèves à s'accepter.

Celui qui ne sait pas se responsabiliser ne peut persuader les autres de la valeur de la responsabilité de soi.

Si l'on craint de s'affirmer, on ne peut initier quelqu'un à cette pratique.

Si l'on n'a ni options ni buts, comment pourrait-on convaincre les autres qu'il faut des options et des buts pour ne pas s'égarer ?

L'enseignant dont l'intégrité morale est défaillante ne peut que difficilement inspirer aux autres un comportement intègre.

Si leur but est de nourrir la confiance en soi, enseignants, parents, psychothérapeutes doivent commencer par travailler sur leur propre estime personnelle. La classe est un lieu privilégié pour le développement de l'estime de soi. A l'instar du rôle parental, celui de l'enseignant peut représenter pour soi-même une discipline spirituelle, une voie de progression personnelle.

15

La confiance en soi et le monde du travail

Les bouleversements économiques et sociaux ont interpellé notre confiance en nous-mêmes en la confrontant aux défis du monde moderne.

Souvenons-nous du sens premier de la confiance en soi, synonyme de confiance dans le bon fonctionnement de notre esprit et dans notre aptitude à penser. Par extension, c'est aussi la confiance dans notre aptitude à apprendre, à faire les choix adéquats, à prendre les décisions appropriées et à gérer le changement. Une telle confiance est, à l'évidence, une valeur de survie. L'analyse d'une série d'échecs dans le monde des affaires montre qu'ils ont tous un point commun : le recul des chefs d'entreprise devant les décisions à prendre. Mais les chefs d'entreprise ne sont pas les seuls qui doivent croire en leur jugement. C'est une nécessité pour chacun d'entre nous. Et aujourd'hui plus que jamais.

Le contexte

Nous vivons à une époque où nous sommes confrontés à des choix multiples. Nous ne vivons pas dans une culture monolithique où chacun se conforme aux mêmes standards. Comme je l'ai déjà souligné, plus les choix à faire et les décisions à prendre sont nombreux, plus nous avons besoin d'une solide estime personnelle. Mais ici je tiens à me centrer sur le monde du travail — et non sur la culture au sens large du mot —, sur les défis d'un monde en mutation qui imposent une grande souplesse d'adaptation aussi bien aux individus qu'aux organisations.

Chacun sait que des changements spectaculaires sont intervenus dans l'économie internationale. Ils ont tous contribué à accentuer le besoin d'une estime personnelle chez tous les participants au processus de production, du responsable d'une entreprise jusqu'à l'employé le plus modeste. Ces changements sont les suivants :

1. *Le passage d'une économie de main-d'œuvre à une économie de l'information ; une diminution du travail manuel et un besoin croissant de travailleurs possédant une bonne maîtrise du langage, des mathématiques et des rapports sociaux.*

L'augmentation du volume des produits manufacturés s'est accompagnée d'une réduction considérable de la main-d'œuvre. Autrefois, pratiquement la moitié de la population active était constituée d'ouvriers ; aujourd'hui, ils ne représentent plus que 18 % et ce pourcentage doit encore diminuer dans les années à venir. Dans les usines, le travail est moins laborieux ; le coût de la production a baissé et baissera encore. Aux Etats-Unis, le marché de la main-d'œuvre non qualifiée s'est considérablement rétréci. La demande est aujourd'hui réservée à ceux qui possèdent un certain niveau de connaissance.

Ce point est capital pour comprendre le problème du chômage des personnes sans qualification et sans instruction. Le temps est révolu où il suffisait d'avoir des muscles ou de perpétuer un savoir-faire parfois millénaire.

Dans les premiers temps de l'économie moderne, le patron connaissait tout ce qu'il y avait à connaître pour faire tourner son affaire. S'il se faisait assister, ce n'était pas parce qu'il lui manquait certaines compétences. Il lui fallait des employés pour assurer la production. Puis les entreprises ont grandi, la technologie s'est développée, et ce fut le début de l'ère des managers et de tous les spécialistes. Mais le savoir n'appartenait encore qu'à quelques-uns.

Organisation et décision relevaient du sommet de la hiérarchie et se transmettaient d'un échelon à l'autre. (L'armée servait de modèle. Au moment de créer la première usine métallurgique moderne, Andrew Carnegie envoya son adjoint étudier l'organisation et le système de communication de l'armée prusienne dont il adapta plusieurs principes à son industrie.) Dans l'entreprise, les employés recevaient des ordres et leur seule responsabilité consistait à suivre scrupuleusement les instructions qui leur étaient communiquées. Pour Frederick Winslow Taylor, pionnier de l'organisation industrielle scientifique, un ouvrier a pour tâche de «comprendre ce que son patron attend de lui et de le satisfaire». Autrement dit, l'ouvrier pouvait se passer de toute inventivité, de toute initiative.

Vinrent les années 50 ou 60, le summum de la phase industrielle de notre développement, l'époque où les ouvriers avaient le vent en poupe, et où les gens nantis de diplômes universitaires ne gagnaient pas plus qu'un ouvrier qualifié. Aujourd'hui, c'est une tout autre histoire.

Désormais, dans les organisations complexes qui orchestrent le savoir et les compétences, nous ne voyons plus un clivage entre cadres et employés, mais plutôt une intégration de *spécialistes*. Chacun d'entre eux a un savoir et une compétence qui lui sont propres et sur lesquels l'entreprise compte. Dans ces conditions, la compétence interpersonnelle est une des toutes premières priorités.

2. *L'explosion continuelle du savoir, de la technologie, des produits et des services qui demande une adaptabilité non moins constante.*

Dans les années 90, personne n'ignore que pour rester compétitif sur le marché il faut innover tant au niveau des produits et des services que de l'organisation interne de l'entreprise. Les individus conscients savent que s'ils veulent faire progresser leur carrière, ils ne peuvent s'en tenir aux connaissances et aux compétences acquises la veille. Les avancées scientifiques, les découvertes technologiques abondent.

3. *L'émergence d'une économie globale dont la compétitivité est sans précédent, ce qui représente un autre défi pour notre ingéniosité et notre confiance en nous-mêmes.*

Nous devons faire face à des problèmes d'une ampleur immense : un taux inadéquat de croissance économique ; un système éducatif qui ne correspond pas à nos besoins ; une infrastructure qui se détériore ; un niveau de vie qui baisse. Pour le moment, nous ignorons encore si la dégradation s'accentuera dans les années à venir ou si l'on assistera à un redressement.

Le déclin n'est pas irréversible, à condition que l'on comprenne que le contexte économique est un perpétuel défi lancé à la créativité, à la flexibilité, à la rapidité de nos réactions, à notre aptitude à gérer le changement, à obtenir le meilleur de ce que peut donner la population active du pays. Sur le plan économique, il faut mobiliser notre capacité d'innovation et d'adaptation à une organisation flexible. D'un point de vue psychologique, nous devons en appeler à la force de notre estime personnelle, ce qui suppose que nous sachions la renforcer.

4. *L'appel croissant à la responsabilité personnelle, à la gestion de nos capacités, de notre pouvoir, à un haut niveau de conscience, à la créativité, à l'innovation et à la coopération. Cela concernant tous les individus à tous les niveaux de l'entreprise.*

Le vieux schéma de l'organisation pyramidale, emprunté à l'armée, a peu à peu cédé la place à un système de structures plus flexibles, interfonctionnelles, combinant des talents pour des projets spécifiques. Ce sont désormais les nécessités ponctuelles qui déterminent une organisation plutôt qu'une stratification préétablie et autoritaire.

Tous les niveaux d'organisation intermédiaires ont été allégés, non par souci d'économie, mais parce que les ordinateurs ont rendu obsolètes les relais habituels de l'information. Le savoir est largement disséminé dans l'entreprise et plus libre d'accès qu'il ne l'a jamais été, ce qui autorise un niveau de conscience plus élevé et, en conséquence, une plus grande productivité.

Privés de la vieille hiérarchie qui les rassurait, bien des responsables traversent ce que l'on pourrait appeler une crise de confiance en soi. Ils ont perdu leurs points de repère et doivent redéfinir leur rôle. Leur valeur n'est plus définie par un statut traditionnel, une activité strictement limitée. Elle dépend désormais de leur capacité à penser, à apprendre, à maîtriser de nouvelles formes opérationnelles, à réagir de façon appropriée au changement. C'est d'ailleurs à tous les échelons que le travail est de plus en plus perçu comme une expression de la pensée. Equipements et machines étant devenus plus sophistiqués, le savoir et l'habileté requis pour s'en servir se sont accrus en conséquence.

Les meilleures organisations sont celles qui comprennent que les employés les plus modestes, qui opèrent au niveau de l'action immédiate, sont plus à même de savoir ce qu'il faut améliorer dans l'entreprise, dans sa production et dans ses services que ceux qui sont au sommet. Nombre d'hommes et de femmes ont su dépasser les limites de leurs attributions pour résoudre des problèmes inattendus. L'initiative dans l'entreprise n'est plus considérée comme le monopole de quelques-uns, mais comme une caractéristique de tout participant digne de ce nom.

L'organisation moderne exige tout à la fois un renforcement de l'esprit d'équipe et de l'individualité, la pensée étant le fait d'un esprit individuel, ainsi que la confiance en soi, la ténacité, la persévérance et toutes les caractéristiques qui permettent la réussite.

Nous devons repenser tous les aspects du système : structures, politique, jeu des récompenses, divisions de la responsabilité, pratiques de management (le travail de l'esprit n'est pas celui des muscles) et relations entre tous ceux qui partagent des buts qu'ils veulent productifs.

Le monde des affaires a besoin d'apprendre, entre autres, l'importance de l'esprit d'entreprise, et cela vaut aussi bien pour les industries établies depuis longtemps que pour les débutants.

5. *L'accent mis sur l'esprit d'entreprise considéré comme moyen fondamental d'adaptation.*

Lorsque l'on pense à l'esprit d'entreprise, on l'associe immédiatement à l'idée d'une affaire qui démarre ou qui se démarque des autres. Pourtant, l'esprit d'entreprise n'est pas réservé aux affaires neuves ou originales. Il est tout aussi nécessaire aux «grosses affaires» quand elles veulent maintenir leur succès. C'est la leçon des années 80.

Par nature, l'esprit d'entreprise est anti-autorité, anti-statu quo. Il va toujours dans le sens de la nouveauté. Au début du siècle, l'économiste Joseph Schumpeter a dit que l'esprit d'entreprise permettait une «destruction créative».

L'activité qu'il engendre consiste essentiellement à détecter de nouvelles sources de rentabilité, autrement dit à découvrir des possibilités de production rentable jusque-là insoupçonnées. Cela implique la capacité de penser par soi-même, de voir le monde à travers ses yeux et non ceux des autres, au moins pour certaines choses.

Alors que bien des entreprises en sont encore à essayer d'équilibrer une organisation traditionnelle d'un côté et une organisation innovatrice de l'autre — la première consistant à maintenir ce qui existe déjà et la seconde à le rendre obsolète —, il est de plus en plus évident que l'esprit d'entreprise ne peut plus être la prérogative des petites ou des nouvelles affaires. Toutes les entreprises doivent l'intégrer.

Dans le contexte des grandes affaires, acquérir l'esprit d'entreprise signifie penser comme la plus imaginative et la plus agressive des petites entreprises, c'est-à-dire cultiver la souplesse, la rapidité de réaction, une constante vigilance. Ce qui implique, entre autres, une diminution de la bureaucratie et, par conséquent, la libération d'unités opérationnelles ouvertes à la nouveauté.

De vastes organisations, en nombre croissant, ont répondu à cette nécessité en créant des unités internes, autonomes ou semi-autonomes.

Sur un plan plus large, elles se sont engagées à une politique d'innovation systématique. Elles apprennent à en faire une discipline, une matière qui peut être organisée et pratiquée.

Si une médiocre estime de soi est liée à la résistance au changement, à l'attachement au connu et au familier, alors jamais dans l'histoire du monde elle n'a été moins appropriée au système économique qu'elle ne l'est actuellement. En revanche, si une solide estime de soi autorise une bonne gestion du changement et un détachement de l'ancien et de l'habituel, alors elle confère le pouvoir de compétition désormais indispensable.

Il y a au passage un principe à identifier. Dans les premières années de l'économie américaine moderne, le changement était relativement lent et l'organisation bureaucratique pouvait convenir. Lorsque l'économie s'est emballée, ce type d'organisation a été naturellement dépassé. Rapprochons cela du besoin d'estime personnelle. Plus l'économie est stable, plus le changement est lent et moins se fait sentir le besoin urgent d'une majorité de personnes nanties d'une solide estime d'elles-mêmes. Mais *plus l'économie est instable, plus le changement est rapide et plus s'impose le besoin d'une majorité d'individus se portant une réelle estime.*

6. *L'émergence de l'esprit comme facteur central de l'activité économique.*

L'importance de l'esprit est évidemment sous-entendue dans tout ce qui a précédé. Mais quelques observations supplémentaires s'imposent.

Dans une économie agricole, la richesse est associée à la terre. Dans une économie industrielle, elle est identifiée à la possession d'un capital, d'un équipement, de tout ce qui permet de produire. Dans une économie comme dans l'autre, la richesse est apparemment affaire de matière et non d'esprit, de matériaux et non de savoir et d'information.

Pourtant, la richesse découle d'une transformation de choses naturelles dans le but de servir les besoins de l'homme. On transforme une graine en récolte, une chute d'eau en électricité... Si la richesse est le produit de l'esprit et du travail, de la pensée dirigeant l'action, alors l'un des moyens de comprendre le passage d'une société agricole à une société industrielle est de le considérer comme une profonde altération de l'équilibre entre l'esprit et l'effort physique. L'effort physique a décliné pendant que l'esprit prenait son essor.

Extension de l'intelligence humaine, la machine substitue le pouvoir de la pensée au pouvoir du muscle. Elle requiert moins de travail physique mais le rend plus productif. Le développement technologique ne cesse d'augmenter la participation de l'esprit. Et si le rôle de l'esprit est renforcé, celui de l'estime de soi l'est également.

Avec l'émergence d'une économie d'information, cette évolution s'est considérablement accélérée : les ressources matérielles perdent de plus en plus d'importance, au profit du savoir et des idées nouvelles.

Par exemple, la valeur d'un ordinateur ne se trouve pas dans l'ensemble de ses constituants matériels mais dans ses possibilités de programmation, dans la pensée et le savoir qu'il représente. Les circuits intégrés sont le fruit de l'audace. Leur valeur tient à une fonction de l'intelligence qui a permis leur codage. Un fil de cuivre peut transmettre quarante-huit conversations simultanées. Une seule fibre optique en transmet plus de huit mille, elle est moins chère, et sa production consomme moins d'énergie que celle du cuivre.

Les défis à relever

Dans une économie où le savoir, l'information, la créativité sont à l'évidence la source de la richesse et du pouvoir compétitif, les individus comme les organisations ont des défis à relever.
Pour les individus, il s'agit :

— d'acquérir le savoir et les aptitudes appropriées, et de se vouer à un apprentissage permanent qu'exige une évolution rapide des connaissances ;
— de savoir travailler avec d'autres personnes, ce qui suppose l'aptitude à communiquer oralement et par écrit, à coopérer, à comprendre comment l'on atteint un consensus à travers un processus d'échange et la volonté, le cas échéant, de diriger et de motiver ses coéquipiers ;
— de pouvoir réagir au changement de façon adéquate et de proposer une organisation ;

— de cultiver l'aptitude à penser par soi-même, faute de quoi l'innovation est impossible.

Cela implique dans le travail un degré de conscience élevé qui permet de développer ses connaissances et ses aptitudes, de repérer les possibilités de progresser. S'engager dans un processus d'apprentissage permanent est une façon naturelle de vivre en pleine conscience.

Les rapports interpersonnels demandent ce degré de respect de soi qui permet le respect des autres, l'absence d'une peur sans fondement, l'absence de convoitise, d'hostilité, l'attente d'un comportement loyal et décent de la part des autres, et la conviction que l'on peut apporter quelque chose de valable à la communauté. Nous revenons ainsi à l'importance que revêt l'estime de soi.

Considérons par exemple les incidences d'une faible estime personnelle sur la communication. Elle peut nous faire déprécier nos idées au moment même où nous les formulons. Il y a ceux qui transforment un fait en opinion parce qu'ils commencent leurs phrases par : «J'ai l'impression que…», «Il me semble que…» ; ceux qui s'excusent en présentant une idée nouvelle. D'autres expriment à leur propre sujet des remarques dévalorisantes ou rient afin de se décharger un peu de leur nervosité. Ou encore se figent brusquement en anticipant une réaction désagréable et un «rejet». Il y a enfin ceux qui maquillent leurs affirmations en questions par un ton interrogatif à la fin de leurs phrases. Les problèmes de communication ne proviennent pas toujours d'une éducation défaillante. Ils sont parfois provoqués par une image de soi qui génère l'autosabotage.

Si l'on parle maintenant de bienveillance, de bonne volonté, de l'aptitude à entretenir des rapports constructifs, on revient encore à une image positive de soi. Quand on possède une saine estime de soi, on ne cherche pas à prouver sa valeur en prenant les autres en faute. On n'établit pas de contacts avec un esprit de belligérance gratuite. Il faut douter de soi et éprouver un sentiment d'insécurité pour être systématiquement hostile à ses collègues, à ses supérieurs, à ses clients, que ce soit ouvertement ou de façon dissimulée.

Toute coopération repose sur la volonté des participants à être responsables de leurs actes, ce qui est un corollaire de la pratique de la responsabilité de soi. Elle est également basée sur la volonté de tenir ses promesses, d'honorer ses engagements, de penser aux conséquences de ses actes et de manifester loyauté et fiabilité, autant d'expressions de la pratique de l'intégrité personnelle.

Bien entendu, l'estime de soi est loin de suffire pour régler toutes les difficultés de l'existence. Mais sa défaillance est un sévère handicap, en particulier sur le plan de la compétition.

Pour les organisations, il s'agit de :

— répondre à un besoin d'innovation constante en cultivant une discipline d'innovation et un esprit d'entreprise ;

— ne pas s'en tenir à des mots quand il est question de « l'importance de l'individualité » et de concevoir une culture qui sait promouvoir et récompenser l'initiative, la créativité, la responsabilité de soi et la participation ;

— reconnaître la relation entre l'estime de soi et les performances de l'individu, et d'établir une politique de soutien de l'estime de soi. Cela implique de créer un environnement sain, intelligible, cohérent que l'esprit peut comprendre ; de répondre à un besoin de réaliser son potentiel ; et d'accorder le droit à l'erreur (que l'on est prêt à reconnaître).

On dit que l'organisation du futur sera avant tout une organisation de l'apprentissage. On peut ajouter qu'elle sera également bénéfique au développement de l'estime de soi.

Comment donner l'occasion aux gens d'exprimer le meilleur d'eux-mêmes ?

Les dirigeants d'une entreprise ne se demandent généralement pas : « Comment créer un environnement qui renforce l'estime de soi ? » Mais les meilleurs (les plus conscients) se demandent : « Que pouvons-nous faire pour attirer les éléments qu'il nous faut ? Et comment nous y prendre pour susciter leur constante loyauté ? »

Ces questions sont différentes mais leurs réponses sont presque identiques ou, en tout cas, se recoupent de façon significative. Il serait impossible d'avoir une organisation qui nourrisse l'innovation et la créativité sans nourrir l'estime de soi de manière conséquente. Inversement, l'organisation qui favorise l'estime de soi, rationnellement comprise, ne peut que stimuler l'innovation, la créativité, l'enthousiasme et la loyauté.

J'en veux pour exemple les entreprises qui lient les augmentations de salaires à l'acquisition de nouvelles connaissances et aptitudes. Les employés sont payés pour apprendre, pour maîtriser de nouvelles spécialités, en fonction du principe que le savoir et leur savoir-faire augmentent, c'est leur contribution à l'entreprise qui s'en trouve augmentée. Mais un accroissement de la compétence ne renforce-t-il pas obligatoirement la pratique de l'efficacité personnelle ?

D'un point de vue individuel, il est évident que l'activité professionnelle peut être un moyen de développer l'estime de soi. Elle implique évidemment les six pratiques fondamentales.

Invité par une entreprise pour expliquer comment les principes de base de l'estime de soi et la technologie peuvent stimuler et permettre d'augmenter ses performances, j'emploie souvent la technique des phrases à compléter en demandant que l'on trouve six à dix compléments de phrases chaque jour, pendant quelques semaines.

Je propose les débuts de phrases suivants :

Si j'apporte 5 % de conscience supplémentaires à mon travail aujourd'hui...
Si je m'accepte avec 5 % de facilité supplémentaires dans mes activités quotidiennes...
Si je travaille avec 5 % de responsabilisation supplémentaires aujourd'hui...
Si je travaille avec 5 % d'assurance supplémentaires aujourd'hui...
Si je travaille avec 5 % de détermination supplémentaires aujourd'hui...
Si j'apporte 5 % d'intégrité supplémentaires dans mon travail aujourd'hui...

J'aimerais maintenant me centrer sur l'estime de soi du point de vue de l'organisation de l'entreprise, c'est-à-dire expliciter la politique et les pratiques qui contrarient ou, au contraire, renforcent l'efficacité personnelle et le respect de soi.

Une entreprise dont le personnel travaillerait avec un degré élevé de conscience, d'acceptation de soi (et d'acceptation des autres), de responsabilité de soi, d'affirmation de soi (et de respect pour l'affirmation des autres), de détermination et d'intégrité personnelle serait une organisation composée d'êtres humains extraordinairement puissants. Ces caractéristiques peuvent être effectives dans une organisation si ses employés:

1. se sentent en sécurité: ils savent qu'ils ne seront pas ridiculisés, dévalorisés, humiliés ou sanctionnés s'ils font preuve d'ouverture, d'honnêteté.

2. se sentent acceptés: ils sont traités avec courtoisie, on les écoute et on les invite à exprimer leurs idées et leurs sentiments, le sens de leur dignité est renforcé.

3. sont stimulés en se voyant confier des tâches intéressantes.

4. se sentent reconnus à travers leurs talents, leurs succès, et sont récompensés — pécuniairement ou autrement — quand leur contribution à l'entreprise est exceptionnelle.

5. reçoivent un feed-back constructif: on leur dit comment améliorer leurs résultats tout en soulignant l'aspect positif de leur action, ce qui les rassure.

6. constatent qu'on les sent capables d'innover: on sollicite leur opinion, leurs propositions, on leur donne la preuve que l'on attend d'eux des idées nouvelles que l'on aimerait mettre en pratique.

7. peuvent accéder facilement à l'information: non seulement on leur donne l'information (et les moyens) nécessaire à leur activité particulière, mais on leur permet également de découvrir le contexte d'ensemble — les buts et l'évolution de l'entreprise —, si bien qu'ils sont en mesure de comprendre exactement comment ils participent à la marche de l'entreprise.

8. se voient accorder l'autorité qui correspond à leurs fonctions : on les encourage à prendre des initiatives, des décisions et à exercer leur jugement.

9. reçoivent des directives claires et nettes qui constituent une structure cohérente et leur permettent de savoir exactement ce que l'on attend d'eux.

10. sont encouragés à résoudre leurs problèmes eux-mêmes et qu'on leur donne le pouvoir de le faire.

11. constatent que les récompenses qui accompagnent leurs succès sont plus importantes que les pénalités qui sanctionnent leurs échecs : dans trop d'entreprises, c'est l'inverse, ce qui n'encourage pas à prendre des risques et à s'exprimer.

12. sont incités à augmenter leur savoir et leurs aptitudes et se voient récompensés : des cours de formation leur sont ouverts.

13. peuvent vérifier qu'il y a concordance entre la philosophie professée par l'entreprise et son fonctionnement : les dirigeants personnifient leur philosophie et les employés ont envie de les imiter.

14. sont traités équitablement et loyalement : leur lieu de travail leur apparaît comme un univers rationnel qui leur inspire confiance.

15. sont en mesure de croire à la valeur de leur production et d'en être fiers : le résultat de leurs efforts est utile et ils estiment que leur travail vaut la peine d'être accompli.

Si ces conditions sont remplies, l'entreprise attirera des personnes ayant une solide estime personnelle, et permettra à d'autres, moins sûres d'elles-mêmes, de renforcer la leur.

Ce que peuvent faire les dirigeants

Il m'est arrivé d'entendre un responsable d'entreprise me dire : « Vous parlez d'estime de soi, mais ce que vous décrivez n'est ni plus ni moins qu'un environnement qui stimule la participation et la créativité dans l'entreprise. » Comment aurais-je pu le contrarier ?

Pour les dirigeants qui désirent créer une organisation favorable au renforcement de l'estime de soi, je vais établir une liste de recommandations. Inévitablement, elles empiéteront les unes sur les autres.

1. Travaillez sur votre estime personnelle : engagez-vous à élever le niveau de conscience, de responsabilité, d'intégrité que vous apportez dans votre travail et votre comportement à l'égard de ceux qui sont en contact avec vous.

2. Quand vous vous adressez à vos collaborateurs, soyez réellement présent : cherchez leur regard, écoutez attentivement, donnez à votre interlocuteur le sentiment d'être entendu.

3. Manifestez de l'empathie : assurez votre interlocuteur que vous comprenez et ses sentiments et son discours.

4. Indépendamment du statut de votre interlocuteur, gardez toujours un ton respectueux : ne vous permettez jamais d'être condescendant, de prendre un air supérieur, sarcastique.

5. Restez centré sur le travail, ne laissez pas votre ego prendre le dessus : jamais une discussion ne doit dégénérer en conflit de personnalités ; ne voyez que *la réalité*. « Quelle est la situation exacte ? », « Que vous faut-il pour pouvoir avancer ? », « Que demande ce travail ? »

6. Donnez à vos employés des occasions de montrer leur sens des responsabilités : donnez-leur l'espace qui leur permet de prendre des initiatives, d'avancer des idées, de tenter des réalisations nouvelles, d'étendre leur rayon d'action.

7. Faites appel à leur capacité de compréhension : expliquez les règles de l'entreprise et les grandes lignes de sa politique (si elles ne sont pas évidentes), les raisons qui font refuser certaines demandes ; ne vous contentez pas de donner des ordres.

8. Si vous commettez une erreur à l'égard de quelqu'un ou une injustice ou si vous perdez votre sang-froid, admettez-le et excusez-vous : ne croyez pas (comme certains parents autocratiques) que votre dignité ou votre position en souffrira.

9. Invitez les gens à vous renvoyer votre image. Je suis de l'avis de celui qui a dit un jour : « On est le dirigeant que l'on voit en vous. » Cherchez par conséquent à savoir comment l'on vous perçoit et montrez-vous ouvert à l'autocritique et à l'apprentissage. Soyez l'exemple même de l'individu qui s'abstient d'être sur la défensive.

10. Prouvez que l'on peut en toute sécurité commettre une erreur involontairement ou avouer : «Je ne sais pas mais je vais m'informer.» Provoquer la crainte de l'erreur ou de l'ignorance, c'est susciter le mensonge, l'inhibition et le blocage de la créativité.

11. Prouvez que l'on peut être en désaccord avec vous sans se mettre en danger : véhiculez par votre comportement le respect des différences d'opinions. Ne les sanctionnez pas.

12. Décrivez une conduite indésirable sans blâmer. Faites savoir qu'une conduite est inacceptable, soulignez ses conséquences, exprimez ce que vous attendez à la place, mais n'accablez pas la personne concernée.

13. Exprimez honnêtement vos sentiments : si vous êtes blessé, en colère ou offensé, dites-le avec honnêteté et dignité (et donnez ainsi à chacun une leçon d'acceptation de soi).

14. Si quelqu'un fait un travail remarquable ou prend une excellente décision, ne vous contentez pas de le complimenter. Cherchez avec lui les raisons de ce succès, aidez-le à développer sa conscience et ainsi vous augmenterez ses chances de réussir à nouveau.

15. Si quelqu'un fait un travail inacceptable ou prend une décision malencontreuse, invitez-le à analyser ce qui l'a conduit à l'erreur. C'est le moyen approprié d'élever son niveau de conscience et de minimiser les risques de répétition.

16. Fixez des critères sans équivoque : permettez aux gens de comprendre ce que vous attendez quant à la qualité du travail.

17. Complimentez en public et exposez les problèmes en privé : reconnaissez devant tout le monde le positif et suggérez des rectifications avec discrétion.

18. Soyez réaliste dans vos compliments : comme les parents qui encensent leurs enfants pour un oui ou pour un non, vous risquez de banaliser vos appréciations si vous ne les adaptez pas à la réalité.

19. Quand le comportement d'une personne crée un problème, demandez-lui de proposer une solution : autant que possible, évitez de résoudre une difficulté à la place de la personne concernée. Favorisez la responsabilité et l'affirmation de soi, et augmentez la conscience.

20. Faites clairement comprendre que blâmer ne vous intéresse pas ; ce sont les solutions qui vous intéressent, et personnifiez cette politique : quand nous cherchons des solutions, nous renforçons notre estime personnelle ; quand nous blâmons (ou excusons), nous portons atteinte à l'estime de soi.

21. Donnez à vos employés les ressources, l'information et l'autorité dont ils ont besoin pour mener à bien ce que vous leur demandez de faire : souvenez-vous qu'il n'y a pas de responsabilité sans pouvoir, et rien n'est plus pervers que d'assigner des responsabilités sans donner le pouvoir de les concrétiser.

22. Rappelez-vous qu'un grand dirigeant, un bon cadre, n'est jamais celui qui expose de brillantes solutions : il doit être un guide et non celui qui résout toutes les difficultés devant des enfants admiratifs.

23. Prenez la responsabilité de créer une culture de l'estime de soi : créez-la en donnant l'exemple.

24. Attaquez-vous à ce qui, dans l'entreprise, porte atteinte à l'estime de soi : les procédures traditionnelles qui génèrent une organisation conservatrice risquent non seulement d'être néfastes à l'estime de soi mais également à toute forme de créativité ou d'innovation.

25. Evitez le directivisme, l'observation constante et les notes de service surabondantes : le management excessif ou micromanagement est l'ennemi de l'autonomie et de la créativité.

26. Prévoyez un budget qui permet l'innovation : ne demandez pas que l'on cherche à innover pour annoncer ensuite que l'argent (ou tout autre moyen) manque. Vous risqueriez de tuer l'enthousiasme créateur de vos collaborateurs et de les démoraliser.

27. Cherchez à connaître les centres d'intérêts de vos collaborateurs et, dans la mesure du possible, donnez-leur l'occasion de faire quelque chose qui corresponde à leurs préférences. Leur travail leur paraîtra plus agréable et ils mettront plus de cœur à l'ouvrage. Utilisez les forces des gens, pas leurs faiblesses.

28. Demandez à vos collaborateurs ce dont ils auraient besoin pour mieux gérer leur travail et, si possible, donnez-leur satisfaction : si vous voulez encourager l'autonomie, l'enthousiasme et une solide détermination, renforcez le pouvoir de chacun.

29. Récompensez les expressions naturelles de l'estime de soi telles que : prendre des risques (intelligents), s'affirmer, adopter des schémas de comportement flexibles, s'orienter résolument vers l'action ; trop d'entreprises prônent ces valeurs mais récompensent le conformisme de ceux qui ne se posent pas trop de questions, ne remettent pas en cause le statu quo, restent intellectuellement passifs.

30. Assignez des tâches qui stimulent la progression personnelle et professionnelle.

31. Donnez de l'étoffe à vos employés : fixez-leur des objectifs légèrement au-dessus des moyens qu'ils manifestent habituellement.

32. Apprenez à vos employés à considérer qu'une difficulté est une occasion de progresser ; c'est un point de vue que partagent ceux qui réussissent souvent et se tiennent en haute estime.

33. Soutenez l'individualiste talentueux : en dépit de tout ce que l'on peut dire sur la nécessité du travail en équipe, une place doit être faite à l'ermite brillant qui travaille à sa manière. En le respectant, vous montrez à tous que l'individu compte aussi dans l'équipe.

34. Enseignez qu'erreurs et fautes sont des occasions d'apprendre : « Quelle conclusion tirez-vous de ce qui s'est passé ? » est une question qui renforce l'estime de soi.

35. Rejetez l'avancement à l'ancienneté pour donner des promotions, à tous les niveaux, sur la base du mérite personnel : la reconnaissance de ses capacités est très bénéfique pour l'estime personnelle.

36. Récompensez généreusement les contributions exceptionnelles, telles que la création de nouveaux produits, services, les inventions ou l'élaboration de projets permettant une économie financière.

37. Ecrivez des lettres de félicitations quand une performance est remarquable et demandez à votre P-DG de faire de même : quand les gens constatent que les valeurs de l'esprit son reconnues, ils ont envie de repousser leurs limites.

38. Etablissez des critères d'intégrité personnelle : tenez vos promesses, respectez vos engagements, soyez équitable avec tous (dans l'entreprise et avec les fournisseurs et les clients), reconnaissez et encouragez l'intégrité des autres, procurez à vos employés la fierté de travailler dans une entreprise moralement saine.

Je suis certain que rien de cela n'échappe au dirigeant conscient de ses responsabilités. Mais ce que l'on sait n'est pas toujours ce que l'on fait.

Le rôle d'un dirigeant

Ce que je viens d'énoncer s'applique au P-DG, à ses adjoints comme aux cadres de l'entreprise. Mais j'aimerais, en ce qui concerne le P-DG, ajouter quelques mots.

Celui qui est à la tête d'une entreprise a pour première fonction de développer et de transmettre la vision de ce que l'entreprise entend réaliser. Il doit ensuite donner à chacun l'envie et les possibilités d'apporter une contribution optimale aux projets communs et de faire ainsi l'expérience d'une implication gratifiante. Un dirigeant est à la fois celui qui inspire et celui qui persuade.

Plus son estime personnelle est solide, plus il aura de chances de s'acquitter de ce double rôle. Celui qui n'a pas confiance en lui-même ne peut insuffler aux autres l'idée de la réussite. Il est tout aussi difficile d'obtenir des gens le meilleur d'eux-mêmes si un sentiment d'insécurité nous pousse avant tout à nous prouver que nous avons raison et que les autres ont tort.

Il ne s'agit pas de vouloir des dirigeants sans ego. Il faut au contraire qu'ils aient un ego suffisamment sain pour ne pas se sentir menacés, pour ne pas avoir constamment à «faire la preuve de leur supériorité», à chercher à se protéger.

Si nous plaçons l'estime de soi sur une échelle graduée de 1 à 10, le dirigeant qui se situe à la moitié aura-t-il plus tendance à recruter quelqu'un qui se situe à 7 ou à 3 ? Il est très vraisemblable qu'il se sentira plus à l'aise avec le 3, car les gens sont facilement intimidés par ceux qui expriment leur confiance en eux-mêmes. Multipliez cet exemple par des centaines ou des milliers de fois et vous aurez une idée des conséquences de la situation sur une entreprise.

Warren Bennis, éminent spécialiste du leadership, nous dit que la passion essentielle des meilleurs dirigeants est l'expression de soi[1]. Leur fonction représente clairement un moyen d'actualiser leur potentiel. Ils veulent se réaliser, concrétiser ce qu'ils sont réellement, et c'est ce que j'appelle la pratique de l'affirmation de soi.

Les dirigeants ignorent souvent l'impact de leur personnalité sur l'ensemble de leur entreprise. Ils ne prennent pas la mesure exacte de leur fonction de modèle. Pourtant tout ce qu'ils font est enregistré dans les moindres détails par

ceux qui les entourent — sans que ce soit nécessairement conscient — et répercuté par les
cadres dans le reste de l'organisation. Si un dirigeant fait preuve d'une intégrité irréprochable,
son comportement devient un modèle. S'il traite
les gens avec respect, cette attitude devient également un élément du fonctionnement de l'entreprise.

Pour toutes ces raisons, celui (ou celle) qui veut
travailler sur son «aptitude au leadership» doit
en fait travailler sur son estime personnelle. Les
six clés et leur pratique quotidienne représentent
le meilleur entraînement possible au leadership
et... à la vie.

Le pouvoir d'améliorer la vie personnelle

Une bonne organisation suffit-elle dans une
entreprise pour acquérir une solide estime de
soi? C'est peu probable, bien que j'aie en tête
quelques exemples positifs où un bon chef de service a pu obtenir d'un employé ce que personne
d'autre avant lui n'avait obtenu.

A l'évidence, il y a ceux qui ont besoin d'une
aide psychologique plus particulière — je parle
de psychothérapie, ce qui sera l'objet du pro-
chain chapitre —, or une entreprise ne saurait
être un cabinet de psychothérapeute.

Mais lorsqu'il s'agit de personnes se portant
une estime moyenne, l'entreprise dont l'organisation est basée sur le respect des valeurs humaines
peut faire énormément de bien au niveau le plus
intime. Il est facile de comprendre qu'on ne peut
négliger les besoins essentiels de ses employés et

attendre qu'ils vous donnent le meilleur d'eux-mêmes. Aujourd'hui, dans le climat d'intense compétitivité où nous vivons et face à une économie globale en perpétuel changement, obtenir de ses employés le meilleur d'eux-mêmes est la première nécessité qui s'impose.

16

La confiance en soi
et la psychothérapie

Quand, dans les années 50, je suis devenu psychothérapeute, j'ai vite acquis la conviction qu'une estime de soi déficiente constituait le dénominateur commun à toutes les détresses que je rencontrais. J'y ai vu une cause et une conséquence de difficultés psychologiques.

Parfois, les problèmes se révélaient être des expressions directes d'une estime de soi sous-développée — par exemple, la timidité, la peur de l'affirmation de soi ou de l'intimité. Ils pouvaient également être la conséquence du refus de s'estimer, refus qui donnait des comportements de contrôle abusif et de manipulation, des rituels obsessionnels et compulsifs, une agressivité inappropriée, une sexualité dominée par la peur, des formes d'ambition destructrices : autant de façons de rechercher des preuves de son efficacité, du contrôle que l'on peut exercer sur les autres et de sa valeur personnelle. Il était clair que ces manifestations d'une piètre estime de soi-même contribuaient à une constante détérioration de cette estime déjà fragile.

En conséquence, j'ai considéré que le premier

travail du psychothérapeute consistait à aider au développement de la confiance en soi. Ce qui n'était pas le point de vue de mes collègues. L'estime personnelle était rarement prise en considération ou, plus exactement, on pensait (et ce préjugé traditionnel est encore vivace) que la psychothérapie la développait forcément puisqu'elle permettait de se débarrasser de ses problèmes et donc de se sentir plus à l'aise dans sa peau. Il est vrai que si l'anxiété et la dépression disparaissent, le patient se sent plus fort. Il est également exact que le développement de l'estime de soi diminue l'anxiété et la dépression. Je pensais qu'il fallait s'occuper explicitement de l'estime personnelle, mener la thérapie à partir de ce problème central ou, en tout cas, ne jamais le négliger et donner au processus thérapeutique un cadre qui pût sans cesse rappeler l'importance de son développement même si l'on se focalisait sur la résolution de problèmes spécifiques. Par exemple, toutes les écoles de psychothérapie aident les patients à faire face aux conflits, aux difficultés qu'ils préféraient ignorer. Mais, moi, je demande : « Comment vous sentez-vous quand vous vous détournez d'un problème que vous savez, d'une manière ou d'une autre, nécessaire de résoudre ? Comment vous sentez-vous lorsque vous maîtrisez votre envie de fuir ce problème et que vous vous trouvez confronté à une menace ? » Je mets en relief les conséquences encourues par l'estime personnelle. Je veux que les patients comprennent que leurs choix et leurs actes affectent leur image d'eux-mêmes. Cette prise de conscience me paraît être un puissant moyen de progresser. Elle aide souvent à gérer et à transcender sa peur.

Le propos de ce chapitre n'est pas d'analyser la

technique psychothérapique mais simplement de proposer quelques observations générales concernant le développement de la confiance en soi dans le cadre d'une psychothérapie et de présenter mon approche personnelle. Je ne m'adresse pas uniquement aux cliniciens et aux étudiants en thérapie mais à tous ceux qui voudraient comprendre comment la confiance en soi peut être au centre d'une thérapie.

Les buts de la psychothérapie

Le psychothérapie a deux buts fondamentaux : soulager la souffrance ; faciliter et renforcer le bien-être. Les deux projets se chevauchent mais ne se confondent pas. Réduire ou éliminer l'anxiété n'équivaut pas à développer l'estime personnelle, bien que cela puisse participer à ce développement. Réduire ou éliminer la dépression, ce n'est pas engendrer le bonheur, mais simplement un moyen d'y contribuer.

D'un côté, la psychothérapie cherche à réduire les peurs irrationnelles, les réactions dépressives, les perturbations en tout genre (qui peuvent venir de traumatismes anciens). D'un autre côté, elle encourage l'apprentissage de nouveaux savoir-faire, de nouvelles façons de voir la vie, de se gérer et de gérer ses rapports avec les autres, ainsi qu'une meilleure appréhension de son potentiel. A mes yeux, tous ces objectifs sont à placer dans le contexte d'un renforcement de la confiance en soi.

Le développement de la confiance en soi ne se limite pas à l'élimination des points négatifs. Il demande aussi l'acquisition d'éléments positifs : un plus haut niveau de conscience, une plus grande responsabilité de soi et une plus grande intégrité, la volonté de dépasser la peur pour affronter les conflits, la volonté d'apprendre à ne pas se dérober devant ce qu'il est nécessaire de maîtriser.

Si une personne sort d'une thérapie sans pouvoir vivre plus consciemment qu'avant, le travail a échoué. Si le traitement ne lui a pas permis de mieux s'affirmer et de se responsabiliser, on peut s'interroger sur la validité de l'expérience thérapeutique. Une thérapie doit permettre ces progrès quelle que soit la façon dont elle est menée. Mais si un thérapeute comprend l'importance des six clés de la confiance en soi et s'axe sur leur pratique, il a plus de chances d'obtenir des résultats conséquents. Il saura donner à ses patients les moyens — sur les plans cognitif, comportemental et de l'expérimentation — qui lui permettent de développer leur estime personnelle.

Quand il s'agit d'augmenter le niveau de conscience du patient afin qu'il soit en mesure d'être plus réfléchi et de mieux appréhender la réalité, la conversation, les exercices et les processus psychologiques, le travail sur le corps et l'énergie et les exercices à faire chez soi peuvent permettre de débloquer la conscience, d'une part, et de stimuler une conscience plus élevée, d'autre part.

Une plus grande acceptation de soi demande un climat de tolérance dans lequel on incite le patient à identifier et à revendiquer des parties de lui-même jusque-là bloquées et reniées et on lui apprend qu'il est important de ne pas se considérer comme son propre adversaire (voir plus loin le passage concernant les subpersonnalités).

Le renforcement de la responsabilité de soi est favorisé par la mise en échec d'un transfert des responsabilités sur le thérapeute. Des exercices permettent au patient d'apprécier les récompenses qu'apporte la responsabilisation et d'acquérir l'idée que personne ne viendra à son secours et que chacun est responsable de ses choix, de ses actes, de la réalisation de ses désirs.

Pour encourager l'affirmation de soi, on peut créer un environnement sécurisant au moyen de phrases à compléter, du psychodrame, du jeu de rôles — enfin de tout ce qui permet de faire disparaître la peur de s'affirmer — et inciter le patient à confronter les conflits et les défis et à trouver une solution.

Il s'agit d'encourager le patient à clarifier et à exprimer ses buts. Quand il faut développer l'intégrité personnelle, on se focalise sur la clarification des valeurs, les confusions et les conflits moraux, l'importance du choix des valeurs qui en fait sont les fondements d'une vie et du bien-être, les bénéfices que l'on retire de la cohérence entre nos convictions et nos actes et la souffrance engendrée par la trahison de soi-même.

Je n'irai pas plus loin dans cette analyse qui voulait simplement suggérer les grandes lignes d'une thérapie axée sur la confiance en soi.

Le climat de la thérapie

Il est nécessaire pour le psychothérapeute, comme pour les parents et les enseignants, d'adopter en premier lieu une attitude d'acceptation et de respect, attitude indispensable au renforcement de la confiance en soi, comme à toute thérapie utile.

Respect et acceptation s'expriment à travers la façon dont on accueille le patient, dont on le regarde, l'écoute et lui parle. C'est une question de courtoisie. Il faut éviter la condescendance et la moralisation, prouver qu'on est à l'écoute de l'autre, qu'on cherche à le comprendre et à se faire comprendre. Le respect ne doit pas dépendre de l'attitude du patient quand le message à transmettre est le suivant : Un être humain est une entité qui mérite le respect ; *vous* êtes une entité qui mérite le respect. Un patient qui n'est pas habitué à être traité de cette façon peut trouver dans cette expérience, rare et peut-être unique, une stimulation suffisante pour l'aider durablement à se restructurer.

Je me souviens d'un patient me disant un jour : « Quand je repense au travail que nous avons fait ensemble, il me semble que rien n'a plus compté que le respect que vous m'avez sans cesse manifesté. J'ai tout fait pour que vous me méprisiez et me jetiez dehors. Je cherchais à retrouver en vous le comportement de mon père, mais ça n'a pas marché. Il a fallu que j'intègre votre refus de coopération, ce qui a été difficile au début, mais c'est à ce prix que la thérapie a fonctionné. »

Lorsqu'un patient me décrit des sentiments de peur ou de colère, il ne sert à rien de répondre : « Oh, vous ne devriez pas éprouver ces sentiments ! » Un thérapeute n'a pas à vous dicter un état d'esprit. Il est important de pouvoir exprimer ce que l'on ressent sans s'exposer à la critique, à la condamnation, au sarcasme, aux questions embarrassantes ou à une leçon de morale. Le seul fait de parler est un soulagement et un début de guérison. Le thérapeute qui supporte mal d'entendre exprimer des sentiments forts a besoin de travailler sur lui-même. L'écoute sereine, l'empathie sont fondamentales dans le domaine thérapeutique. (Elles le sont également dans l'amitié et évidemment dans l'amour.) Quand le patient a satisfait un besoin d'expression émotionnelle, il peut être utile de l'inciter à explorer plus profondément ses sentiments et à examiner les implications sous-jacentes.

Admettre l'importance de l'acceptation et du respect ne suffit pas. Il faut encore la traduire dans son comportement, ce qui n'est pas toujours évident, même chez les thérapeutes qui ont les meilleures intentions du monde. Je ne fais pas allusion aux erreurs flagrantes mais aux formes subtiles d'autoritarisme, de dirigisme : « Sans moi pour vous guider, vous êtes perdu », par exemple, où l'omniscience du thérapeute est suggérée et le patient mis en situation d'infériorité. J'aime rappeler aux étudiants qu'« il ne s'agit pas de prouver » qu'ils sont brillants « mais d'aider les patients à découvrir que ce sont eux qui le sont ».

C'est l'une des raisons qui me fait préférer l'apprentissage expérimental à l'enseignement théorique. Le premier, qui recourt souvent aux exercices psychologiques, permet au patient de découvrir des réalités significatives. Le processus même de l'apprentissage permet de renforcer l'autonomie.

À la découverte du côté lumineux de soi

La plupart du temps, on entreprend une psychothérapie dans le but essentiel d'apprendre à se connaître et à se comprendre. Ce qui entraîne l'envie d'être vu par son thérapeute et de se voir soi-même plus clairement.

Beaucoup subissent l'influence de la psychanalyse traditionnelle et pensent qu'apprendre à se connaître revient avant tout à découvrir les noirs secrets qui nous habitent. Freud a dit que ce qui distingue le psychanalyste du détective, c'est le fait que pour l'un le crime est connu mais pas le criminel tandis que l'autre se trouve devant la situation inverse. S'il ne s'agit que d'une image, ses implications sont cependant plutôt déplaisantes. Bien des cliniciens, qui ne sont pas nécessairement des psychanalystes, cherchent à mettre le patient face à son « côté sombre » et à le lui faire accepter. C'est une démarche qui peut assurément être nécessaire. Mais une thérapie orientée sur le développement de la confiance en soi a d'autres priorités.

La plupart des gens ont besoin de découvrir leurs ressources non encore identifiées (et peut-être désavouées). Je parle du besoin de connaître les forces dont nous disposons, notre potentiel inexploré, notre aptitude à l'autoguérison et notre capacité de développement. Quelle que soit l'école à laquelle ils se rattachent, les thérapeutes se divisent en deux groupes : ceux qui pensent que leur travail consiste essentiellement à révéler les manques, les défauts, les handicaps et ceux qui cherchent les atouts, les potentiels, les qualités. Une psychothérapie centrée sur le développement de la confiance en soi se focalise sur la découverte et la stimulation des forces positives. Elle ne s'occupe des aspects négatifs d'une personnalité que dans une perspective de transformation du négatif en positif.

Toute personne un tant soit peu familiarisée avec la psychologie sait qu'il est dangereux de désavouer le meurtrier que l'on a en soi. Mais l'on a beaucoup moins conscience de la tragédie que représente le désaveu du héros. S'il est souvent facile en psychothérapie de voir les aspects névrotiques d'un individu, il est bien plus difficile de mettre en valeur les aspects sains.

Parfois nous ignorons, tout simplement, nos ressources positives. Nous ne savons pas identifier ce dont nous sommes capables. Mais il arrive que nous refusions de savoir. Je me souviens d'une jeune femme qui a participé il y a plusieurs années à une thérapie de groupe. Elle était capable des pires jugements à son encontre. Je lui ai demandé de se lever et de répéter devant le groupe : « En réalité, je suis très intelligente. » La voix lui a manqué. Je l'ai aidée mais elle n'a pas tardé à pleurer. Alors je lui ai donné le début de phrase suivant : *Ce qui m'ennuie si j'avoue que je suis intelligente, c'est que...*

Et voici ses premiers compléments de phrase :
— ... ma famille va me détester.
— ... personne dans ma famille n'est supposé être intelligent.
— ... mes sœurs et mes frères seront jaloux.
— ... je vais me sentir séparée de ma famille.
— ... il faudra que je sois responsable de ma vie.
Puis je lui ai donné cet autre début de phrase :
Si je me servais de mon intelligence quand j'ai un problème...

Elle a répondu :
— ... je comprendrais que je suis déjà responsable de ma vie, que je l'admette ou non.
— ... je verrais que je vis dans le passé.
— ... je verrais que je ne suis plus une petite fille.
— ... je comprendrais que c'est la petite fille en moi qui a peur, pas l'adulte.
— ... j'entrerais en possession de ma vie.

Je lui ai soumis un troisième début de phrase :
Ce qui m'effraie dans le fait d'admettre ma force, c'est que...

Et elle a répondu :
— ... personne ne me plaindra (rires).
— ... je me retrouverai sur un terrain inconnu.
— ... il faudra que je pose un regard neuf sur mon petit ami.
— ... je saurai que je suis responsable de mes actes.
— ... je risque d'être seule.
— ... il faudra que j'apprenne à vivre différemment.
— ... les gens risquent d'attendre quelque chose de moi.
— ... il faudra que j'apprenne à m'affirmer.
— ... non, pour l'instant, je ne vois rien d'effrayant !

Il y a plus d'une façon de mettre un patient en contact avec ses ressources positives, et il n'est pas nécessaire d'en faire la liste. Ce qui importe ici, c'est de savoir si un thérapeute doit essentiellement révéler les manques ou les atouts.

Stratégies de survie

Un patient a besoin de comprendre que l'être humain est fait pour résoudre les problèmes. Les solutions que nous trouvons pour résoudre des problèmes ou relever des défis tendent consciemment ou inconsciemment à satisfaire nos besoins. Parfois, nous adoptons des moyens peu pratiques et même destructeurs — névrotiques — mais notre intention est néanmoins de prendre soin de nous-mêmes. Le suicide s'inscrit aussi — mais tragiquement — dans cette perspective. Il est un moyen d'échapper à une intense douleur, physique ou morale.

Quand nous sommes jeunes, il peut nous arriver de désavouer et de refouler des émotions, des sentiments en pensant à la désapprobation qu'ils susciteraient chez ceux dont nous sommes dépendants. Mais nous payons le prix de ce genre d'attitude, source d'aliénation, de perceptions faussées et de nombreux autres symptômes. Cependant, pour l'enfant, cette répression a son utilité. C'est un moyen de survie qui lui permet en effet de vivre avec un plus grand sentiment de réussite ou, du moins, une souffrance minimisée. Mais l'on peut également faire de multiples expériences de rejet, être souvent blessé et développer un processus d'autoprotection qui consiste à rejeter les autres par crainte d'être rejeté. Ce n'est pas la meilleure façon de se préparer à une vie heureuse mais c'est encore un moyen de réduire la souffrance. Les stratégies de survie qui ne servent pas nos intérêts mais auxquelles on se raccroche comme le naufragé à un radeau sont qualifiées de «névrotiques» par les psychologues. En revanche, celles qui servent nos intérêts reçoivent le label de «bonnes adaptations» à l'instar de l'apprentissage de la marche, de la parole, de la pensée et d'un métier.

Le patient a parfois honte de ses réactions inadaptées aux défis de l'existence. Il est conscient de sa timidité, de son agressivité excessive, de sa sexualité compulsive ou de sa fuite devant les rapports intimes mais pas de l'origine de ses réactions. Il n'a pas de relation consciente avec le besoin qu'il cherche à assouvir. Sa honte et sa culpabilité n'arrangent évidemment rien. Par conséquent, on peut renforcer l'estime personnelle du patient en commençant par lui faire comprendre ce qu'est une stratégie de survie, l'aidant ainsi à considérer ses pires erreurs comme des mécanismes de protection. Les sentiments par lesquels il se condamne doivent être analysés et compris. Mais ensuite ils deviennent inutiles. Le patient est de toute façon en position de considérer d'autres moyens de satisfaire ses besoins dès lors qu'ils sont moins intenses. « Si vous constatez vous-même que ce que vous faites est inadéquat, désirez-vous considérer des solutions qui pourraient vous paraître plus appropriées ? Désirez-vous expérimenter autre chose ? »

L'intégration de subpersonnalités

Sur le plan technique, j'utilise deux méthodes : d'une part, celle qui consiste à compléter des phrases et que j'ai déjà présentée dans ce livre et, d'autre part, celle qui fait appel aux subpersonnalités et que je vais maintenant analyser.

L'appendice B contient un programme se déroulant sur trente et une semaines destiné au développement de la confiance en soi à partir de phrases à compléter.

En analysant la pratique de l'acceptation de soi, j'ai parlé de l'acceptation de « toutes les parties » de soi-même et mentionné pensées, émotions, actions et souvenirs. Mais en fait notre moi est composite. Il inclut des subpersonnalités dont chacune a ses valeurs, ses perspectives, ses sentiments propres. Il ne s'agit nullement de personnalité multiple au sens pathologique du terme. Je ne parle que des constituants normaux de la psyché et que la plupart des gens ignorent. Quand un psychothérapeute entreprend de développer chez un patient une saine estime de soi, il est essentiel qu'il comprenne la dynamique de ces subpersonnalités.

L'idée des subpersonnalités est presque aussi ancienne que la psychologie elle-même et beaucoup de livres en témoignent. Elle est l'affirmation d'une vue monolithique du moi qui n'accorde à un individu qu'une seule et unique personnalité. Mais au-delà de cette généralisation, on trouve diverses appréhensions des subpersonnalités et autant de façons de travailler avec elles en psychothérapie.

Je dois à ma femme — et collègue — Devers Branden la découverte de l'importance de ce genre de travail pour le développement de la confiance en soi. Bien avant que je ne fusse sérieusement intéressé par le sujet, elle a entrepris de chercher de nouveaux moyens d'identification et d'intégration de ces personnalités. Aujourd'hui notre travail nous permet de démontrer que les subpersonnalités ignorées ou désavouées et rejetées tendent à devenir des sources de conflits, de sentiments embarrassants, de conduites inappropriées. Mais le sujet est immense et je ne peux ici que l'aborder.

Je commencerai par donner un exemple que personne ne pourra contester. En plus du moi-adulte que nous reconnaissons pour « ce que nous sommes », il y a en nous le moi-enfant, présence vivante de l'enfant que nous avons été. Représentant un potentiel de conscience, un état d'esprit auquel nous retournons de temps en temps, ce cadre de référence de l'enfant et les réactions qu'il entraîne sont une composante de notre psyché qui perdure. Mais il se peut que nous refoulions depuis longtemps les sentiments, les perceptions, les besoins, les réactions de l'enfant qui est en nous en croyant que ce « meurtre » est nécessaire pour entrer dans l'âge adulte. Si nous comprenons cela, nous sommes convaincus que l'on ne peut être entièrement soi tant que l'on n'entretient pas une relation consciente et bienveillante avec le moi-enfant. C'est un travail à faire sur soi qui est essentiel pour parvenir à une véritable autonomie. J'ai pu constater que si l'on néglige ce travail, on cherche facilement à améliorer son bien-être en se tournant vers l'extérieur, vers les autres, et c'est une garantie d'échec. L'amélioration dont on a besoin est à chercher dans la relation moi-adulte-moi-enfant. La personne qui traîne depuis toujours un sentiment de rejet ne se doute pas qu'elle est victime d'un processus de rejet de *soi*, comprenant le rejet du moi-enfant par le moi-adulte, et qu'une source externe d'approbation ne guérira jamais ses blessures.

Mais, d'abord, qu'entends-je par « subpersonnalité » ou « submoi » ? (Les deux termes sont synonymes.)

Un submoi ou subpersonnalité est une composante dynamique de notre psyché qui a des perspectives, des valeurs et une « personnalité » propres. Il peut être plus ou moins actif selon les situations dans lesquelles on se trouve. On peut en avoir plus ou moins conscience, l'accepter plus ou moins et lui manifester une bienveillance variable. Il peut être plus ou moins intégré dans le psychisme d'ensemble de l'individu. Il est capable de se développer et de changer. (Je dis qu'il est « dynamique » parce qu'il entre en interaction avec d'autres éléments de la psyché, ce qui en fait tout autre chose qu'un simple catalogue d'attitudes.)

Le moi-enfant est la composante de la psyché qui contient la «personnalité» de l'enfant que l'on a été, avec ses valeurs, ses émotions, ses besoins, ses réactions. Ce n'est pas un enfant générique, un archétype universel, mais un enfant spécifique, unique dans l'histoire d'un individu et de son développement. (Avec lui, nous sommes également loin de «l'état d'ego de l'enfant», modèle générique utilisé dans l'analyse transactionnelle.)

Il y a près de vingt ans, conduisant un séminaire consacré à la confiance en soi, j'ai fait faire des exercices qui incluaient une rencontre imaginaire avec l'enfant que l'on avait été. Pendant la pause, une femme est venue vers moi et m'a dit: «Voulez-vous savoir ce que j'ai fait quand je me suis rendu compte que l'enfant qui m'attendait, assis sous l'arbre, c'était moi à cinq ans? J'ai imaginé une rivière derrière l'arbre et j'ai noyé l'enfant dedans.» Cette femme avait un sourire amer.

Cet incident révèle que si l'on peut ne pas avoir conscience d'un submoi particulier, on peut également lui opposer hostilité et rejet dès qu'on en prend conscience. Est-il nécessaire de préciser qu'une saine estime de soi est impossible lorsqu'on méprise une part de soi-même? Je n'ai jamais rencontré une personnalité dépressive qui n'ait ressenti de la haine pour son moi-enfant (qui n'est pas simplement ignoré ou rejeté).

Le moi-adolescent est le composant de la psyché qui représente la «personnalité» de l'adolescent que l'on a été, avec ses valeurs, ses émotions, ses besoins et ses réactions. Il ne s'agit pas d'un adolescent générique ou d'un archétype universel, mais d'un adolescent spécifique, unique dans l'histoire et le développement de l'individu.

Souvent, lorsque je travaille avec des couples

sur des problèmes relationnels, une exploration du moi-adolescent se révèle particulièrement utile. C'est le submoi qui joue fréquemment un rôle important dans le choix d'un partenaire. Et c'est l'état d'esprit auquel l'on revient facilement et inconsciemment quand surgit une difficulté ou une crise dans le couple et que l'on s'exclame: «Je m'en fiche!» ou: «Tu n'as pas à *me* dire ce que je dois faire!»

Je me souviens d'un couple de thérapeutes, furieux l'un contre l'autre. Il avait quarante et un ans, elle en avait trente-neuf, mais ils avaient l'air de deux adolescents en colère. En venant me voir, elle lui avait dit qu'il devait me transmettre une certaine information les concernant. Afin d'asseoir son «autorité», elle avait pris une voix de femme plus âgée qui lui avait rappelé la voix de sa mère. Il lui avait alors rétorqué: «Tu n'as pas à me dire ce que je dois faire!» Adolescente, elle avait subi des reproches constants de la part de ses parents. Alors, retrouvant son état d'esprit d'adolescente, elle lui avait donné un coup de poing sur l'épaule en lui criant: «Ne me parle pas comme ça!» Plus tard, revenus à l'âge adulte, ils eurent honte de leur conduite. L'un des deux m'avoua qu'ils semblaient possédés par le démon. C'est exactement ce que l'on peut ressentir quand une subpersonnalité prend le dessus sans que l'on comprenne ce qui se passe. Je les ai aidés à sortir de leur état d'esprit d'adolescent en leur demandant: «Quel âge avez-vous l'impression d'avoir en ce moment? Et est-ce bien le bon âge pour résoudre ce problème?»

Le moi du sexe opposé est la composante de la psyché qui représente la subpersonnalité féminine de l'homme ou masculine de la femme. Ce n'est ni une «féminité» ou une «masculinité» générique, ni un archétype universel, mais un aspect du développement personnel d'un individu qu'il doit à son éducation, à sa culture, à sa famille.

Il existe généralement une forte corrélation entre la façon dont nous nous comportons avec le sexe opposé et la relation que l'on entretient avec notre moi de l'autre sexe. L'homme qui prétend que la femme est un mystère est certainement sans contact avec son côté féminin. Même chose pour les femmes. Mon travail m'a permis de découvrir que c'est en s'occupant chez un patient de sa subpersonnalité du sexe opposé que l'on améliore les relations amoureuses. Elles deviennent plus conscientes, plus empreintes d'ouverture, de bienveillance et, par conséquent, s'intègrent mieux à la personnalité globale. Les femmes acceptent plus facilement que les hommes cette présence d'un autre sexe. Mais ni la masculinité de la femme ni la féminité de l'homme n'est difficile à démontrer. (Je précise que je ne parle ni d'homosexualité ni de bisexualité.)

Le moi-mère est la composante de la psyché qui représente une intériorisation des aspects de la personnalité, des perspectives et des valeurs d'une mère (ou de toute autre «figure maternelle» qui a eu une influence sur l'enfance de l'individu). Il s'agit encore de l'individuel et non du générique. (Et nous sommes loin ici aussi de «l'état d'ego parental», modèle générique employé dans l'analyse transactionnelle. Le père n'est pas l'équivalent de la mère — et vice versa — et l'un ne s'ajoute pas à l'autre pour former une unité psychologique. Ils envoient souvent des messages très différents et ont des attitudes et des valeurs dissemblables.)

Un jour, sortant de mon cabinet avec mon dernier patient et remarquant la fraîcheur du soir, j'ai dit à ce jeune homme : «Et vous n'avez même pas pris un pull ?» Il s'agissait de ma part d'une réaction inhabituelle, très impulsive, si bien que je ne l'ai pas laissé me répondre. «Je constate votre étonnement et je le comprends, ai-je précisé. Ce n'est pas moi qui ai dit ça. C'est ma mère.» Nous avons ri. Pendant quelques secondes mon moi-mère avait investi ma conscience.

Cela arrive tout le temps, en fait. Votre mère peut être morte depuis longtemps et vous continuez néanmoins à entendre ses messages en imaginant souvent que vous entendez votre propre voix alors qu'il s'agit de l'expression de ses valeurs, de sa façon de voir la vie, de ses orientations que vous avez intériorisées et qui se sont installées dans votre psyché.

Le moi-père est la composante de notre psyché qui représente une intériorisation des aspects de la personnalité, des valeurs, de la vision de la vie du père (ou de toute autre «figure paternelle» qui a influencé l'enfance d'une personne).

J'ai eu une fois un patient qui se sentait «coupable» lorsqu'il manifestait de la gentillesse ou de la compassion pour son amie. Nous avons découvert ensemble qu'à l'origine de cette étrange réaction il y avait un moi-père ignoré qui se moquait de lui en lui disant : «Les femmes sont des objets. Il faut seulement se servir d'elles. Quelle sorte d'homme es-tu ?» Ce patient dut lutter pour arriver à distinguer sa propre voix de celle de son père.

Non exhaustive, la liste des subpersonnalités est avant tout destinée à indiquer celles sur lesquelles nous travaillons le plus fréquemment en thérapie. Mais chacune d'entre elles a besoin d'être comprise, acceptée, respectée, traitée avec bienveillance, et notre thérapie comporte les techniques qui permettent ce résultat.

Il y a quelques années, Devers, ma femme, a identifié deux subpersonnalités un peu particulières par rapport aux précédentes mais sur lesquelles on peut faire un travail productif sans utiliser une technique différente. Nous les avons appelées le *moi extérieur* et le *moi intérieur*.

Le moi extérieur est la composante de la psyché qui s'exprime dans l'image de nous-mêmes que nous présentons aux autres. C'est le soi que les autres voient. Il peut s'accorder avec beaucoup de justesse au moi intérieur ou, au contraire, en être une distorsion qui sert de défense, d'armure.

Le moi intérieur est le moi que nous seuls voyons et dont nous faisons l'expérience. C'est le moi privé, subjectivement perçu. (Le début de phrase suivant est particulièrement évocateur : *Si mon moi intérieur se reflétait plus dans l'image que je donne aux autres...*)

L'un des buts essentiels de notre thérapie est de parvenir à intégrer les subpersonnalités. Voici les phases du travail à effectuer :

1. Apprendre à reconnaître une subpersonnalité particulière, à l'isoler et à l'identifier dans notre expérience globale.

2. Comprendre la relation qui existe entre l'adulte conscient et cette subpersonnalité particulière (par exemple : une relation consciente, semi-consciente, inconsciente, l'acceptation, le rejet, la bienveillance ou l'hostilité).

3. Identifier les traits saillants de la subpersonnalité, tels que les principales préoccupations, les émotions dominantes, les réactions caractéristiques.

4. Identifier les besoins ou les désirs inassouvis de la subpersonnalité par rapport au moi-adulte conscient (par exemple : être entendu, écouté, accepté avec respect et compassion).

5. Identifier une conduite destructrice de la subpersonnalité quand d'importants besoins ou désirs sont ignorés ou négligés par le moi-adulte conscient.

6. Développer une relation entre le moi-adulte conscient et la subpersonnalité qui soit basée sur la conscience, l'acceptation, le respect, la bienveillance et l'ouverture.

7. Identifier la relation entre une subpersonnalité particulière et les autres et résoudre tout conflit existant entre elles (à travers le dialogue, la technique des phrases à compléter, le travail devant le miroir).

Devers a mis au point une façon particulièrement efficace de dialoguer avec ses subpersonnalités. C'est une sorte de psychodrame devant un miroir qui consiste, dans un état altéré de conscience, à entrer dans la conscience d'une subpersonnalité et à s'adresser au moi-adulte conscient que l'on voit dans le miroir en utilisant presque toujours la technique des phrases à compléter. Par exemple : Tandis que je suis assis en face de toi et te regarde... ; Tu me traites comme ma mère quand tu... ; L'une des choses que j'ai attendue de toi et que tu ne m'as jamais donnée, c'est... ; Si je me sentais accepté par toi... ; Si tu éprouvais de la compassion pour mes combats...

Que l'on travaille avec un moi plus jeune, du sexe opposé ou parental, dans le but d'intégrer toutes nos subpersonnalités et de faire l'expérience de notre entière personnalité, le processus est toujours le même : convertir des sources de conflit et de tourment en ressources positives qui peuvent nous énergiser et nous enrichir.

Nous est-il possible de pratiquer l'acceptation de soi dans les meilleures conditions sans apprendre à connaître nos subpersonnalités ? Bien entendu, mais à condition d'apprendre à accepter et à respecter nos signaux internes, à être pleinement présent à notre propre expérience, à ce que notre estime personnelle nous réclame quand l'acceptation de soi est concernée.

Toutefois, nous constatons parfois que le processus de l'acceptation de soi est bloqué sans que nous sachions pourquoi. Des voix mystérieuses nous imposent une constante autocritique. L'acceptation de soi nous semble un idéal inaccessible. Dans ce genre de situation, le travail avec les subpersonnalités peut être la clé du déblocage.

En psychothérapie, c'est un travail d'une valeur inestimable, étant donné que l'un des obstacles au développement de la confiance en soi peut être une voix (ou des voix) parentale bombardant le patient de messages critiques, voire hostiles. Le thérapeute a besoin de savoir comment faire taire ces voix négatives et transformer un moi parental hostile en une source de positivité.

Les aptitudes de base nécessaires à un psychothérapeute voulant développer la confiance en soi

Tout psychothérapeute doit impérativement savoir établir le contact avec son patient, créer une atmosphère de sécurité et d'acceptation, faire passer un message d'espoir et d'optimisme. Il doit également avoir les qualités requises pour régler des problèmes spécifiques, tels que les difficultés sexuelles, les comportements obsessionnels, compulsifs ou les problèmes de carrière.

Si le thérapeute s'axe sur le développement de la confiance en soi, il doit pouvoir apporter les moyens de répondre à des besoins particuliers. Et c'est un travail au sujet duquel il peut se poser les questions suivantes :

— Par quels moyens vais-je inviter mon patient à vivre plus consciemment ?

— Comment lui apprendre l'acceptation de soi ?

— Comment lui faciliter l'accès à un plus haut niveau de conscience ?

— Comment l'amener à un plus haut niveau d'affirmation de soi ?

— Par quels moyens puis-je l'aider à agir dans la vie avec plus de détermination, en fonction d'un but ?

— Comment lui inspirer une plus grande intégrité au quotidien ?

— Comment nourrir son autonomie ?

— De quelle manière puis-je contribuer à lui donner de l'enthousiasme ?

— Comment débloquer des potentiels positifs ?

— Comment puis-je l'aider à affronter des difficultés, à relever des défis de manière que son bien-être, sa compétence et sa maîtrise augmentent ?

— Comment l'aider à se libérer de peurs irrationnelles ?

— Comment l'aider à se libérer de la souffrance latente engendrée par des blessures et des traumatismes qui viennent peut-être de son enfance ?

— Comment l'aider à reconnaître, à accepter et à intégrer des aspects de son moi niés ou désavoués ?

De même, le patient qui entend s'assurer que sa thérapie progresse peut-il se référer aux critères qui sous-tendent ces questions. Par exemple, il peut se demander : Est-ce que j'apprends à vivre plus consciemment ? La façon dont mon thérapeute me traite contribue-t-elle à mon expérience de l'autonomie et de mon pouvoir ?

La peur, la souffrance, et l'amélioration du négatif

Les peurs irrationnelles ont inévitablement un effet négatif sur notre image de nous-mêmes. Les supprimer ne peut que renforcer notre estime personnelle. C'est donc l'un des buts essentiels d'une thérapie*.

Les blessures du passé qui restent ouvertes engendrent un sentiment de fragilisation et un système de défenses bien compréhensible. Mais elles

---

* Je tiens à souligner le travail fondamental de mon collègue, le Dr Roger Callahan, qui a permis le développement de ce que je considère comme une technique révolutionnaire de la réduction, voire de l'élimination des peurs débilitantes. A partir du concept du système énergétique humain, venant de la médecine chinoise, via l'acupuncture, mais dont l'Occident se préoccupe de plus en plus et pour lequel il a réuni des preuves consistantes, Callahan a fait un travail dont peuvent s'inspirer tous les psychothérapeutes. La meilleure introduction à ses études est une monographie intitulée : *The Rapid Treatment of Panic, Anxiety and Agoraphobia*.

dressent ainsi une barrière supplémentaire au développement de l'estime de soi.

Lorsqu'on élimine le négatif, on permet l'émergence du positif, et quand on cultive le positif, on affaiblit le négatif ou on le fait disparaître.

Des découvertes importantes, réalisées en psychopharmacologie, apportent une aide incontestable dans les cas de grandes perturbations mentales dont les causes sont d'ordre biochimique. Bien des hommes et des femmes de par le monde ont pu éviter l'hôpital grâce à ces médicaments. J'ai reçu des patients avant et après que leur anxiété, leur dépression, leurs réactions obsessionnelles, compulsives aient été traitées par ces substances et ce qui m'a toujours frappé, c'est le fait que les difficultés inhérentes à leur estime personnelle déficiente (tout comme la structure de la personnalité) persistaient indépendamment d'un possible mieux-être. Toutefois, j'ai également remarqué qu'en plus d'une diminution de la souffrance il y avait une meilleure réceptivité à la psychothérapie. Malheureusement, il arrive aussi que le traitement chimique favorise la fuite devant les vrais problèmes pour lesquels il est plus difficile de trouver une solution que d'avaler une pilule.

La thérapie de l'avenir

La conscience de l'importance de la confiance en soi commence à imprégner notre culture. Il est évident que les psychothérapeutes s'entendront de plus en plus souvent demander : « Comment puis-je développer mon estime de moi-même ? » Le besoin d'une technologie spécifique ne cessera de croître. Mais, d'abord, il faut bien comprendre ce qu'est la confiance en soi et de quoi dépend son émergence.

Il y a, par exemple, une approche de la confiance en soi qui donne la priorité à un accroissement de l'efficacité du patient, c'est-à-dire à l'acquisition de nouvelles aptitudes. C'est évidemment un aspect important de la thérapie de la confiance en soi, mais ce n'en est qu'un aspect, précisément. Si une personne vit dans l'hypocrisie et la malhonnêteté, ce ne sont pas de nouvelles aptitudes qui vont lui donner le sentiment de sa valeur. Ou, si quelqu'un a intériorisé la voix hypercritique de son père ou de sa mère (représentée par un moi-père ou un moi-mère), des succès estimables ne l'empêcheront pas de garder un sentiment d'inadaptation et de médiocrité. Ou encore, si un patient ne pense à la compétence et à la valeur qu'en termes de savoir spécifique et d'aptitudes, sans que le processus mental qui les rend possibles soit concerné, il pourra ressentir malgré ses réussites un profond sentiment d'inefficacité. A propos de ce dernier exemple, je précise que si l'on parle de son efficacité quand on se croit apte à relever les défis fondamentaux de la vie, on se réfère à la pensée, à notre pouvoir de prendre des décisions, d'apprendre et de persévérer face aux difficultés, donc on se réfère à un processus mental, et non à un savoir ou à des aptitudes particulières. Une thérapie axée sur la confiance en soi doit se centrer sur le processus mental. Mais il faut également être assez compréhensif pour se préoccuper de valeur, de respect de soi, de cette confiance en soi qui permet de croire que l'on mérite d'être aimé, d'être heureux et de réussir.

Pour d'autres, la confiance en soi reflète l'approbation des personnes qui jouent un rôle significatif dans notre vie. Le thérapeute pourrait alors déclarer au patient : «Vous devez apprendre à vous faire aimer.» Toutefois, les thérapeutes capables de ce genre de déclaration sont peu nombreux, et l'on entend tout aussi rarement : «La thérapie vous apprendra à manipuler les gens avec tant d'habileté que vous réussirez à vous faire aimer et donc à acquérir une forte estime personnelle!» Les deux déclarations sont liées, à partir du moment où l'on pense que notre estime personnelle nous vient des autres. Mais, en réalité, peut-on ignorer totalement que l'approbation dont nous avons besoin est la nôtre, celle qui vient de l'intérieur? Enfants, nous avons besoin des autres pour satisfaire la plupart de nos besoins. Certains enfants sont plus indépendants que d'autres, mais aucun ne peut avoir le même degré d'indépendance qu'un adulte. Notre maturation nous permet de devenir plus autonomes, y compris en ce qui concerne notre estime personnelle. Mais si l'on ne comprend pas la nature et les racines de la confiance en soi chez l'adulte, si l'on pense qu'elle est le reflet d'une approbation extérieure, alors il devient difficile de passer de la théorie à une pratique efficace.

Certains psychothérapeutes n'identifient la confiance en soi qu'avec l'acceptation de soi et la considèrent en fait comme un droit acquis en naissant, ce qui implique qu'elle ne peut demander aucun effort particulier. Cette approche ne présente qu'une conception limitée de la confiance en soi et de ce qu'elle exige.

Par conséquent, je recommande à toute personne qui envisage de faire une psychothérapie de poser au thérapeute qu'elle rencontre les questions suivantes, avant de s'en remettre à lui :

— Que signifie pour vous l'estime de soi?
— A votre avis, de quoi dépend l'estime de soi?
— Que pourrions-nous faire ensemble pour influer positivement sur mon estime personnelle?
— Qu'est-ce qui vous fait penser cela?

Tout thérapeute consciencieux respectera ces questions.

17

La confiance en soi
et la culture

On peut encore approfondir l'étude des thèmes abordés dans ce livre en analysant les rapports entre la confiance en soi et la culture, et les influences culturelles qui la marquent.

Commençons par nous pencher sur l'idée même de la confiance en soi. Elle n'est apparue en Occident que depuis peu et elle est encore loin d'être bien comprise.

Au Moyen Age, le « moi » tel que nous l'entendons aujourd'hui dormait encore dans la psyché. A la base, l'état d'esprit était tribal, et non individualiste. Chacun occupait de par sa naissance une place immuable dans l'ordre social. A de très rares exceptions, on ne choisissait pas son activité. On naissait paysan, artisan, chevalier... Notre sentiment de sécurité venait non de ce que l'on pouvait accomplir mais de l'idée que l'on faisait partie d'un « ordre naturel » qui était l'œuvre de Dieu. Soumis aux vicissitudes des guerres, des famines, des grandes épidémies, on était également soumis à la tradition. Il y avait aussi peu de compétition que de liberté économique — ou de liberté tout court. Un tel environnement laissait peu de place à un esprit indépendant, voulant s'affirmer, comme à la confiance en soi. Il ne pouvait être question qu'elle s'affirmât par une adaptation économique particulière. Elle mit parfois en danger la vie de ceux qui revendiquaient le droit de la laisser se manifester. Les temps moyenâgeux n'accordaient aucune valeur à l'affirmation de soi, ne comprenaient pas l'individualité, ne pouvaient concevoir la responsabilité de soi, les « droits de l'homme », l'idée moderne de la liberté politique, l'innovation comme mode de vie, la relation entre esprit-intelligence-créativité et survie, et n'avait que faire de la confiance en soi (ce qui ne signifie pas qu'elle ne pouvait exister).

Le concept de « l'individuel » comme unité autonome, capable d'une pensée indépendante, s'est forgé au cours de plusieurs développements historiques : la Renaissance, au XVe siècle, la Réforme, au XVIe siècle, et le siècle des Lumières, deux cents ans plus tard, ainsi que la révolution industrielle et le capitalisme, leurs héritiers. Telle qu'on la conçoit aujourd'hui, la confiance en soi a pris racine dans la culture de l'individualité qui a émergé au lendemain de la Renaissance. Cela vaut également pour ces idéaux que nous admirons, tels que la liberté de faire un mariage d'amour, la croyance dans le droit au bonheur, l'espoir que le travail puisse être à la fois une source de revenus, un moyen de s'exprimer et de s'accomplir. Ces valeurs que l'on considérait encore récemment comme très « occidentales », voire très « américaines », sont de plus en plus adoptées par le reste du monde. Elles correspondent à des besoins humains.

La réalité psychologique de la confiance en soi a existé dans la conscience humaine pendant des milliers d'années avant qu'elle ne devienne une idée explicite. Maintenant qu'elle a enfin émergé, il nous reste à la comprendre.

Le besoin de confiance en soi n'est pas culturel

Quel que soit l'ensemble des coutumes et des valeurs dans lequel il grandit, l'être humain doit agir pour satisfaire des besoins essentiels. Face à cette nécessité, nous ne nous sentons pas automatiquement compétents et, cependant, nous avons besoin de faire l'expérience de notre compétence (que j'appelle l'efficacité personnelle) afin de pouvoir acquérir un sentiment nécessaire de sécurité et le sens de notre pouvoir. Sans eux, il n'y a pas de réaction adéquate, d'adaptation à la vie. Nous ne nous sentons pas automatiquement dignes d'amour, de respect… Et cependant tout être humain a besoin de faire l'expérience de sa valeur (le respect de soi) s'il doit prendre soin de lui-même, protéger ses intérêts légitimes, trouver un peu de plaisir après l'effort et (lorsque c'est possible) s'opposer à ceux qui cherchent à lui faire du mal ou à l'exploiter. Mais encore une fois, cela implique un sentiment de sécurité et de pouvoir personnel. La racine de la confiance en soi est biologique, car elle permet la survie à travers un fonctionnement efficace et continu.

Il s'agit d'un besoin inhérent à la nature humaine. Ce n'est nullement une invention de la culture occidentale.

L'universalité des valeurs liées
à la confiance en soi

Vivre en pleine conscience. Pour tout organisme qui la possède, la conscience doit impérativement intervenir si l'on veut parvenir à une adaptation effective. La conscience humaine se distingue par son pouvoir de conceptualisation et notre survie, notre bien-être dépendent de l'usage approprié de notre esprit. Que l'on répare un filet de pêche ou que l'on conçoive un programme informatique, que l'on négocie avec un ennemi ou que l'on résolve un différend avec sa femme (ou son mari), dans tous les cas on peut agir à un niveau de conscience plus ou moins élevé. On choisit de voir ou de ne pas voir. Mais la réalité est la réalité et il ne suffit pas de s'aveugler pour la faire disparaître. Plus le niveau de conscience auquel on réfléchit et agit est élevé, plus l'on se sent efficace et maître de la situation, et plus nos efforts sont couronnés de succès.

La conscience va de pair avec la confiance en soi. Vivre consciemment est une nécessité qui précède la culture.

L'acceptation de soi. Lorsque l'on nie ou désavoue son expérience, c'est-à-dire quand on rejette ses pensées, ses sentiments ou que l'on refuse la responsabilité de ses actes, on s'en remet à son inconscient mais, surtout, on cherche à se protéger. On tente de maintenir son équilibre et de défendre son image, avec l'intention de fournir un alibi à son estime personnelle. En fait, on la blesse. L'estime de soi demande que l'on sache s'accepter. Cette vérité laisse de côté toute question concernant l'influence d'une culture ou d'une autre sur le processus de l'acceptation de soi. Une société basée sur l'autoritarisme, par exemple, peut très bien favoriser la négligence, voire le mépris de la vie intérieure. Ce qui ne signifie pas pour autant que l'acceptation de soi puisse être un produit culturel.

La responsabilité de soi. Il est impossible de croire à son pouvoir, à son aptitude à résoudre les difficultés de son existence si l'on ne prend pas la responsabilité de ses choix et de ses actions. Personne ne peut croire en son efficacité sans prendre la responsabilité de la réalisation de ses désirs. La responsabilité de soi est essentielle à l'expérience de sa force intérieure. Quand nous pensons que le bonheur, la satisfaction de nos désirs ou l'estime que nous pouvons nous porter dépendent des autres, nous remettons notre vie entre leurs mains au lieu d'en prendre le contrôle. Aucun environnement social ne saurait prouver le contraire.

Toutes les cultures n'accordent pas la même valeur à la responsabilité de soi. Mais cela ne change en rien le fait que responsabilité et volonté d'être responsable de soi sont toujours la marque d'une image de soi plus saine, plus forte.

Au sein d'un groupe, quel qu'il soit, la personne qui est responsable d'elle-même n'a pas de difficulté à travailler en équipe, précisément parce qu'*elle veut être responsable*. Elle n'est pas dépendante et ne parasite ni n'exploite qui que ce soit. Etre responsable de soi ne signifie pas que l'on fasse tout soi-même mais qu'on se prenne en charge pour mieux collaborer. Faut-il en conclure qu'une société où l'on valorise cette attitude est plus forte et mieux équipée pour survivre que celle qui ne lui accorde pas la même importance ?

L'affirmation de soi. L'affirmation de soi consiste à honorer ses besoins, ses désirs, ses jugements, et à chercher à les concrétiser sous des formes appropriées. Toutes les cultures ne reconnaissent pas à l'affirmation de soi la même valeur. Mais si une culture en vient à bloquer la tendance naturelle à l'affirmation de soi, c'est la créativité qui est brimée, l'individualité qui se fige et les exigences de la confiance en soi qui se trouvent entravées. L'Allemagne nazie et la Russie soviétique, pour ne citer que deux exemples contemporains, ont brutalement sanctionné l'affirmation de soi. Dans ces pays, elle n'avait aucune valeur culturelle. Mais la vie humaine en avait-elle une ? D'autres cultures sanctionnent l'affirmation de soi de manière moins extrême, moins violente (parfois même en douceur). Les enfants hawaiiens s'entendent parfois recommander de «rester à ras de terre sans chercher à s'élever¹». On veut les protéger contre les déceptions en leur conseillant de rester modestes. Mais s'effacer porte atteinte à la confiance en soi et donc brime les forces de la vie.

L'expression de soi est naturelle. S'interdire de s'exprimer ne l'est pas. Les enfants n'ont pas à apprendre l'affirmation d'eux-mêmes. Les sociétés fondées sur l'autoritarisme leur apprennent à s'intégrer en se brimant. Que certains enfants viennent au monde avec une plus grande aptitude que d'autres à l'affirmation de soi ne contredit pas cette observation. Quand la peur est absente, l'affirmation de soi est naturelle chez l'être humain. Ce qu'il faut parfois apprendre, c'est à s'affirmer avec confiance et à respecter l'affirmation de soi chez les autres. Il s'agit là d'une démarche impérative pour une bonne coopération, coopérer ne signifiant pas chercher un «compromis» entre l'affirmation et la répression mais exercer son intelligence afin de servir son intérêt personnel dans un contexte social. Et cela s'apprend.

La vie axée sur un but. L'idée d'une vie qui se détermine en fonction d'un but ne signifie pas que l'on axe toute sa vie sur un but (ou des buts) productif à long terme. Le travail productif n'est pas le seul objectif d'une vie. Il y a l'éducation des enfants, les histoires d'amour, les loisirs, le sport ou la méditation... Si l'on évite l'interprétation erronée, on se rend compte qu'il n'y a rien de particulièrement «occidental» dans l'orientation d'une vie vers un objectif. Quand le Bouddha a entrepris sa quête spirituelle n'était-il pas poussé vers un but ?

Lorsque j'utilise des mots comme «efficacité», «compétence», «réussite», «succès», je leur donne un sens plus métaphysique ou ontologique que matérialiste. Sans vouloir mépriser le matériel (dont on a besoin pour survivre), on peut se dire que ces idées concernent l'ensemble de l'expérience humaine.

Et la question est la suivante : Notre vie et notre bien-être s'améliorent-ils si nous utilisons notre énergie pour atteindre des objectifs précis (à court ou à long terme) ? Si, comme moi, l'on pense avec Aristote que l'homme est fait pour acquérir le plein exercice de ses possibilités individuelles, alors la réponse est évidente. La passivité n'invite ni notre raison, ni notre passion, ni notre créativité, ni notre imagination à concrétiser leur potentiel. Nous ne vivons qu'à moitié.

Vie humaine et bonheur sont respectés partout mais pas de la même manière. En Afrique, par exemple, certaines sociétés pratiquent l'excision. Autrefois, en Inde, les veuves étaient brûlées vives.

Je doute qu'élever une objection contre des pratiques de ce genre serait pris pour un acte d'«impérialisme culturel».

Gardons cela à l'esprit en avançant dans notre analyse de la confiance en soi au sein du contexte culturel.

L'intégrité personnelle. Pratiquer l'intégrité, c'est se conformer aux principes que l'on professe, autrement dit : tenir sa parole, respecter ses engagements et tenir ses promesses.

J'ai déjà précisé que la confiance en soi ne peut servir à un sentiment de supériorité sans être dénaturée. Un psychologue hawaiien m'a demandé : «N'enseignez-vous pas aux gens à se sentir supérieurs aux autres ?» Je lui ai répondu que le travail sur la confiance en soi ne concernait que nous-mêmes et notre relation à la réalité. Elevé dans une culture qui privilégie le groupe et non l'individu, il a eu du mal à me comprendre. «Quand on met des crabes dans un seau, ceux du dessus empêchent toujours les autres de sortir, a-t-il ajouté. Ce n'est pas bon de trop s'élever.» «En premier lieu, lui ai-je fait observer, je ne considère pas la société humaine comme un panier de crabes. Ensuite, dites-moi ce que deviennent les enfants particulièrement doués dans votre système ?» Il m'a répondu que pour lui la confiance en soi ne pouvait que se confondre avec un sentiment sécurisant d'appartenance à une communauté, d'intégration à un réseau de relations interpersonnelles. J'ai voulu savoir s'il ne s'agissait pas dans ce cas du besoin d'être aimé et approuvé. Il m'a rétorqué que j'avais la phobie de la «dépendance».

Le besoin profond de faire l'expérience de notre valeur et de notre pouvoir requiert autre chose qu'un confortable sentiment d'« appartenance ». Ce qui ne veut pas dire que les liens, les relations entre individus ne représentent qu'une valeur négligeable. Mais si une culture fait passer ces liens avant l'autonomie et l'authenticité, elle aliène l'individu.

Une enseignante hawaiienne, qui souhaitait introduire dans le système scolaire une pratique efficace de la confiance en soi, m'a dit : « Quels que soient leurs talents ou leurs aptitudes, les gens ont ici un énorme problème au niveau de leur estime personnelle. On a un complexe d'infériorité et je crains qu'on ne puisse le dépasser. Nos enfants sont démoralisés dès le départ. »

Tout cela conduit naturellement à se poser la question : Quelle est l'influence des différentes cultures et des différentes valeurs culturelles sur la confiance en soi ?

L'influence de la culture

Toute société implique un réseau de valeurs, de croyances, d'a priori qui, sans être toujours explicites, font partie de l'environnement humain. Chacun possède ce que l'on peut appeler un « inconscient culturel » qui est un ensemble de croyances implicites concernant la nature, la réalité, les êtres humains, les relations hommes-femmes, le bien et le mal, et qui reflète le savoir, la compréhension et les valeurs d'un lieu et d'une époque. Je ne veux pas dire qu'il n'existe pas de différence de pensée entre les membres d'une même culture. Je ne prétends pas plus que ces croyances sont toujours inconscientes et que personne ne les remet en question. Je veux dire simplement qu'au moins certaines d'entre elles ont tendance à se retrouver dans la psyché de chacun au sein d'une même culture, sans jamais se révéler au niveau de la conscience.

Même les plus indépendants ne sont pas toujours en mesure de comprendre et d'analyser les ressorts culturels de leurs comportements et de leurs pensées. Les grands pionniers qui défient et rejettent des paradigmes que l'on croyait immuables sont eux aussi susceptibles d'accepter sans se poser de questions les principes implicites qui régissent les domaines dans lesquels ils ne travaillent pas. Aristote, par exemple, s'est intéressé à un très grand nombre de domaines différents. Cependant, même lui a été, par bien des aspects, l'homme d'une époque et d'un pays. Personne n'échappe entièrement à l'influence de son environnement social.

Illustrons ce propos en prenant comme exemple le statut de la femme dans l'histoire de l'humanité.

Dans presque tous les pays et pratiquement à toutes les époques, les femmes ont été considérées — et ont dû se considérer elles-mêmes — comme inférieures à l'homme. Cette vue de l'esprit est, sous diverses formes, un élément de «l'inconscient culturel» de presque toutes les sociétés connues et tout aussi bien, d'ailleurs, du «conscient culturel». Le statut de seconde classe de la femme est nettement établi dans tous les fondamentalismes religieux: judaïsme, christianisme, islam ou hindouisme. Il est, en conséquence, particulièrement souligné dans les sociétés dominées par un fondamentalisme religieux.

Dans le christianisme, et pas uniquement aux yeux des fondamentalistes, la relation de la femme à l'homme devait (et souvent doit encore) être calquée sur celle de l'homme à Dieu. Cette perspective fait évidemment de l'obéissance la vertu cardinale de la femme (après la «pureté», bien entendu).

L'idée de l'infériorité de la femme n'est pas faite pour renforcer la confiance en soi. Peut-on douter qu'elle ait eu un effet dévastateur sur l'image que la plupart des femmes avaient d'elles-mêmes ? Même chez les Américaines qui se considèrent comme parfaitement «émancipées», on détecte facilement l'influence pernicieuse de ce point de vue.

Mais les hommes ne sont pas épargnés. La façon dont on juge de leur valeur n'est pas plus bénéfique à leur estime personnelle.

Dans la plupart des cultures, les hommes apprennent à confondre leur valeur avec leur capacité de gagner de l'argent, de pourvoir aux besoins de leur famille. Si, traditionnellement, la femme doit obéissance à son mari, l'homme doit pourvoir aux besoins de sa femme (et lui assurer une protection physique). Quand une femme perd son travail et se retrouve au chômage, elle a évidemment des problèmes financiers, mais elle ne se sent pas diminuée comme l'homme dans un cas similaire. Pour lui, c'est une castration. Dans les périodes de grandes difficultés économiques, les femmes ne se suicident pas quand elles sont au chômage, tandis que les hommes en arrivent souvent à cette extrémité parce qu'ils ont appris à identifier leur estime personnelle à leur capacité de gagner de l'argent.

Mais la confiance en soi n'est-elle pas liée à la capacité de relever les défis de la vie ? Par conséquent, l'aptitude à gagner sa vie n'est-elle pas essentielle ? A ce propos, il y a au moins deux points à préciser. D'abord, si une personne n'est pas en mesure de gagner sa vie à cause de son

inconscience, de sa passivité, de son irresponsa-
bilité, alors cette inaptitude a évidemment une
incidence sur l'estime personnelle. Mais si le problème résulte de facteurs qui échappent à notre
contrôle — une crise économique —, qu'a-t-on à
se reprocher? La confiance en soi ne relève que
de ce qui découle d'un choix volontaire. Ensuite,
il faut noter que pourvoir aux besoins de sa
famille est généralement considéré comme plus
important que le simple fait de gagner sa vie. On
juge l'homme et on lui apprend à se juger selon
sa capacité à prendre financièrement en charge
une famille. L'homme apprend à «servir» tout
autant que la femme. Seule la manière diffère.
Quand l'homme ne peut plus subvenir aux besoins d'une femme, il se sent diminué et elle-même
lui renvoie cette image. Il faut une indépendance
d'esprit et une estime de soi exceptionnelles pour
redresser la tête et demander: «Pourquoi ma
valeur d'homme se résume-t-elle à ça?»

La mentalité tribale

Tout au long de l'histoire humaine, la plupart
des sociétés et des cultures ont été dominées par
une mentalité tribale. Ce fut le cas des sociétés
primitives, de celles du Moyen Age et, au XXe siècle, des pays socialistes (et de certains pays hors
du bloc socialiste). Le Japon est un exemple
contemporain d'une nation non socialiste dont
l'orientation culturelle est encore fortement tribale.
Pour ces sociétés, la tribu représente le bien
suprême tandis qu'elle réduit l'importance des
individus qui deviennent interchangeables, au
mépris de leurs particularités. A la limite, l'indi-

vidu n'existe que dans le réseau des relations tribales. Par lui-même, il n'est rien.

Les sociétés tribales offrent éventuellement une relative liberté. Le contrôle exercé sur l'individu est plus culturel que politique, quoique la politique soit toujours présente. Ce que je tiens à souligner ici, c'est l'antagonisme entre estime de soi et contraintes tribales.

Ces contraintes orientent l'individu vers l'idée première de son insignifiance. Le message, implicite, est le suivant : Tu ne comptes pas. Seul, tu n'existes pas. Il faut que tu fasses partie du groupe. Par conséquent, toute société dans laquelle domine une mentalité tribale est, par nature, l'ennemie de la confiance en soi. L'affirmation de soi n'existe pas (sauf à travers des processus hautement ritualisés).

Les études anthropologiques consacrées aux tribus primitives qui existent encore aujourd'hui nous apprennent beaucoup de choses sur les formes plus anciennes de la mentalité tribale et de sa conception de l'individu et de l'amour. En voici un exemple, plutôt amusant, tiré de *The Natural History of Love*, de Morton M. Hunt :

« Généralement, la structure clanique et la vie sociale de la plupart des sociétés primitives permettaient une intimité très ouverte et une large distribution d'affection (...) les peuples primitifs qui ne voyaient pas de grande différence entre les individus ne nouaient pas des relations privilégiées à la manière occidentale ; nombreuses sont les observations qui attestent de leur détachement à l'égard des objets de leur amour et de leur candide croyance en des amours interchangeables. Le Dr Audrey Richards, qui mena des études anthropologiques en vivant parmi les Bemba, dans le nord de la Rhodésie au cours des années 30, raconta un jour à ces hommes une fable anglaise dans laquelle un jeune prince escaladait des montagnes, franchissait des précipices et affrontait des dragons dans le seul but de demander la main de la jeune fille qu'il aimait. Visiblement effarés, les Bemba restèrent néanmoins silencieux. Puis un vieux chef prit la parole et exprima les sentiments du groupe à travers cette très simple question : "Pourquoi il n'a pas pris une autre fille ?" »

La célèbre étude de Margaret Mead sur les Samoans montre de la même manière l'absence de profonds attachements émotionnels dans la psychologie et le mode de vie de ces sociétés[2]. Tandis que l'on encourage la promiscuité sexuelle et l'éphémérité des relations sexuelles, on décourage toute esquisse de liens émotionnels profonds. Si l'amour est une façon de s'exprimer et de fêter son moi, comme celui de l'autre, on devine aisément le sort fait à l'estime personnelle, sans parler de l'équivalence spirituelle de ces comportements que l'on peut retrouver dans les « sex-clubs » de New York aujourd'hui.

Dans les cultures primitives qui ont le plus réglementé l'activité sexuelle, on découvre souvent la peur de l'attachement sexuel né de (ce que nous appelons) l'amour. L'activité sexuelle paraît en effet acceptable quand les sentiments qui l'engendrent sont superficiels. G. Rattray Taylor écrit à propos des îles Trobriand :

« Les adultes acceptent les jeux sexuels des enfants et même leurs tentatives d'accomplir l'acte sexuel ; devenus adolescents, les enfants peuvent coucher les uns avec les autres, à condition qu'ils ne soient pas amoureux. Dès qu'il y a de l'amour, l'acte sexuel est interdit, et dormir ensemble est, pour des amants, une indécence[3]. »

Si l'amour intervient, il est parfois plus sévèrement réglementé que le sexe. (Bien entendu, le mot « amour », avec le sens que nous lui donnons, ou même un sens approximatif, est absent du vocabulaire.) La passion est considérée comme une menace pour les valeurs et l'autorité tribales. Repensons encore une fois aux implications de ce contexte pour la confiance en soi.

On retrouve la mentalité tribale dans la société technologiquement très avancée décrite dans *1984* de George Orwell où le pouvoir et l'autorité d'un Etat totalitaire visent à écraser l'affirmation de l'individualité à travers l'amour romantique. Le mépris des dictatures du XXe siècle pour la « vie privée », présentée comme un désir exprimant tout « l'égoïsme petit-bourgeois » est très connu. Les dictatures modernes appréhendaient peut-être mieux le sens de l'individualité que les tribus primitives mais leur hostilité n'en était que plus virulente. En assistant à la première conférence internationale sur la confiance en soi, en 1990, en Norvège, j'ai entendu un Soviétique remarquer : « En tant qu'Américains, vous ne pouvez pas comprendre à quel point l'idée de l'estime de soi peut être absente de notre pays. Elle n'est absolument pas comprise. Et si elle l'était et que quelqu'un en parle, on crierait à la subversion politique. »

Le Japon moderne offre l'exemple intéressant d'une société semi-libre, où un autoritarisme tribal voisine avec des forces libérales qui tendent à dépasser les contraintes ancestrales pour aller vers plus de liberté et un individualisme plus marqué. Voici un commentaire de Jonathan Rauch sur l'aspect « ancien » de la culture japonaise :

« Le Japon a quelque chose de gênant avec son côté traditionnel, prélibéral. Les équipes de baseball imposent à leurs joueurs un entraînement épuisant sous prétexte que c'est la meilleure façon de développer la force de l'esprit. A l'université, les nouveaux sont humiliés et malmenés comme ils humilieront et malmèneront à leur tour leurs cadets. Dans le système d'ancienneté toujours vivace, le jeune souffre et paie son dû, apprend à subir et, plus tard, inflige le même traitement aux plus jeunes que lui. Ce système de brimades, profondément respecté par les Japonais, n'est qu'un secteur d'une géographie morale très diversifiée. Mais il est celui qui a très vite attiré mon attention et dont le magnétisme vaguement fasciste m'a séduit... J'avais récemment lu Platon, et quand j'ai découvert les valeurs traditionnelles japonaises — la force acquise par la douleur, la force puisée dans la hiérarchie, la force acquise par la soumission de l'individu au groupe —, je me suis dit que personne n'aurait admiré le Japon traditionnel autant que Platon qui y aurait vu l'étincelante Sparte de ses rêves[4]... »

Il y a quelques années j'ai eu, en thérapie, un Japonais, professeur d'aïkido. Il était venu en Californie à vingt-deux ans. Il m'a dit : « Le Japon change, c'est certain, mais le poids des traditions y est encore énorme. L'idée de la confiance en soi existe à peine, et elle ne ressemble en rien à ce que vous en dites, à ce que je comprends et souhaite pour moi. Là-bas, tout est lié au groupe — que ce soit la famille ou l'entreprise — mais jamais vraiment à l'individuel. J'ai vu mes amis se débattre dans un problème qu'ils ne pouvaient même pas exprimer clairement. Je suis venu aux Etats-Unis parce que je préfère l'individualisme. Il y a beaucoup de gens vraiment dingues ici, mais je crois néanmoins que la confiance en soi peut mieux se développer ici. »

Je ne prétends pas que la culture japonaise soit totalement opposée à la confiance en soi. C'est une culture trop complexe qui contient trop de valeurs contradictoires pour que cette affirmation soit possible. Les éléments cités précédemment sont, à l'évidence, contraires au développement de la confiance en soi. Beaucoup de choses dans la culture japonaise découragent l'autonomie, comme dans toute société tribale. Mais il y a d'autres éléments qui ont des effets psychologiques positifs. Une haute considération pour le savoir et le goût de l'apprentissage. Une compréhension de l'importance de la responsabilité personnelle face à ses actes et à ses engagements. La fierté du travail réussi. Dans les cultures de grande diversité, il vaut mieux considérer l'influence sur la confiance en soi de croyances et de valeurs spécifiques plutôt que celle de la culture prise globalement.

D'une façon générale, les cultures tribales dévalorisent l'individualité et encouragent la dépendance, ce qui les rend globalement hostiles à la confiance en soi.

La mentalité religieuse

En Californie, lorsque l'on commença à s'intéresser dans les écoles au développement de la confiance en soi, les fondamentalistes chrétiens furent les plus fervents adversaires de cette initiative. Ils dénoncèrent un programme de «vénération de soi-même» et prétendirent que cette adulation de l'individu éloignerait les enfants de Dieu.

Il y a plusieurs années, une carmélite m'a parlé de ses études religieuses. «On nous a appris, m'a-t-elle dit, que l'ennemi à vaincre, la barrière entre nous-mêmes et Dieu, c'était le moi. Il fallait garder les yeux baissés, afin de ne pas voir trop de choses ; refouler ses émotions et tendre vers l'insensibilité ; consacrer sa vie à la prière et servir l'Ordre, afin de ne pas trop penser ; obéir avant tout et ne jamais poser de questions. »

Tout au long de l'histoire, quand il y a eu alliance de l'Etat et de la religion, la conscience a toujours été punie. C'était un péché de penser. Des hommes et des femmes ont été torturés et mis à mort pour avoir commis ce péché. C'est la raison pour laquelle l'idée américaine de la séparation absolue de l'Eglise et de l'Etat a eu une telle signification historique en interdisant à tout groupe religieux, quel qu'il fût, d'utiliser la machinerie gouvernementale pour persécuter ceux qui se ralliaient à des croyances différentes.

Quand la révélation et la foi remplacent la raison — quand on ne peut se référer à un critère objectif de connaissance —, ceux qui pensent différemment sont perçus par les croyants comme une menace, un danger, un fléau capable de répandre le poison de la non-croyance. Considérons, par exemple, la réaction typique de la religion face à l'athéisme. On pourrait penser que celui qui découvre la foi à travers une expérience personnelle se montre plein de compassion pour celui qui n'a pas eu l'avantage de faire la même expérience. Mais il n'en est rien. Au contraire, la plupart du temps, il manifeste de la haine. Pourquoi ? Parce que l'athée est perçu par le croyant comme une menace. Or, lorsqu'on croit avoir rencontré Dieu, ne devrait-on pas manifester de la compassion pour les moins fortunés que la grâce divine n'a pas touchés ? (En fait, la Bible a donné le ton. On y apprend que Jésus a menacé ceux qui ne reconnaissaient pas en lui le fils de Dieu d'un tourment éternel. Dans le Coran, Mahomet n'est pas plus charitable envers les non-croyants. Longue est l'histoire de la cruauté de la religion à l'encontre de ceux qui s'en écartent.)

Mais ne nous limitons pas à une simple opposition entre foi et athéisme. Pendant des milliers d'années, des hommes se sont entre-tués pour un même dieu qu'ils nommaient différemment. D'effroyables guerres ont éclaté entre des gens qui se disaient tous chrétiens.

Historiquement, la religion traditionnelle ne s'est pas contentée de s'opposer à la science, elle a également condamné la plupart des mystiques, parce que le mystique se réclame d'une expérience de Dieu, directe, qui donc échappe à l'autorité de l'Eglise. Dans une optique traditionaliste, le mystique qui se situe hors de l'orbite de l'Eglise est beaucoup trop individualiste.

Mon propos n'est pas ici d'analyser l'impact de la religion en tant que telle, mais simplement de mettre en relief l'autoritarisme religieux et ses manifestations dans une culture donnée. Ce qui exclut de mon étude les religions ou les enseignements religieux spécifiques qui soutiendraient l'ouverture d'esprit et la pensée indépendante. Je m'attache par conséquent aux effets produits sur la confiance en soi par des cultures ou subcultures dans lesquelles domine l'autoritarisme religieux, la foi étant imposée et la dissidence considérée comme un péché. Dans un tel contexte, la vie consciente, la responsabilité de soi et l'affirmation de soi sont des valeurs proscrites.

Ce serait une erreur de ne penser qu'à l'Islam ou à l'Eglise de Rome. Luther et Calvin ne prônaient pas plus l'indépendance de l'esprit que le pape.

Si, dans une culture, on répète aux enfants :

— « Nous sommes tous devant Dieu des créatures inférieures qui n'ont pas plus de valeur les unes que les autres. »

— « Nous sommes nés dans le péché et sommes par nature des pécheurs. »

— « Ne pensez pas, ne posez pas de questions, contentez-vous de croire. »

— « Qui êtes-vous pour oser considérer que votre esprit est supérieur à celui du prêtre, du pasteur, du rabin ? »

— « Si tu as une valeur, ce n'est pas grâce à tes mérites mais grâce à Dieu qui t'aime. »

— « Se soumettre sans comprendre est le commencement de la sagesse. »

— « Ne soyez pas volontaires. S'affirmer, c'est pécher par orgueil. »

— « Ne pensez jamais que vous vous appartenez. »

— « Si un conflit éclate entre votre jugement et celui de votre autorité religieuse, c'est votre autorité religieuse qu'il faut croire. »

— « Savoir se sacrifier est la plus haute des vertus. »

Si, donc, on éduque un enfant avec de tels préceptes, quelles peuvent être les conséquences sur la pratique de la vie consciente, de l'affirmation de soi ou des autres clés de la confiance en soi ?

Dans une culture, une subculture, une famille qui valorisent la foi, la soumission et le conformisme au détriment de la pensée, de l'expression de soi et de l'intégrité, ceux qui parviennent à préserver leur estime personnelle sont de véritables héros.

J'ai plusieurs fois entendu dire que les préceptes que j'ai énumérés n'ont pas la signification qu'ils semblent avoir. Plusieurs chrétiens m'ont assuré qu'ils savaient très bien ce que Jésus-Christ avait réellement voulu dire mais que, hélas, des millions de chrétiens l'ignoraient.

Ce qui est néanmoins indiscutable, c'est qu'indépendamment de l'époque ou du pays, toutes les religions (chrétiennes ou non) qui ont eu un Etat pour allié ont sanctionné la conscience, l'indépendance, l'affirmation de soi avec, parfois, une effarante cruauté. C'est cela qu'il faut avoir en tête lorsqu'on essaie de mesurer l'impact psychoculturel de l'autoritarisme religieux sur les individus. On n'en conclura pas pour autant que toutes les idées religieuses sont nécessairement pernicieuses et fausses. Mais si, dans une perspective historique, on se penche sur l'influence de la religion d'une culture à l'autre, on ne peut prétendre qu'elle ait eu un effet salutaire sur la confiance en soi.

La religion est généralement un sujet qui soulève les passions. Pour certains lecteurs, ce chapitre doit être une sorte de brûlot. Les enseignants qui sont de mon avis sont toujours prêts à expliquer qu'il n'y a pas d'opposition entre un programme de développement de la confiance en soi et les préceptes de la religion conventionnelle. En discutant avec des théologiens, je leur ai quelquefois posé la question suivante : « Si vous pensez que nous sommes les enfants de Dieu, n'est-ce pas blasphémer que de nous convier à négliger l'amour de nous-mêmes ? » Mais une autre question demeure : Quand les fondamentalistes partent en guerre contre le développement

de la confiance en soi dans les écoles en soute-
nant que c'est une entreprise contraire à la religion traditionnelle, peut-on vraiment croire qu'ils
n'ont pas été induits en erreur par l'Eglise? Cette
question doit être prise en considération.

La culture américaine

Il y a dans la culture des Etats-Unis plus de subcultures que dans aucun autre pays du monde.
Notre société se caractérise par une extraordinaire diversité de valeurs et de croyances. Néanmoins, on peut parfaitement parler de «culture
américaine» si l'on considère un faisceau d'orientations dominantes qui résiste à un ensemble de
forces contraires.

Ce qui marqua la création des Etats-Unis, ce
fut le rejet conscient de tout a priori d'ordre tribal. La Déclaration d'indépendance se basait sur
la doctrine révolutionnaire des droits individuels, inaliénables, et proclamait que le gouvernement était au service de l'individu et non le
contraire. Bien que cet engagement ait été trahi
à maintes reprises et de diverses façons par les
politiciens, il continue cependant à représenter
l'essence de cette abstraction — ou de ce rêve :
l'*Amérique*. L'Amérique ou : la liberté, l'individualisme, la quête du bonheur, l'autonomie, l'individu qui n'appartient qu'à lui-même, qui n'est
jamais la propriété de la famille, de l'Eglise, de
l'Etat ni de la société. Quand elles furent procla-
mées, ces idées représentaient un élan révolutionnaire. Je ne crois pas qu'elles aient jamais été
réellement comprises ou acceptées. En tout cas,
pas par la majorité des gens.

La plupart des pères fondateurs croyaient en

Dieu qu'ils voyaient comme le créateur de l'univers mais aussi comme un grand absent dans les affaires humaines. Ils avaient parfaitement conscience du mal que peut faire la religion quand on l'autorise à utiliser la machinerie de l'Etat. Rationalistes, ils avaient tendance à se méfier du clergé. George Washington a déclaré sans détour que les Etats-Unis n'étaient pas «une nation chrétienne». La liberté de conscience a toujours fait partie de la tradition américaine.

Ainsi que l'observe Harold Bloom dans *The American Religion*, la relation de l'Américain à Dieu ne passe ni par un groupe ni par une autorité : elle est profondément personnelle[5]. La rencontre se fait dans un espace spirituel propre à chacun. C'est une expérience qui ne se retrouve pas ailleurs et qui reflète bien l'essence individualiste de l'Amérique. Selon Bloom, la majorité des Américains croient que Dieu personnalise son amour. Nous sommes loin de Spinoza qui, dans son *Ethique*, observe que celui qui aime véritablement Dieu ne doit rien attendre en retour. Les Américains ont tendance à se prendre pour le peuple élu.

La tradition américaine s'est bâtie sur une donnée géographique : nation-frontière, elle ne possédait rien et a dû tout créer. L'autodiscipline, le dur labeur étaient ses plus hautes valeurs culturelles. On parlait beaucoup de communauté et d'entraide, mais sans que soient découragées la confiance en soi et la responsabilité personnelle. Les gens s'entraidaient quand ils le pouvaient. Mais il fallait que chacun finisse par se prendre en charge.

Dans l'Amérique du XIXᵉ siècle, on ne fut pas éduqué dans la «psychologie du droit à bénéficier des autres». Personne n'était encouragé à se croire naturellement en droit de profiter du travail, de l'énergie ou des ressources des autres. L'adoption de l'attitude contraire représenta un tournant dans la culture du xxᵉ siècle.

Ce survol de la tradition américaine laisse évidemment de côté beaucoup de choses et, en particulier, l'institution de l'esclavage, le statut de citoyens de seconde classe des Noirs, la discrimination légale qui n'a pas permis aux femmes de voter avant ce siècle. Néanmoins, on peut affirmer que là où l'esprit américain a pu se manifester, il a fortement encouragé l'estime personnelle et l'actualisation du potentiel de chacun.

Il ne faut pas oublier qu'une culture, c'est d'abord des gens, et ces gens portent leur passé en eux. Si l'Amérique a refusé officiellement tout tribalisme, ses citoyens venaient de pays dominés par la mentalité tribale et donc continuaient souvent à subir son influence culturelle et psychologique. Certains ont émigré pour échapper à des préjudices religieux, voire à une persécution, mais la plupart sont venus avec leur autoritarisme religieux. Ils ont apporté avec eux de vieux préjugés raciaux, sexistes et religieux. Des valeurs culturelles antagonistes ont présidé à la création du Nouveau Monde et persistent encore aujourd'hui. Dans notre contexte culturel actuel, des forces favorables à la confiance en soi entrent constamment en conflit avec des forces opposées.

Aux Etats-Unis, la mutation culturelle du xxᵉ siècle a, en particulier, été néfaste au renforcement de la confiance en soi.

Je pense aux idées qui nous ont été inculquées au lycée et à l'université dans les années 50, lorsque l'agnosticisme épistémologique (pour ne pas dire le nihilisme) rejoignait le relativisme moral, lequel s'associait au marxisme. Nous avons été des millions à être informés que :

— L'esprit est incapable d'appréhender la réalité telle qu'elle est; en dernière analyse, l'esprit ne sert à rien.

— Les sens ne sont pas fiables et nous induisent en erreur de toute façon: «Tout n'est qu'illusion.»

— Les principes de la logique ne sont que «pures conventions».

— Les principes éthiques ne sont que simples «expressions de nos sentiments» qui n'ont aucun fondement dans la raison ou la réalité.

— Il n'existe aucun code rationnel des valeurs morales.

— Etant donné qu'aucun comportement n'est déterminé par des facteurs que nous puissions contrôler, aucune réussite ne mérite d'applaudissements.

— Etant donné qu'aucun comportement n'est déterminé par des facteurs que nous puissions contrôler, nous ne sommes jamais responsables de nos erreurs.

— Quand des crimes sont commis, c'est la «société» qui est coupable, jamais l'individu (à l'exception des crimes financiers qui doivent entraîner la condamnation des hommes d'affaires).

— Nous avons tous un même droit aux produits et aux services existants — la notion de «mérite» est réactionnaire, donc antisociale.

— La liberté politique et la liberté économique ont eu leur chance mais ont échoué, et l'avenir appartient aux entreprises étatiques qui nous construiront le paradis sur terre.

J'ai pensé à ces idées et aux professeurs qui nous les transmettaient en suivant à la télévision les émeutes de Los Angeles, au printemps 1992.

Au journaliste qui lui demandait : « Est-ce que vous vous rendez compte que vous n'aurez plus demain à votre disposition les magasins que vous avez saccagés aujourd'hui ? », un émeutier a répondu : « J'avais pas pensé à ça ! » Mais qui aurait pu lui apprendre à penser correctement quand les « enfants privilégiés » sont eux-mêmes tout aussi égarés ? Lorsque j'ai vu des hommes arracher un homme sans défense à son van pour le rouer de coups, j'ai cru entendre la voix de mes professeurs : « Si vous trouvez cette conduite immorale, vous êtes simplement sous le coup de l'émotion. Il n'y a pas de bonne ou de mauvaise conduite. » Lorsque j'ai vu des hommes et des femmes dévaliser en hurlant de rire des magasins, j'ai pensé également à l'enseignement que j'avais reçu : « Personne n'est responsable de ses actes (à l'exception des capitalistes trop gourmands qui ont la mainmise sur le commerce et n'ont que les ennuis qu'ils s'attirent). » Je me suis dit que le message de mes professeurs était parfaitement passé dans la réalité culturelle. Les idées comptent et ont des conséquences.

Si l'esprit est impuissant, si le savoir n'est que superstition, pourquoi devrions-nous accorder plus d'importance à un cours sur les grands penseurs de l'Occident qu'à un cours sur le rock ? Pourquoi un étudiant devrait-il faire l'effort de suivre un cours de mathématiques quand une leçon de tennis peut être gratifiante ?

Si le comportement humain échappe à tout principe objectif et si personne n'est responsable de ses actes, qu'est-ce qui pourrait empêcher les commerçants de voler leurs clients, les banquiers d'escroquer les leurs, les politiciens de nous mentir, de nous trahir, de nous cacher l'information qui nous permettrait de faire de vrais choix ?

Si parler de ce qui est «mérité» et de ce qui ne l'est pas est réactionnaire, pourquoi ne va-t-on pas piller les magasins quand on est d'humeur à s'approprier ce que l'on convoite? Pourquoi serait-il mieux de travailler que de voler?

On a vu émerger dans la seconde moitié de ce siècle une culture qui, par bien des aspects, reflète les idées qui ont été enseignées pendant des décennies dans les cours de philosophie de nos universités, qui ont infiltré les autres enseignements puis le monde extérieur. Elles sont devenues la «sagesse reçue» de nos leaders intellectuels. On les retrouve à la une des journaux, à la télévision, au cinéma, dans les bandes dessinées. Mais elles sont irrationnelles, impossibles à soutenir, et soulèvent une opposition de plus en plus grande. Néanmoins, elles sont encore présentes partout. Elles sont redoutables pour la civilisation, l'avenir et la confiance en soi.

La culture américaine est le terrain où s'affrontent les valeurs de la responsabilité de soi et celles de l'acquis automatique. Ce n'est pas le seul conflit culturel auquel nous assistions, mais c'est celui qui concerne de plus près la confiance en soi. Il est également générateur de la plupart des autres conflits.

Nous sommes des êtres sociaux, faits pour exprimer notre humanité au sein de la communauté. Mais les valeurs de notre communauté peuvent nous engager à donner le meilleur ou le pire de nous-mêmes. Une culture qui valorise l'esprit, l'intellect, le savoir et la compréhension favorise le développement de la confiance en soi. Une culture qui dénigre l'esprit porte atteinte à la confiance en soi. Une culture dans laquelle les êtres humains sont considérés comme responsables de leurs actes soutient la confiance en soi.

Une culture dans laquelle personne n'est tenu pour responsable de ses actes génère démoralisation et mépris de soi. Valoriser la responsabilité de soi, c'est développer la confiance en soi. Encourager les gens à se prendre pour des victimes, c'est promouvoir dépendance, passivité, mentalité de profiteur. Il suffit de regarder autour de soi pour constater qu'il en va ainsi.

Il y aura toujours des hommes et des femmes indépendants qui se battront pour leur autonomie et leur dignité même dans la culture la plus corrompue et la plus corruptrice, tout comme il y aura toujours des enfants capables de sortir d'une enfance cauchemardesque avec une estime personnelle intacte. Mais un monde qui valorise la conscience, l'acceptation de soi, la responsabilité et l'affirmation de soi, la détermination et l'intégrité n'en expose pas la pratique au découragement ou à la pénalisation. Par exemple, les enfants n'y apprennent pas qu'ils sont de grands pécheurs devant l'Eternel, l'obéissance n'y est pas préférée aux interrogations intelligentes, les étudiants ne s'y entendent pas enseigner que la raison est une superstition, la féminité synonyme de soumission, le sacrifice de soi la plus haute des vertus tandis que les réalisations productives ne méritent qu'indifférence ; les systèmes d'aide sociale ne pénalisent pas le choix du travail et les producteurs ne sont jamais traités en criminels.

Une certaine conscience de ces réalités se traduit par le fait que ceux qui se sentent concernés par les problèmes du quart monde pensent de plus en plus qu'il faut enseigner à tous une éthique du travail, développer les aptitudes intellectuelles, la responsabilité personnelle, la maîtrise des relations interpersonnelles, le goût de la réalisation selon des critères objectifs de réussite.

La philosophie fataliste qui faisait de certains d'éternelles victimes n'a pas marché, ainsi que le prouve la dégradation incessante de la situation sociale. On n'aide pas les gens à sortir de la pauvreté en leur racontant que cette situation est un problème planétaire dont ils ne sont pas responsables et qu'ils ne peuvent que subir.

Sur ce point précis, les observations de Christopher Lasch sont particulièrement intéressantes, étant donné que Lasch n'est pas un champion de l'individualisme et a même critiqué le mouvement favorable à l'estime de soi :

« Est-il nécessaire de souligner aujourd'hui que la politique gouvernementale basée sur le modèle thérapeutique est décidément une faillite ? Loin d'encourager au respect de soi, elle a créé une nation d'individus dépendants en donnant naissance au culte de la victime qui n'a qu'un recours : essayer de monnayer les blessures infligées par une société sans scrupules. La politique de la "compassion" est dégradante à la fois pour les victimes qu'elle réduit à n'être que des objets de pitié et pour leurs prétendus bienfaiteurs qui trouvent plus facile de manifester de la pitié que de considérer que tout être humain a plus besoin de respect que de pitié. La compassion est devenue le visage humain du mépris[6]. »

A propos de la détermination, du choix d'un but, j'ai parlé de l'attention qu'il est nécessaire de porter aux résultats de ses actions. Si nos actes, nos programmes ne produisent pas les résultats escomptés, nous devons revoir nos principes de départ. Il est en effet inutile de continuer sur sa lancée quand elle nous mène dans la mauvaise direction. Une culture de la confiance en soi est une culture de la responsabilisation de chacun.

C'est le seul moyen de progresser et de vivre dans la bienveillance avec les autres.

Une culture qui utilise les six clés du développement de l'estime personnelle en les introduisant dans l'éducation des enfants, l'enseignement, l'art, la vie des organisations, génère les conditions favorables à l'acquisition d'un haut degré de confiance en soi. Mon point de vue n'est pas pragmatique : je ne dis pas qu'il faille souscrire à ces idées parce qu'elles favorisent la confiance en soi, je dis que ces idées étant attachées à la réalité, elles le sont également au développement de la confiance en soi.

Je n'ai pas fait une étude philosophique mais psychologique et j'ai par conséquent exprimé mes idées d'une façon très personnelle, telles qu'elles existaient dans ma conscience. Mais si le lecteur trouve à ce livre des implications philosophiques, il ne se trompera guère.

L'individu et la société

Nous vivons tous dans un océan de messages concernant la nature de notre valeur et les critères qui doivent nous permettre de la juger. Plus nous sommes indépendants et plus nous adoptons une attitude critique, en refusant d'accepter aveuglément des idées, des options que l'on nous présente comme des «réalités». Je suis certain que la vigilance que j'ai acquise, je la dois en grande partie à mon père qui aimait à remarquer devant une information nouvelle : «Je me demande ce qu'il faut en penser...»

Aucune culture n'encourage à la discussion de ses principes de base. Vivre en pleine conscience c'est, précisément, pour une part, se dire que les

opinions des autres ne sont que des idées personnelles — rarement l'ultime vérité. Ce n'est pas du
scepticisme mais une simple et saine pensée critique.

Des tensions peuvent être inévitables entre le
fonctionnement d'une société et le développement
individuel. Le corps social se préoccupe d'abord
de sa propre survie et de sa pérennité. Il encourage les valeurs qui sont censées servir ces buts,
et qui peuvent n'avoir aucun rapport avec les
besoins et les aspirations des individus. Par exemple, une nation militariste ou une tribu en guerre
valorise évidemment les vertus guerrières : agressivité, indifférence à la douleur, soumission absolue à l'autorité, etc. Mais dans ce genre de
situation, rien n'indique que l'identification de la
masculinité et de la valeur d'un homme à ces
vertus serve les intérêts individuels. En dépit de
la pression sociale, certains résisteront toujours
et s'en tiendront à leurs propres options tandis
qu'ils se verront qualifiés d'« égoïstes ». (Celui qui
consacre sa vie à l'étude, à la recherche s'expose
à ce genre de classification.) Mais à leurs yeux,
ils ne font que manifester leur intégrité. Une
société peut également, à certains moments de son
histoire, estimer qu'elle a besoin d'un accroissement de population. Dans ce cas, elle encourage
les femmes à croire que la maternité est la joie
suprême de la femme, son épanouissement et sa
plus grande vertu. Mais il y a des femmes qui
voient la vie autrement, et misent par exemple sur
une carrière qui les oblige, sinon à renoncer à la
maternité, du moins à la remettre à plus tard.
Ces femmes possèdent un esprit indépendant qui
leur permet, pour la sauvegarde de leurs valeurs
personnelles, de ne pas céder aux instances de

leur mère, de leur entourage (ce qui leur vaut la plupart du temps d'être qualifiées d'«égoïstes»).

Dans la majorité des cas, on se juge en fonction des valeurs qui prévalent dans le contexte social et qui nous sont transmises par la famille, les politiciens, les responsables religieux, les enseignants, les médias... Mais ces valeurs peuvent être rationnelles ou ne pas l'être, répondre aux besoins de l'individu ou les ignorer.

On me demande parfois s'il ne serait pas possible de développer une réelle estime personnelle en se conformant aux normes culturelles spontanément, sans s'en rendre compte, sans se poser de questions, sans saisir une éventuelle absurdité. La sécurisation qu'engendre l'appartenance à un groupe n'est-elle pas une forme de confiance en soi ? L'approbation du groupe et son soutien ne permettent-ils pas l'expérience d'une réelle valeur personnelle ? L'erreur consiste à confondre un sentiment de sécurité ou de confort avec la confiance en soi. Le conformisme n'est pas une preuve de compétence. La popularité n'est pas le respect de soi. Quelles que soient les gratifications qu'il procure, le sentiment d'appartenance n'égale pas la confiance en son esprit ou en son aptitude à trouver une solution aux difficultés de l'existence. Le fait que les autres m'estiment ne me garantit pas une estime personnelle.

Si je vis sans relever des défis, sans surmonter des crises, je peux pendant un certain temps me donner l'illusion de m'estimer réellement. Mais ce n'est pas par calme plat que l'on détermine la présence d'une véritable estime personnelle qui en fait traduit ce que l'on pense de soi-même quand tout va mal, c'est-à-dire quand on se trouve confronté à l'inattendu, au désaccord des autres, quand on ne doit compter que sur soi, quand le cocon offert par le groupe ne peut plus nous protéger, quand nous devons penser, choisir, décider, agir et que personne n'est là pour nous guider. C'est dans ces moments-là que se révèlent nos valeurs personnelles.

Parmi les plus grands mensonges qu'on nous ait jamais assenés, il y a cette «facilité» de l'égoïsme, opposée à la force spirituelle requise par le sacrifice de soi. On se sacrifie de mille manières tous les jours. C'est notre tragédie. Respecter notre moi — c'est-à-dire notre jugement, nos valeurs, nos convictions — est le seul et vrai courage. Il est rare, mais il est le prix de la confiance en soi.

18

Conclusion :
La septième clé de
la confiance en soi

Mettre en application les six clés, les inclure
dans sa vie quotidienne n'est pas toujours chose
aisée. Il nous faut parfois surmonter une inertie
pesante, oublier la peur, affronter la douleur ou
la solitude quand la fidélité à nos valeurs nous y
contraint.

Quel que soit le soutien environnemental, la rationalité, la responsabilité de soi, l'intégrité ne sont
jamais des automatismes. Ces valeurs sont toujours à acquérir et supposent un combat. Nous
avons la liberté de penser, d'aiguiser notre conscience, de rester en prise avec la réalité ou de
décrocher. Les six clés entraînent un choix.

Vivre en pleine conscience demande un effort.
La vigilance est un travail. Chaque fois que nous
choisissons d'élever le niveau de notre conscience, nous luttons contre l'inertie. Nous nous
opposons à l'entropie, cette tendance générale de
l'univers à aller vers un état chaotique. En choisissant de penser, nous créons dans l'effort une
île d'ordre et de clarté en nous-mêmes.

Le premier ennemi de notre estime personnelle peut être la paresse (autre façon de nommer les forces d'inertie et d'entropie qui se manifestent dans notre psychisme). La «paresse» n'est pas un terme habituel dans les études psychologiques. Et pourtant, qui ignore que l'on arrive à se trahir, à renoncer à un projet, à un engagement parce que l'on n'a pas envie de faire l'effort qu'impliquerait l'action nécessaire? (Dans *The Psychology of Self-Esteem*, j'ai appelé ce phénomène «l'anti-effort».) Parfois il s'agit d'un moment de fatigue mais, la plupart du temps, nous sommes tout simplement paresseux. Nous renonçons à combattre notre inertie et à nous éveiller.

L'autre démon à combattre, c'est la tendance à éviter l'inconfort. Vivre en pleine conscience peut nous amener à confronter nos peurs ou à rouvrir une blessure mal cicatrisée. L'acceptation de soi peut nous obliger à reconnaître des pensées, des sentiments, des actes qui menacent notre équilibre; elle risque de brouiller notre image «officielle» de nous-mêmes. La responsabilité de soi nous oblige à faire face à notre solitude fondamentale, à admettre que nous n'avons pas de sauveur à attendre. L'affirmation de soi requiert le courage de l'authenticité, sans que nous soit acquise une réaction favorable de notre entourage. Mais il nous faut prendre le risque d'être nous-mêmes. Vivre en se déterminant par rapport à un but nous arrache à la passivité pour nous projeter dans une action déterminée, ce qui nous demande une faculté de régénération constante. Quant à l'intégrité, elle exige que nous choisissions nos valeurs et que nous nous y tenions en dépit de tout et peut-être de tous. Les choix sont parfois très difficiles.

Il est évident qu'à long terme ceux qui se portent une estime solide sont plus heureux que les autres. La confiance en soi dispose au bonheur. Mais, au quotidien, elle implique un inconfort qu'il faut avoir la volonté d'endurer parce qu'il est le prix d'une progression spirituelle.

Si l'une de nos priorités est d'éviter l'inconfort, même au détriment de notre image de nous-mêmes, alors nous abandonnerons les six clés sans comprendre que nous en avons particulièrement besoin.

Le désir d'éviter l'inconfort n'est pas en soi une erreur. Mais quand il nous conduit à passer à côté de réalités importantes et nous interdit des actions vitales, nous courons au désastre.

Le schéma fondamental est le suivant : en premier lieu, nous évitons de regarder ce que nous devrions affronter par peur de la souffrance. Puis cette attitude engendre des problèmes que nous évitons également de voir, pour les mêmes raisons. Ce deuxième aveuglement génère encore des problèmes auxquels nous tournons aussi le dos, et ainsi de suite. Les aveuglements se multiplient, la souffrance refusée s'accumule. La plupart des adultes vivent dans ces conditions.

Mais le modèle fondamental peut s'inverser. Alors, nous décidons que notre estime personnelle et notre bonheur valent bien l'inconfort immédiat et la souffrance par lesquels il faut passer. Nous avançons à petits pas sur le chemin de la conscience, de l'acceptation de soi, de la responsabilité personnelle, etc. Ce faisant, nous constatons que cette progression nous permet de mieux nous aimer. Nous sommes incités à continuer et devenons plus vrais avec nous-mêmes et les autres. La confiance en soi se renforce. Nous nous fixons des objectifs plus élevés. Nous nous sentons mieux armés pour affronter les difficultés et plus inventifs. Il nous devient plus facile de confronter des émotions inconfortables et des situations menaçantes. Nous croyons en nos atouts et nous affirmons. Nous nous dotons d'une force spirituelle. Plus sûrs de notre pouvoir, nous voyons les obstacles à contourner dans une perspective plus réaliste. Nous ne serons peut-être jamais libérés de la peur ou de la souffrance mais elles sont plus supportables. L'intégrité nous paraît désormais moins menaçante, plus naturelle.

Si ce processus était facile, s'il ne demandait ni courage ni persévérance, tout le monde jouirait d'une saine confiance en soi. Mais une vie sans efforts, sans combats, sans souffrance est un rêve d'enfant.

Toutefois, ni la lutte ni la douleur n'ont de valeur intrinsèque. Quand on peut les éviter raisonnablement, il faut le faire. Un bon psychothérapeute ne cherche pas à rendre le processus plus difficile qu'il ne l'est naturellement. Quand j'analyse mon propre développement en tant que thérapeute au cours des trente dernières années, je constate que l'un de mes buts a été de rendre l'autoanalyse, la confrontation avec soi-même et le renforcement de la confiance en soi le moins stressants possible. Et ce fut mon intention dès le départ.

Cela peut se faire, entre autres, en aidant les gens à dédramatiser l'effort, la peur et l'inconfort. Ce ne sont après tout que des composantes de la vie qu'il faut regarder en face et gérer au mieux si nous voulons continuer notre chemin vers la concrétisation de notre potentiel.

Mais rien n'est possible sans courage, persévérance, volonté, et sans une énergie qui ne peut venir que de l'amour que l'on ressent pour sa propre vie.

Cet amour est le commencement de la sagesse, le tremplin de nos plus hautes et de nos plus nobles aspirations, la puissante motivation qui nous fait rechercher les six pratiques.

Il est la septième clé de la confiance en soi.

Critique des autres définitions de la confiance en soi

J'aimerais situer ma définition de la confiance en soi par rapport à quelques autres définitions proposées.

Dans ses *Principles of Psychology*, William James, «le père» de la psychologie aux Etats-Unis, a présenté en 1890 la toute première tentative de définition de la confiance en soi :

«Moi qui me suis totalement engagé dans la psychologie, je suis mortifié quand je constate que certaines personnes peuvent en savoir plus que moi dans ce domaine. En revanche, je m'accommode fort bien de mon ignorance crasse en ce qui concerne le grec. Je n'en éprouve aucune humiliation. Si je me "prétendais" linguiste, il en irait tout autrement... Si l'on ne tente rien, on ne peut échouer ; s'il n'y a pas échec, il n'y a pas humiliation. Ainsi, l'opinion que nous avons de nous-mêmes dépend entièrement de ce que nous avons entrepris d'être et de faire. Elle est déterminée par le rapport existant entre nos réalisations et les possibilités que l'on se prête, et illustrée par l'équation suivante :

$$\text{» Confiance en soi} = \frac{\text{Succès}}{\text{Prétentions}}$$

» Remarquons que cette équation augmente aussi bien lorsque l'on diminue le dénominateur que lorsque l'on augmente le numérateur. »

J'ai dit dans mon introduction que l'on ne peut parler de la confiance en soi sans parler de soi-même. La première chose que nous dit James à ce sujet, c'est qu'il base son estime personnelle sur la comparaison de sa compétence par rapport à celle des autres. Si elle est surpassée, son estime personnelle est atteinte. Autrement dit, il met son estime de lui-même à la merci des autres et, dans sa vie professionnelle, il cherche à s'entourer de personnes inférieures à lui. Redouter le talent, le savoir, au lieu de les admirer et de les rechercher n'est pas le signe d'une saine confiance en soi. Lier notre estime personnelle à un quelconque facteur externe, indépendant de notre volonté — tels le choix ou l'action des autres —, c'est s'ouvrir à l'anxiété. Et c'est bien ce que font la plupart des gens.

Si «la confiance en soi est égale aux succès divisés par les prétentions», alors, comme James le remarque, elle peut aussi bien être sauvegar-dée en augmentant les succès qu'en diminuant les prétentions. Ce qui signifie qu'une personne qui n'aspire à rien de particulier et s'en accom-mode peut avoir une estime d'elle-même égale à celle de quelqu'un qui se fixe et réalise des objec-tifs de haut niveau. Je ne pense pas que l'on puisse en arriver à cette conclusion quand on observe vraiment ce qui se passe dans la réalité.

Le degré de conformité de notre vie à nos cri-tères et valeurs personnels (que James nomme maladroitement nos «prétentions») a une évidente incidence sur notre estime personnelle. L'intérêt du propos de James est d'attirer l'attention sur ce fait. Toutefois, ce n'est pas quelque chose qui puisse se comprendre clairement sans un contexte précis et une dynamique qui n'a guère de rapport avec la formule beaucoup trop neutre de James. Sa formule est moins une définition de la confiance en soi qu'une observation concernant son idée d'un mécanisme généralisé et non réservé à quelques êtres infortunés.

L'un des meilleurs livres qui ait été écrit sur le sujet est celui de Stanley Coopersmith : *The Antecedents of Self-Esteem*. Sa recherche sur le rôle parental dans le développement de la confiance en soi est d'un intérêt inestimable. Il écrit, par exemple :

« Lorsque nous parlons de confiance en soi, nous nous référons à la valeur que l'individu s'accorde et à laquelle généralement il se tient : c'est l'expression d'une approbation ou d'une désapprobation, et l'indication des limites que chacun reconnaît à ses capacités, à sa possibilité de succès, à ce qu'il mérite et à ce qu'il peut signifier. En bref, la confiance en soi est le jugement personnel que l'on porte sur soi et qui s'exprime par les attitudes que l'on se réserve. »

Comparée à celle de James, cette définition représente un pas en avant considérable dans la compréhension de l'estime personnelle. Elle est beaucoup plus proche de l'expérience réelle que l'on peut en faire. Néanmoins, elle soulève des questions sans y répondre.

— Que faut-il entendre par nos « capacités » ? Nous en avons tous dans certains domaines et pas dans d'autres. S'agit-il de ce dont nous sommes capables par rapport à nos projets ? Dans ce cas, un manque de compétence appropriée peut-il diminuer la confiance en soi? Je ne pense pas que c'était l'idée de Coopersmith, mais il y a ambiguïté.

— La «possibilité de succès» concerne-t-elle un succès financier? professionnel? social? Remarquons toutefois que Coopersmith ne prétend pas que le concept de confiance en soi inclut l'idée d'un succès (en principe) approprié. Il dit que l'on se croit capable de réussir, ce qui est complètement différent et quelque peu embarrassant par ses implications.

— Ce que l'on «mérite», ce peut être le bonheur, l'argent, l'amour, la réalisation de tous nos désirs... A mon avis, Coopersmith doit être proche de ce que j'explique à ce propos, mais il n'est pas explicite.

— Ce que l'on «peut signifier» est une expression qui reste vague également. Comment signifie-t-on quelque chose? Et aux yeux de qui? Des autres? Mais de quels autres? Et selon quels critères?

Une troisième définition est présentée par Richard L. Bednar, M. Gawain Wells et Scott R. Peterson dans leur livre *Self-Esteem: Paradoxes and Innovations in Clinical Theory and Practice*:

«Il est possible de considérer la confiance en soi comme une autoapprobation réaliste s'exprimant de façon subjective mais durable. Elle reflète l'image de soi et la valeur qu'on lui attache aux niveaux les plus fondamentaux de l'expérience psychologique... La confiance en soi est donc, fondamentalement, le sens affectif et stable que l'individu a de sa valeur personnelle en se basant sur une perception appropriée.»

Mais que concerne cette «approbation»? L'ensemble de ce que l'on est, de l'apparence physique au fonctionnement intellectuel? On ne nous le précise pas. « L'image de soi et la valeur qu'on lui attache » : par rapport à quels objectifs, à quels critères ? « Le sens affectif et stable que l'individu a de sa valeur personnelle » : qu'est-ce que cela veut dire ? Ce que j'apprécie dans cette définition, c'est l'observation concernant le réalisme nécessaire d'une véritable confiance en soi.

L'une des définitions les plus répandues de la confiance en soi vient de *Toward a State of Esteem*, rapport final du groupe d'études californien pour la promotion de la responsabilité de soi, de la responsabilité personnelle et de la responsabilité sociale :

« La confiance en soi est l'appréciation de sa propre valeur et de sa propre importance, et la volonté d'être responsable de soi et d'agir de façon responsable à l'égard des autres. »

Cette définition est aussi défaillante que les précédentes. A quoi se réfèrent exactement « valeur » et « importance » ? De plus, on a inséré dans cette définition ce qui à l'évidence définit une source fondamentale d'une saine confiance en soi, à savoir : être responsable à l'égard de soi-même et des autres. La définition d'un état psychologique est supposée nous dire ce qu'*est* cet état et non pas comment on y parvient. A-t-on voulu nous faire comprendre que l'acte responsable à l'égard des autres est le prix d'une saine confiance en soi ? C'est certainement vrai, mais est-ce un élément de la définition ou un problème différent ? (Il me semble qu'une telle définition a été influencée par des considérations plus politiques que scientifiques, en ce sens qu'elle est faite pour donner la preuve que les champions de la confiance en soi n'invitent pas à un « égoïsme » étroit et irresponsable.)

Viennent enfin ceux qui annoncent que la

confiance en soi traduit la certitude d'une compétence et d'un droit à l'amour.

Mais une fois de plus, il faut se demander de quelle compétence il s'agit. Je suis un excellent skieur, un brillant avocat, un chef cuisinier de grand renom et pourtant je ne me sens pas la capacité d'assumer les valeurs morales que ma mère m'a apprises. Dans ce cas, ma compétence est limitée à mon domaine professionnel. Je ne vis pas pleinement mon humanité. Suis-je en mesure de me porter une réelle estime ?

Quant au droit à l'amour, oui, c'est une des caractéristiques de la confiance en soi. Comme le droit au bonheur ou au succès. Mais il apparaît que l'on a jugé l'amour plus important que le bonheur et le succès dont on ne parle pas. Pour quelle raison ?

Je préfère clore ce chapitre plutôt que de multiplier les exemples qui ne donneraient que des variantes des mêmes difficultés et insuffisances.

Phrases à compléter pour développer la confiance en soi

Voici un programme de développement de la confiance en soi, se déroulant sur trente et une semaines. Les débuts de phrases ont été élaborés à partir d'une théorie parfois très complexe — qui préside également à leur enchaînement — et que l'on ne peut comprendre sans entrer dans l'expérience proposée.

Nous avons déjà vu que ce système de phrases à compléter facilite remarquablement la compréhension de soi et la progression personnelle. Le programme que je propose maintenant est destiné à faciliter la compréhension des six clés de la confiance en soi et de leur application dans la vie quotidienne. Le lecteur remarquera que cette préoccupation est constamment présente dans le programme. Les questions soulevées sont celles que l'on rencontre en thérapie, de différentes manières et sous divers angles. Les compléments de phrases, quant à eux, suggèrent invariablement le besoin d'accroître sa vigilance dans tous les domaines. Ce qui suit représente une version générique d'un programme qui lui-même peut évoluer et être révisé.

On peut dire que tout doit se passer comme si la moitié du programme était écrite à l'encre sympathique et ne devenait visible qu'avec les phrases achevées et leur analyse des schémas qu'elles révèlent. Je souhaite que l'on travaille en ne perdant pas ce principe de vue.

Le programme

Quand vous travaillez seul, vous pouvez utiliser un carnet de notes, une machine à écrire ou un ordinateur. (Ou encore un magnétophone sur lequel vous devez alors répéter les débuts de phrases autant de fois qu'il est nécessaire et passer ensuite l'enregistrement pour réfléchir sur vos phrases.)

1re SEMAINE

Commencez votre journée en écrivant le début de phrase suivant:

Si je vis plus consciemment aujourd'hui...

Puis, aussi rapidement que possible, sans réfléchir, terminez cette phrase de six à dix manières différentes (jamais moins de six, jamais plus de dix) en deux ou trois minutes. Ne vous demandez pas si ce que vous écrivez est vrai ou profond ou vous paraît tout simplement avoir un sens. Ecrivez ce qui vous vient à l'esprit.

Ensuite, passez au début de phrase suivant:

Si je prends plus la responsabilité de mes choix et de mes actes aujourd'hui...

Puis à ce début de phrase:

Si j'accorde plus d'attention à la façon dont je traite les autres aujourd'hui...

Enfin :

Si je mets 5 % d'énergie supplémentaires dans ce que je fais aujourd'hui...

Quand vous avez terminé, vous pouvez entreprendre votre journée de travail.

Faites cet exercice chaque matin, du lundi au vendredi, pendant la première semaine.

Evidemment, il y aura beaucoup de répétitions. Le temps passé à méditer sur ces compléments de phrases permet de « stocker » l'inconscient créatif qui peut générer la substance nécessaire à la progression individuelle (autrement dit les interconnexions et la perspicacité nécessaires). Quand la conscience s'intensifie, elle crée le besoin d'expression de notre état psychologique.

Au cours du week-end, prenez le temps de relire ce que vous avez écrit pendant la semaine puis travaillez avec le début de phrase suivant, au moins six fois de suite :

S'il y a quoi que ce soit de vrai dans ce que j'ai écrit cette semaine, il me serait peut-être utile de...

Cela facilite la translation du savoir dans l'action. Reprenez cette pratique chaque week-end jusqu'à la fin du programme.

Lorsque vous faites ce travail, l'idéal est de vous abstenir de toute attente. Ne vous demandez pas ce qui va se passer ou ce qui est « supposé » arriver. Faites l'exercice, vaquez à vos occupations, méditez un moment sur vos terminaisons de phrases quand vous en avez le temps et notez à l'occasion les petites différences qui apparaissent dans votre état d'esprit ou dans vos actions.

Souvenez-vous : ce que vous écrivez doit permettre la constitution d'une phrase grammaticalement correcte. S'il le faut, *inventez* une fin de phrase, mais ne baissez jamais les bras en vous disant que vous n'y arriverez pas.

Chaque exercice demande environ dix minutes. S'il dure plus longtemps, c'est que vous «pensez» (vous vous répétez les mots dans votre tête, vous calculez) trop. Je ne vous demande pas de vous interdire de penser, mais faites-le après l'exercice, pas pendant.

Ecrivez au moins six terminaisons différentes pour chaque phrase.

2ᵉ SEMAINE

Si j'accorde 5 % de conscience supplémentaires à mes relations les plus importantes...
Si j'accorde 5 % de conscience supplémentaires à mes insécurités...
Si j'accorde 5 % de conscience supplémentaires à mes besoins et à mes désirs les plus profonds...
Si j'accorde 5 % de conscience supplémentaires à mes émotions...

3ᵉ SEMAINE

Si je considère qu'écouter est un acte créatif...
Si je prête attention à l'influence de mon écoute sur les autres...
Si j'accorde plus d'attention à mes rapports avec les autres aujourd'hui...
Si je m'engage à être plus juste et plus bienveillant avec les autres...

4ᵉ SEMAINE

Si j'aborde aujourd'hui mes activités avec un plus haut niveau d'estime personnelle...
Si j'apporte un plus haut degré d'estime per-

sonnelle dans mes rapports avec les gens au-
jourd'hui...
Si j'augmente de 5 % mon acceptation de moi-
même aujourd'hui...
Si je m'accepte même quand je commets des
erreurs...
Si je m'accepte même lorsque je suis en pleine
confusion et que je me sens dépassé par les
événements...

5e SEMAINE

Si j'accepte mieux mon corps...
Si je critique mon corps et le refuse...
Si je nie et rejette mes conflits...
Si j'accepte plus facilement tout ce que je suis
physiquement...

6e SEMAINE

Si je voulais augmenter mon estime person-
nelle aujourd'hui, je pourrais...
Si j'accepte mieux mes sentiments...
Si je nie et désavoue mes sentiments...
Si j'accepte mieux mes pensées...
Si je nie et désavoue mes pensées...

7e SEMAINE

Si j'accepte mieux mes peurs...
Si je nie et désavoue mes peurs...
Si j'accepte mieux ma souffrance...
Si je nie et désavoue ma souffrance...

8e SEMAINE

Si j'accepte mieux ma colère...
Si je nie et désavoue ma colère...
Si j'accepte mieux ma sexualité...
Si je nie et désavoue ma sexualité...

9ᵉ SEMAINE

Si j'accepte mieux mes exaltations...
Si je nie et désavoue mes exaltations...
Si je reconnais plus volontiers mon intelligence...
Si je nie et désavoue mon intelligence...

10ᵉ SEMAINE

Si j'accepte mieux ma joie...
Si je nie et désavoue ma joie...
Si je suis plus conscient de tout ce que je suis physiquement...
En apprenant à accepter tout ce que je suis...

11ᵉ SEMAINE

Etre responsable de soi signifie à mes yeux...
Si je prends 5 % de responsabilité supplémentaires en ce qui concerne ma vie en général et mon bien-être en particulier...
Quand j'évite d'assumer la responsabilité de ma propre vie et de mon bien-être...
Si je prends 5 % de responsabilité supplémentaires dans la réalisation de mes projets...

12ᵉ SEMAINE

Si je prends 5 % de responsabilité supplémentaires dans le succès de mes relations interpersonnelles...
Il m'arrive de rester passif quand...
Il m'arrive de préférer me sentir impuissant quand...
Je deviens conscient de...

13ᵉ SEMAINE

Si je prends 5 % de responsabilité supplémentaires en ce qui concerne ma façon de vivre...
Si j'accepte 5 % de responsabilité supplémentaires dans le choix de mes compagnons...
Si je prends 5 % de responsabilité supplémentaires dans la réalisation de mon bonheur...
Si je prends 5 % de responsabilité supplémentaires dans le degré de mon estime personnelle...

14ᵉ SEMAINE

L'affirmation de soi signifie à mes yeux...
Si aujourd'hui j'augmente de 5 % mon affirmation de moi-même...
Si aujourd'hui je traite avec respect mes pensées et mes sentiments...
Si aujourd'hui je traite avec respect mes désirs...

15ᵉ SEMAINE

Si (quand j'étais jeune) quelqu'un m'avait dit que mes désirs étaient importants...
Si (quand j'étais jeune) on m'avait appris à honorer ma propre vie...
Si je considère que ma vie est sans importance...
Si je savais dire oui quand j'ai envie de dire oui et non quand j'ai envie de dire non...
Si je permettais aux autres de percevoir ma musique intérieure...
Si mon expression de moi-même augmentait de 5 %...

16ᵉ SEMAINE

Vivre en se fixant un but signifie pour moi...
Si j'apportais 5 % de résolution supplémentaires dans ma vie...
Si j'apportais 5 % de résolution supplémentaires dans mon travail...
Si j'apportais 5 % de résolution supplémentaires dans mes relations interpersonnelles...
Si j'apportais 5 % de résolution supplémentaires dans mon mariage... (Si la personne est mariée, bien entendu.)

17ᵉ SEMAINE

Si j'apportais 5 % de résolution supplémentaires dans ma relation avec mes enfants... (Si enfants il y a.)
Si j'apportais 5 % de résolution supplémentaires à la réalisation de mes désirs les plus chers...
Si je prends un peu plus la responsabilité de la satisfaction de mes besoins...
Si je fais de mon bonheur un objectif conscient...

18ᵉ SEMAINE

L'intégrité pour moi signifie...
Si je considère les situations où l'intégrité me semble difficile à appliquer...
Si j'apporte 5 % d'intégrité supplémentaires dans ma vie...
Si j'apporte 5 % d'intégrité supplémentaires dans mon travail...

19ᵉ SEMAINE

Si j'apporte 5 % d'intégrité supplémentaires dans mes relations interpersonnelles...

Si je me réfère loyalement aux valeurs aux-
quelles je crois...
Si je refuse de vivre selon des valeurs que je ne
respecte pas...
Si je fais de mon estime personnelle l'une de
mes priorités absolues...

20ᵉ SEMAINE

Si l'enfant en moi pouvait parler, il dirait...
Si l'adolescent que j'ai été vit encore en moi...
Si mon moi-adolescent pouvait parler, il di-
rait...
A l'idée de me tourner vers mon moi-enfant
pour l'aider...
A l'idée de me tourner vers mon moi-adoles-
cent pour l'aider...
Si je pouvais faire de mes moi plus jeunes des
amis...

21ᵉ SEMAINE

Si mon moi-enfant sentait que je l'accepte...
Si mon moi-adolescent sentait que je prends
son parti...
Si mes moi plus jeunes sentaient que j'éprouve
de la compassion pour leurs luttes...
Si seulement je pouvais tenir mon moi-enfant
dans mes bras...
Si j'avais assez de courage et de compassion
pour aimer tendrement mes jeunes moi...

22ᵉ SEMAINE

Mon moi-enfant se sent rejeté quand je...
Mon moi-adolescent se sent rejeté quand je...
L'une des choses que mon moi-enfant attend et
que je ne lui donne que rarement...

L'une des choses que mon moi-adolescent attend et que je lui refuse...
L'une des façons que mon moi-enfant a de se venger quand je le rejette...
L'une des façons que mon moi-adolescent a de se venger quand je le rejette...

23e SEMAINE

A la pensée de donner à mon moi-enfant ce qu'il me réclame...
A la pensée de donner à mon moi-adolescent ce qu'il me réclame...
Si je tombais amoureux de mon moi-enfant et réciproquement...
Si je tombais amoureux de mon moi-adolescent et réciproquement...

24e SEMAINE

Si j'accepte l'idée que mon moi-enfant a besoin de temps pour apprendre à me faire confiance...
Si j'accepte l'idée que mon moi-adolescent a besoin de temps pour apprendre à me faire confiance...
Prenant conscience que mon moi-enfant et mon moi-adolescent font tous deux partie de moi-même, je...
Je suis en train de prendre conscience...

25e SEMAINE

Il m'arrive quand j'ai peur de...
Il m'arrive quand j'ai mal de...
Il m'arrive quand je suis en colère de...
Un moyen efficace de gérer sa peur serait peut-être de...

Un moyen efficace de gérer la douleur serait peut-être de...
Un moyen efficace de gérer la colère serait peut-être de...

26e SEMAINE

Il m'arrive quand je suis trop exalté de...
Il m'arrive quand je ressens une excitation sexuelle de...
Il m'arrive quand j'éprouve des sentiments puissants de...
Si j'acceptais mon exaltation...
Si j'acceptais ma sexualité...
Commençant à me sentir plus à l'aise avec toute la gamme de mes émotions, je...

27e SEMAINE

Si je pense à de meilleures relations avec mon moi-enfant...
Si je pense à de meilleures relations avec mon moi-adolescent...
Mes moi plus jeunes commençant à se sentir plus à l'aise avec moi...
Tandis que je crée un espace plus sécurisant pour mon moi-enfant...
Tandis que je crée un espace plus sécurisant pour mon moi-adolescent...

28e SEMAINE

Ma mère m'a donné de moi l'image...
Mon père m'a donné de moi l'image...
C'est ma mère qui parle avec ma voix quand je me dis que...
C'est mon père qui parle avec ma voix quand je me dis que...

29ᵉ SEMAINE

Si j'accorde 5 % de conscience supplémentaires à mes rapports avec ma mère...
Si j'accorde 5 % de conscience supplémentaires à mes rapports avec mon père...
Si je regarde mon père et ma mère avec réalisme...
Si je pense au niveau de conscience que j'accorde à mes relations avec ma mère...
Si je pense au niveau de conscience que j'accorde à mes relations avec mon père...

30ᵉ SEMAINE

A l'idée de me libérer de ma mère, psychologiquement...
A l'idée de me libérer de mon père, psychologiquement...
A l'idée de n'appartenir qu'à moi-même...
Si ma vie m'appartient vraiment...
Si je suis réellement apte à survivre en étant indépendant...

31ᵉ SEMAINE

Si j'apporte 5 % de conscience supplémentaires dans ma vie...
Si mon acceptation de moi-même augmente de 5 %...
Si je vis en augmentant de 5 % ma responsabilité personnelle...
Si j'augmente de 5 % mon affirmation de moi-même...
Si je mets 5 % de détermination supplémentaires dans ma vie...

Si je vis avec 5 % d'intégrité supplémentaires...
Si je respire profondément et m'autorise à
expérimenter mon estime personnelle...

Imaginons que vous ayez terminé ce programme de trente et une semaines. S'il vous a paru utile, recommencez-le. Ce sera pour vous une expérience nouvelle. Certains patients l'ont renouvelé deux ou trois fois, en obtenant toujours des résultats nouveaux et un développement supplémentaire de leur estime personnelle.

Bibliographie

CHAPITRE 1 :
La confiance en soi : système immunitaire de la conscience

1. L.E. Sandelands, J. Brockner, M.A. Glynn (1988). «If at first you don't succeed, try again : Effects of Persistence-performance contingencies, ego-involvement, and self-esteem on task-performance.» *Journal of Applied Psychology*, 73, 208-216.   17
2. E. Paul Torrance. *The Creative Child and Adult Quarterly*, VIII, 1983.   28

CHAPITRE 5 :
La confiance en soi en action

1. Voir, par exemple, *The Invulnerable Child*, études réunies par E. James Anthony et Bertram J. Cohler. New York : The Guilford Press, 1987.   76

CHAPITRE 13 :
Nourrir la confiance en soi chez l'enfant

1. Pour une analyse détaillée de ce principe, voir les livres de Haim Ginott : *Between Parent and Child*; *Between Parent and Teenager*; *Teacher and Child*. Les trois sont publiés par Avon.   217

Remerciements

Je tiens à exprimer ma reconnaissance à Toni Burbank pour l'énergie et l'enthousiasme avec lesquels elle m'a encouragé à la rédaction de ce livre ainsi que pour les précieuses suggestions qu'elle m'a faites.

Merci également à mon agent littéraire, Nat Sobel, pour son soutien et son dévouement sans réserve.

Et à ma femme, Devers, j'exprime mon amour et ma gratitude pour l'intérêt passionné qu'elle a manifesté lorsque j'ai entrepris ce travail, la stimulation que m'ont apportée nos discussions à ce sujet et les questions si pertinentes qu'elle a soulevées.

Table

Bien-être, des livres qui vous font du bien

Psychologie, santé, sexualité, vie familiale, diététique... :
la collection Bien-être apporte des réponses pratiques
et positives à chacun.

Psychologie

Thomas Armstrong
Sept façons d'être plus intelligent -
n° 7105

Jean-Luc Aubert et Christiane Doubovy
Maman, j'ai peur – Mère anxieuse,
enfant anxieux ? - n° 7182

Anne Bacus et Christian Romain
Libérez votre créativité ! - n° 7124

Anne Bacus-Lindroth
Murmures sur l'essentiel – Conseils
de vie d'une mère à ses enfants -
n° 7225

Simone Barbaras
La rupture pour vivre - n° 7185

**Martine Barbault
et Bernard Duboy**
Choisir son prénom, choisir son
destin - n° 7129

Doctor Barefoot
Le guerrier urbain - n° 7359

Deirdre Boyd
Les dépendances - n° 7196

Nathaniel Branden
Les six clés de la confiance en soi -
n° 7091

Sue Breton
La dépression - n° 7223

Jack Canfield et Mark Victor Hansen
Bouillon de poulet pour l'âme -
n° 7155
Bouillon de poulet pour l'âme 2 -
n° 7241
Bouillon de poulet pour l'âme de la
femme *(avec J.R. Hawthorne et
M. Shimoff)* - n° 7251

Bouillon de poulet pour l'âme au
travail - *(avec M. Rogerson, M. Rutte et
T. Clauss)* - n° 7259

Kristine Carlson
Ne vous noyez pas dans un verre
d'eau... à l'usage des femmes - n° 7487

Richard Carlson
Ne vous noyez pas dans un verre
d'eau - n° 7183
Ne vous noyez pas dans un verre
d'eau... en famille ! - n° 7219
Ne vous noyez pas dans un verre
d'eau... en amour ! *(avec Kristine
Carlson)* - n° 7243
Ne vous noyez pas dans un verre
d'eau... au travail - n° 7264
Ne vous noyez pas dans un verre d'eau... à
l'usage des hommes - n° 7718

Steven Carter et Julia Sokol
Ces hommes qui ont peur d'aimer -
n° 7064

Chérie Carter-Scott
Dix règles pour réussir sa vie -
n° 7211
Si l'amour est un jeu, en voici les
règles - n° 6844

Loly Clerc
Je dépense, donc je suis ! - n° 7107

Guy Corneau
N'y a-t-il pas d'amour heureux ? -
n° 7157
La guérison du cœur - n° 7244
Victime des autres, bourreau de soi-
même - n° 7465

Lynne Crawford et Linda Taylor
La timidité - n° 7195

Sonia Dubois
Coachez vos vies - n° 7739

Dr Christophe Fauré
Vivre le deuil au jour le jour - n° 7151

Bien-être

7091

Achevé d'imprimer en France (Malesherbes)
par Maury-Imprimeur le 5 janvier 2008.
Dépôt légal janvier 2008. EAN 9782290000339442
1er dépôt légal dans la collection : mai 1995

Éditions J'ai lu
87, quai Panhard-et-Levassor, 75013 Paris
Diffusion France et étranger : Flammarion